# 동중국해 문화권의 민가

# 동중국해 문화권의 민가

초판 1쇄 발행 2017년 2월 15일

지은이 윤일이
펴낸이 강수걸
편집장 권경옥
편집 정선재 문윤호 윤은미
디자인 권문경
펴낸곳 산지니
등록 2005년 2월 7일 제 333-3370000251002005000001호
주소 부산광역시 해운대구 수영강변대로 140, 613호
전화 051-504-7070 | 팩스 051-507-7543
홈페이지 www.sanzinibook.com
전자우편 sanzini@sanzinibook.com
블로그 http://sanzinibook.tistory.com

ISBN 978-89-6545-402-1 94380
ISBN 978-89-92235-87-7 (세트)

*책값은 뒤표지에 있습니다.
*이 도서의 국립중앙도서관 출판예정도서목록(CIP)은 서지정보유통지원시스템
홈페이지(http://seoji.nl.go.kr)와 국가자료공동목록시스템(http://www.nl.go.kr/
kolisnet)에서 이용하실 수 있습니다.(CIP 제어번호: CIP2017002720)

아시아총서 24

# 동중국해 문화권의
# 민 가

제주도 · 규슈 · 류큐 · 타이완의
전통건축 이해하기

윤일이 지음

산지니

　제주도를 방문할 때마다 한반도와 다른 이국적인 풍광에 마음을 빼앗겼다. 구름 속에 높게 솟은 한라산, 구멍이 숭숭 뚫린 검은 돌, 그리고 에메랄드빛의 바다가 만들어내는 오묘한 조화는 실로 무궁무진하고 아름다웠다. 더불어 삼신인이 솟아났다는 세 개의 구멍으로 된 삼성혈, 벙거지를 쓴 큰 눈의 돌하르방, 세 개의 나무를 걸어놓은 출입구인 정낭, 흑돼지를 키우는 통시 등은 우리가 알지 못하는 많은 이야기를 품고 있는 듯하였다. 기회가 되면 제주도의 이야기를 하고 싶었다. 아니, 제주도와 깊이 만나고 싶었다.

　건축사학(建築史學) 분야에서 한국의 전통건축은 아시아대륙을 통한 북방문화 계통으로 인식되어 제주도 건축은 비주류 혹은 주변부의 건축으로 취급되어왔다. 그래서 제주도 민가에서 나타나는 특성을 온전히 이해하는 데 많은 어려움이 있었다. 그런데 이를 극복할 기회는 우연하게 찾아왔다. 더위가 시작되려는 늦은 5월, 일본의 남쪽 끝인 오키나와에서 잿빛 돌담에 둘러싸인 붉은 기와집을 마주하면서 제주도 초가집을 떠올렸다. 이제 제주도 민가를 대륙을 통한 북방문화가 아닌 해양을 통한 남방문화의 관점에서 접근할 수 있을 것 같았다. 그래서 제주도를 중심으로 그 이남의 동중국해를 둘러싼 지역을 '동중국해 문화권(東中國海 文化圈)'으로 묶고 각 지역의 민가(民家)를 고찰하기 시작하였다. 이곳에는 우리가 미처 인식하지 못했던 남방문화의 많은 이야기가 숨겨져 있었다.

　이 책은 남방문화 자체보다는 우리나라 전통주택의 형성에 영향을 미친 남방문화에 접근하고자 했다. 그래서 책 1장에서는 동중국해 문화권의 범위를 한정하고, 2장에서는 동중국해 연안·도서지역의 해양 환경과 이들 지역 간에 이루어진 해양 교류를 고찰하였다. 3~6장에서는 제주도·규슈·류큐·타이완의 주문화(住文化)를 구분하여 살펴보았고, 7장에서는 불·바람·여성·성역(聖域)을 중심으로 동중국해 문화권 민가의 공통점을 비교하였다.

한국의 전통건축을 전공한 필자는 오래전부터 제주도 민가의 독특한 형태와 구성에 많은 의문을 품었다. 이러한 궁금증을 해결하기 위해 이웃나라의 주택에 관심을 가졌고, 2006~2008년 한국연구재단(구, 한국학술진흥재단)의 지원을 받아 한국, 일본, 타이완의 전통주택을 비교하는 과제를 수행하면서 뼈대를 정할 수 있었다. 이후 이 주제에 꾸준한 관심을 갖고 살을 붙이고자 노력하였고 그 결과로 이 책이 나온 것이다.

책이 나오기까지 많은 분들의 도움을 받았다. 일일이 열거할 수는 없지만 많은 선학의 연구가 큰 밑바탕이 되었고, 동학들의 지도편달이 있었다. 특히 일본의 규슈와 오키나와 지역을 함께 답사해주시고 조언을 해주신 전 규슈공립대학(前, 九州公立大學)의 오노미치 겐이치(尾道建二) 교수님에게 큰 감사를 드린다. 그리고 제주도와 타이완 답사를 함께한 윤세원에게도 감사의 뜻을 전한다. 아울러 일천한 글을 책으로 묶어내기 위해 성의를 다한 산지니의 강수걸 대표님과 편집실 여러분께도 깊이 감사드린다.

2017년 1월

윤일이

# | 차례 |

# 제1장

# 머리말

# 1. 남방문화의 전래

### 제주도 민가는 어떻게 형성되었을까?

한국의 건축문화는 선사시대 이래 아시아대륙을 통한 북방과의 끊임없는 교류를 통해 발전해왔고, 삼국시대에는 유교·불교·도교가 수용되면서 중국계 목구조가 전래되어, 우리나라 전통건축은 북방문화의 요소가 주류를 이루어왔다. 그러나 우리의 전통주택을 살펴보면 온돌과 마루가 함께 구성되어 따뜻함을 추구하는 북방문화와 서늘함을 추구하는 남방문화가 공존하고 있다. 그중에서도 제주도 민가는 한반도 민가와 배치와 평면의 구성, 난방과 취사의 분리, 거주행태 등에서 확연한 차이를 보인다. 그래서 민가형성에 대륙을 통한 북방문화 외에 다른 문화의 전래도 있었음을 짐작할 수 있다.

시선을 돌리면, 한반도를 둘러싼 바다는 다른 문화와 접촉하며 상호 교류의 장을 구성할 수 있는 바탕이었다. 특히, 동중국해(東中國海)[1]에 접한 한반도의 남해안, 중국의 동부해안, 일본열도의 남서해

---

1) 제주도 남쪽에 위치한 동중국해(East China Sea)는 한국에서는 동중국해(東中國海), 중국에서는 동해(東海), 일본에서는 동지나해(東支那海 혹은 환중국해, 환지나해)라고 부른다.

안 등은 문화교류가 활발하였던 곳으로 육지문화권과는 다른 해양
문화권으로 묶을 수 있다. 그래서 이 책에서는 한국 건축문화의 원
류를 북방문화(대륙문화)로 인식하여온 기존 관점에서, 새롭게 남방
문화(해양문화)에 주목하여 동중국해 연안·도서지역의 민가 건축에
접근하였다.

### 동북아시아의 내해, 동중국해

인간의 삶은 인위적인 구획을 넘어서기 때문에 국경 의식만 걷어
버린다면 동중국해는 동북아시아의 내해(內海)와 같은 곳으로 한·
중·일의 3국을 자연스럽게 가르는 완충지일 뿐만 아니라 서로가
모이는 교류의 장이었다.

동중국해의 수역은 명확히 나누기는 어렵지만 북쪽은 중국 양쯔
강(陽子江) 하구와 제주도, 남쪽은 중국 광둥 성(廣東省)의 난아오 섬
(南澳島)과 타이완(臺灣), 동쪽은 일본 규슈(九州)에서 오키나와(沖繩)
에 이르는 여러 섬, 서쪽은 중국 본토로 둘러싸인 곳이다. 이곳은 끊
임없이 쿠로시오 해류(黑潮)가 흐르고 계절풍이 부는 곳으로, 오래전
부터 바다를 통해서 사람들이 문물을 교류하며 독자적인 문화를 형
성해왔던 곳이다.

근세 이전까지 동중국해에 접한 많은 지역은 활발한 상업·교역
의 무대로 문화를 발전시켜왔는데, 근세에 접어들면서 무역의 쇠퇴
로 변방에 머물게 되었다. 이로 인해 이곳의 건축은 각 나라의 주류
에서 벗어나 관심의 대상에서 제외되었다.[2] 그러나 바다를 중심으로

---

2) 노무라 신이치,『동중국해 문화권–동방지중해의 민속세계』, 김용의 외 역, 민속원,
   2014, p.22 : 일반적으로 중국에서는 명·청시대, 한국에서는 조선시대 후기, 일본
   에서는 도쿠가와 막번체제(德川幕藩) 시대에 각 국가의 전통문화가 형성되었다고

한다면 이곳 건축에 내재한 해양문화권의 공통점을 찾아볼 수 있다.

### 해양을 통한 남방문화의 영향

한국의 전통건축은 아시아대륙을 통한 북방문화의 영향 속에서 대부분 해석되어왔다. 하지만 한국인과 한국문화의 형성에 해양을 통한 남방문화도 간과할 수는 없다. 한국인의 20~30%가 남방계 민족이고, 남방식 고인돌이 한강 이남에 분포하는 등 고대와 중세에는 바다로부터의 영향이 컸는데 점차 육지중심적 사고가 자리 잡아, 남방문화의 현상은 특이한 것으로 치부되었다. 그렇지만 앞서 언급한 것처럼 한국 전통주택은 겨울과 여름을 나기 위해 온돌과 마루가 결합되어 있고, 특히 남해안과 제주도에 분포하는 건축은 남방문화의 특성이 두드러진다. 또한 최근 역사학, 인류학, 민속학 분야에서 해양을 배경으로 한 남방문화의 특성들이 보고되고 있으므로, 이러한 성과를 바탕으로 우리나라 전통건축의 다양한 형성 배경에 접근할 수 있다.

우리나라에서 '남방문화(南方文化)'란 동남아시아, 중국 화남(華南) 지방, 일본, 멜라네시아, 미크로네시아, 폴리네시아 등의 제 지역에서 형성된 문화가 해양의 경로를 통해서 한반도에 상륙한 문화를 지칭하는 것으로, 대체로 선사시대에 제주도, 한반도의 남해안, 서해안 및 다도해의 제 도서에 거주하였던 선주민의 문화를 가정한 것이다.[3] 이러한 남방문화가 들어오는 경로는 크게 중국 남부 경로, 동남아시아 경로, 남태평양 경로가 있고 서로 복잡하게 뒤섞여 있다.

---

볼 수 있다.

3) 장보웅, 『한국의 민가연구』, 보진재, 1981, p.206

### 삶의 경험이 축적된 살림집, 민가

남방문화의 전래를 살펴보기 위해서 다양한 건축유형 중 일반 서민의 살림집인 민가(民家)에 집중한다. 민가는 그 시대 사람들의 생활상이 종합적으로 투영된 유형적 사료로 전통문화를 가장 구체적으로 볼 수 있는 대상이다. 이러한 민가는 자연환경과 인문환경에 따라 생활과 공간이 융합하여 유형화될 뿐만 아니라, 시대를 초월한 생활의 경험과 지혜가 축적되어 나타난다. 그렇기에 민가의 고찰을 통해서 오늘날 우리를 있게 한 토대(土臺)를 이해하고 내일의 지침을 주는 가장 풍부한 원천을 확보할 수 있다.[4] 더욱이 최근 백년간 동북아시아는 근대화로 인해 전통 민가들이 빠르게 사라지고 있어, 우리나라 전통주택의 형성요인을 밝힐 수 있는 관련 자료들의 수집이 절실한 시점이다.

한국 · 중국 · 일본의 민가에 관한 각국의 개별연구는 지금까지 꾸준히 진행되어왔지만, 이 책에서는 이들 간의 관계성을 중시하였다. 나라별 자연환경과 인문환경에 따른 민가의 차별성에도 불구하고, 바다를 매개로 문화를 공유한 많은 동질성을 유추하고자 하였다.

---

4) 조성기, 「한국민가연구서설」, 대한건축학회논문집, 제24권 제93호, 1980.4, pp.44~45

## 2. 동중국해 문화권의 범위

### 1) 대상범위

동아시아는 지역별로 크게 한국, 중국, 일본, 그리고 타이완을 포괄하는 동북아시아와 베트남, 캄보디아, 라오스, 타이, 버마, 인도네시아, 필리핀 등을 포함하는 동남아시아[5]로 구분할 수 있다. 그 사이에 위치한 동중국해와 주변부는 동북아와 동남아 및 태평양 문화의 영향을 동시에 받는 곳으로, 이곳의 민가를 살펴보기 위해 지역범위와 시대 범위를 한정하였다.

지역 범위는 동중국해 연안 · 도서지역에서 쿠로시오 해류에 의해 남방문화의 전달이 용이했던 지역을 선정하였다. 거시적으로 보면 한국의 남해안과 제주도, 일본의 태평양 연안과 규슈 및 오키나와, 중국의 동부해안과 타이완 등이 대상이 된다. 하지만 상대적으로 고유문화와 민가의 고형(古形)이 잘 남아 있는 한국의 제주도, 일본의

---

5) 남방문화의 전래를 살펴보기 위해 복잡한 동남아시아는 편의상 유라시아대륙에 연해 있는 대륙부 동남아시아(Mainland Southeast Asia)와 해안지대 또는 바다 한가운데 위치한 도서부 동남아시아(Insular 또는 Island Southeast Asia)로 나눈다. 전자에는 베트남, 캄보디아, 라오스, 타이, 버마가 포함되고, 후자에는 말레이시아, 싱가포르, 인도네시아, 브루나이, 필리핀 등이 해당한다.

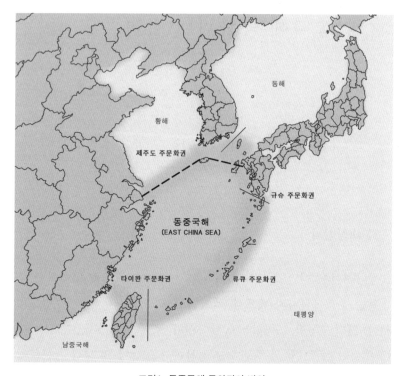

그림1. 동중국해 문화권의 범위

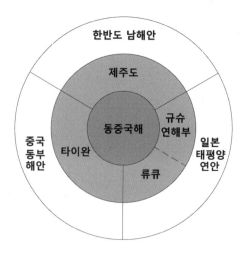

그림2. 동중국해 문화권의 영역구분

규슈 연해부와 오키나와, 그리고 타이완 동부로 한정하였다. 이 지역들은 독자성을 가진 주문화단위로(住文化圈) 제주도 주문화권, 규슈 연해부 주문화권, 류큐 주문화권, 타이완 동부 주문화권으로 크게 네 개로 구분하였다. 이곳들은 바다로 둘러싸인 섬으로 각 나라에서 보면 변방이지만 동중국해에서 보면 중심지역으로 이곳만의 건축 특성에 접근하였다(이하 동중국해권 민가). 그렇지만 이 도서들은 주위 육지부인 한국 남해안, 일본 태평양 연안, 중국 동부해안과는 불가분한 관계에 있다.

### 제주도 주문화권

한반도의 남쪽에 위치한 제주도(濟州島)는 과거 탐라국이 있던 곳으로, 이곳의 주거는 한반도보다 일본의 오키나와를 포함하는 난세이제도(南西諸島)를 비롯하여 더 나아가서는 동남아시아 내지 태평양 지역의 주거양식과 상통하는 점이 많다.[6] 그래서 한반도의 문화가 전파되기 이전에 이미 독자적인 주문화를 형성한 것으로 보인다. 이곳은 남방의 해양문화가 쿠로시오 해류와 계절풍을 따라 도달하는 곳이자, 북방에서 내려오는 대륙문화의 종착점이었다. 동중국해의 고도(孤島)이고, 서로 다른 문화와 인종이 만나는 문화의 중심지였으며, 교역의 중간 거점이기도 했다. 또한 우리나라에서는 남방적 요소가 가장 강하게 남아 있는 지역이다.

### 규슈 연해부 주문화권

일본열도의 서쪽에 위치한 규슈(九州)는 예부터 아시아대륙과 서

---

6) 김광언, 『한국의 주거민속지』, 민음사, 1988, p.483

양의 문물이 들어오는 관문이었다. 선사시대 대륙 간의 육교를 통해 남방계의 조몬인(繩文人)이 들어오고 이후 규슈의 북쪽으로 북방계의 야요이인(彌生人)이 들어와 일본 본토로 이동하여 일본인의 선조가 되었다. 그런데 규슈 남부는 야요이인의 영향은 약하고 오히려 남쪽에서 온 류큐인이 분포하고 있다. 그래서 규슈에서도 일본 본토(야마토)의 영향력이 약하면서 쿠로시오 해류가 흘러 남방문화가 계속 유입되었던 연해부(남서부)를 대상으로 하였다.

### 류큐 주문화권

일본의 남서쪽에 위치한 오키나와는 과거 류큐(琉球) 왕국의 독자적 문화를 형성하였던 곳이다. 이 류큐인은 바다를 정복한 해양도래민족으로 일찍부터 남방과 북방의 문화전달자로서의 역할을 맡아왔으며, 15~16세기에는 동중국해에서 활발한 중계무역으로 번성하였다. 류큐의 지역 범위는 현재의 오키나와 현만으로 한정하지 않고, 과거 류큐국이 지배하였던 난세이제도(사쓰난제도, 오키나와제도, 사키시마제도) 전체를 대상으로 하였다.

### 타이완 동부 주문화권

동중국해에서 가장 남쪽에 위치한 타이완(臺灣)은 서쪽으로 중국대륙, 남쪽으로 필리핀열도, 북동쪽으로 류큐열도가 자리한다. 남동으로 남중국해와 태평양으로 이어져 다양한 경로로 남방문화가 들어왔고 현재까지도 많은 남방적 요소가 남아 있다. 타이완의 원주민은 한화(漢化)한 평포족(平埔族)과 그렇지 않은 고산족(高山族)으로 나뉘는데, 고유문화를 잘 유지하고 있는 고산족이 분포하는 동부지역을 중심으로 살펴보았다.

〈표1〉 동중국해 문화권의 역사연표

| 연대 | 중국 | 타이완 | 한국 | 제주도 | 일본(규슈) | 류큐 |
|---|---|---|---|---|---|---|
| 0 | 하(夏) 상(商) 주(周) 진(秦) 한(漢) | | 선사 BC57 | A.D. 100 | 조몬(繩文) B.C. 10000 | 구석기 시대 B.C. 8000 |
| | 삼국(三國) 212 265 | | | | 야요이(彌生) B.C. 200 | B.C. 5000 |
| | 진(晋) | | 삼국(三國) | 주호(州胡) | 고훈(古墳) A.D. 250 | 패총(貝塚) |
| 500 | 남북조(南北朝) 420 | 원주민 시대 | | | 538 | |
| | 수(隋) 589 | | 676 | 600 | 아스카(飛鳥) 710 | |
| | 당(唐) 618 | | 통일신라(統一新羅) | 탐라(耽羅) | 나라(奈良) 794 | |
| 1000 | 오대(五代) 907 960 | | 918 | 1105 | 헤이안(平安) | |
| | 송(宋) | | | | 1185 | 1187 |
| | 남송(南宋) 1127 | | 고려(高麗) | 고려 복속 | 가마쿠라(鎌倉) | 구스크(城) |
| | 원(元) 1279 1368 | | 1392 | 1392 | 무로마치(室町) 1338 | 삼산(三山) 1314 |
| 1500 | 명(明) | | | | 모모야마(桃山) 1578 | 1429 |
| | 1662 | 유럽식민지 시대 1624 | 조선(朝鮮) | 조선 | 1603 | 류큐(琉球) |
| | 청(淸) | 정성공일가 지배시대 1662 | | | 에도(江戶) | |
| | | 청왕조 통치시대 1683 | | | 1868 | |
| 2000 | 1912 현 중국 | 일본통치 시대 1895 현 대만 1945 | 대한제국·일제강점기 1897 현 한국 1948 | 대한제국·일제강점기 1897 현 제주도 1948 | 현 일본 | 1879 현 오키나와현 |

둘째, 시대범위는 근세까지 지어진 민가를 대상으로 하지만 옛 모습을 유지하고 있는 근대 민가도 포함하였다. 동중국해 지역은 태양광이 강렬하고 습도가 높고, 충해와 도서지역에 조풍(潮風)의 영향, 거기에다 태풍이 통과하는 길목이라는 점들 때문에 민가의 잔존률이 낮다. 그러나 한편으로는 바다로 둘러싸이고 산지가 많아 폐쇄적인 사회가 유지되었고, 태풍이 잦아서 그 구조적 제약 때문에 평면이 발전하지 않아 민가의 고형(古形)이 잘 유지되어 비교가 용이한 이점이 있다.

더불어 대상지역인 제주도는 독립국가인 탐라가 유지되다가 12세기 고려에 복속되었고, 오키나와도 독립된 류큐왕국을 유지하다가 17세기 일본의 침략을 받아 조공국이 되고 19세기 일본에 복속되었다. 타이완은 17세기 한족(漢族)이 대거 이주해 오기 전까지 독립된 문화를 유지하였다. 그로 인해 이곳의 민가는 한·중·일 본토와는 어느 정도 거리를 두고 동중국해 문화권의 특성을 지속할 수 있어서 접근이 유리한 점도 있다.

## 2) 열린 시각

동중국해에 접한 많은 지역은 오래전부터 바다를 통해 서로의 문화를 공유해왔다. 과거에는 육로보다 해로가 중요 교류수단으로 이용되어, 우리 문화가 남방에 전달되고 남방문화가 우리에게 유입되기도 하였다.

남방문화 전래에 따른 동중국해권 민가를 살펴보기 위해서는 열린 시각이 필요하다. 그래서 첫째, 비교론(比較論)의 관점을 기반으로 하고, 주거의 다양성 배경을 설명하기 위해 문화상대론(文化相對論)을 참고하였다. 비교론이란 문화인류학에서 사용하는 방법으로 인간 행동의 사회·문화적 양상 중에서 보편성과 특수성을 확인하여 인간 사회와 문화의 본질을 일반화하며, 여러 문화를 비교 연구하여 유사성과 차이성을 발견하고, 어떤 특정한 인간 집단의 사회·문화적 특성을 더욱 뚜렷하게 밝히는 방법이다.[7] 문화상대론이란 특정한 사회의 관습과 문화를 그 사회의 특수한 환경과 상황 및 역사적 맥락에서 이해하고 평가하는 이론으로서 다양한 주거형태를 이해하는 배경이 될 것이다.[8] 둘째, 장기간에 걸쳐 문명이 단계적으로 다른 유형으로 변해나가는 문명진화론(文明進化論)을 참고하였다. 이는 문명의 변화는 마치 생물 진화처럼 그 문명 내에서 새로운 문명 요소의 발명·발견에 의해서 발생하거나, 또는 서로 다른 문명 간의 접촉으로 전파될 수도 있다는 것이다.[9] 이는 문명권보다는 작은 범위의 문화권 변화상을 이해하는 데도 적용될 수 있다.

그런데 동중국해 문화권과 같은 섬 지역의 역사는 변경사, 주변사로 취급받아왔다. 이것은 국가의 중앙성이 강조되면서 주변 지역이 유지하고 있던 '독자성'은 균질화에 벗어난 것으로 인식했다. 그러나 관점을 바꾸면 주변이나 변경은 다른 문화와 접촉하며 상호 교류의 장을 구성한 개척자라고 할 수 있다.[10]

7) 한상복 외, 『문화인류학개론』, 서울대학교출판부, 1985, p.20
8) 전규태, 『비교문학과 비교문화』, 반도출판사, 1984, p.25
9) 정수일, 『문명교류사 연구』, 사계절, 2002, p.25
10) 오모토 케이이치(尾本惠市) 외, 김정환 역, 『바다의 아시아 1』, 다리미디어, 2003, p.142

## 3) 선행연구의 고찰 및 용어 정의

한국 전통건축의 형성에 영향을 미친 외부 요인은 아시아대륙을
통한 북방문화가 지속적인 것에 반해 해양을 통한 남방문화는 간헐
적이었다. 그래서 북방문화와 관련된 연구는 많이 진행되어왔는데
최근에 지리학 · 민속학 · 인류학 등을 중심으로 남방문화와의 관련
성이 조심스럽게 언급되고 있다. 남방문화는 바다를 통해 전달되어
남아 있는 기록과 유구가 적은 관계로, 앞으로 건축학을 비롯한 여
러 분야에서 심도 있는 연구가 진행되어야 할 부분이다.

〈지리학 · 인류학〉에서 지리학자 장보웅은『한국의 민가연구』
(1981)에서 제주도는 위치로 보아 해양과 대륙 양방면으로부터 전래
된 문화가 혼합된 형태로 민가에 나타난다고 보았다. 즉 제주도 민
가는 원래 남방적인 계통의 것이었으나 고려시대에 몽고문화의 영
향을 받았고, 조선시대에 한반도의 영향을 크게 받았으며, 지금도 계
속해서 부분적으로 육지민가화 되는 과정에 있다고 보았다. 제주도
민가에서 정지의 솥걸이 형태, 상방이 원래 흙바닥이었다가 후에 마
루로 변한 것, 변소와 돼지우리의 미분리 등을 남방문화적 요소로
꼽았다.

민속학자 김광언은『한국의 주거민속지』(1988)에서 제주도 집은
우리나라 내륙보다 일본의 류큐를 포함하는 난세이제도(南西諸島)를
비롯하여 더 나아가서는 동남아시아 내지 태평양 지역의 주거양식
과 상통하는 점이 많다고 하였다. 별동형 취사공간, 흙바닥 주거공
간, 종횡분할 평면, 전면의 주거공간과 후면의 곡물창고, 봉덕, 솥걸
이, 고상식 건축, 돼지우리와 뒷간, 배치, 대문, 돌담, 그물 모양 지붕
등의 유사점을 언급하였다.

인류학자 이광규는「한국의 거석문화」(1994)에서 입석, 지석묘,

돌하르방, 장승 등의 거석문화는 동남아시아에서 한반도로 유입된 것으로 보았다. 중국 저장 성(浙江省), 한반도, 일본 서부를 연결하는 동지나해 문화권을 상정하고 줄다리기, 2차 장제, 난생신화, 성인식, 모정, 모계사회제도는 동남아시아계의 문화요소라고 지적하였다.

동서교류사가 정수일은 『문명교류사 연구』(2002)에서 불교가 그 발상지인 인도에서 서역과 중국을 거쳐 한국에 전래되었다는 종래의 북래설(北來設, 인도-서역-중국-한국)에 대해, 그전에 남해로부터도 불교가 전래되었다는 남래설(南來設, 인도-남해-한국)을 조심스럽게 제시하고 있다. 이의 연장선상에서 인류학자 김병모는 『허황옥 루트 인도에서 가야까지』(2008)에서 가야 김수로왕비가 된 아유타국 공주 허황옥의 혼인길을 추적하면서 바다를 통해 메소포타미아에서 인도와 중국을 거쳐 한국에 도착한 쌍어신앙(雙漁信仰)의 역사적 · 종교적 · 문화적 의미를 고찰하였다.

〈건축학〉에서 건축학자 조성기는 「한국민가에 있어서 '북부형' 과 '제주도형'의 비교」(1983)에서 제주도에는 한반도의 문화가 전파되기 이전에 이미 독자적인 주문화가 형성되어 있었으며, 그 이후의 문화접촉도 한반도의 과정과는 달랐다고 하였다. 정영철은 「제주도 전통민가의 형성과 특성에 관한 연구」(1991)에서 상기의 장보웅, 김광언, 조성기의 연구를 취합해서 제주도 민가를 살폈고 고대사에 나타난 남방적 특징인 체질인류학 · 풍습 · 산물 · 신화 · 고고학 · 언어학 등의 요소를 체계적으로 제시하였다.[11]

---

11) 장보웅, 앞의 책, 1981, pp.179~180; 조성기, 「한국민가에 있어서 '북부형'과 '제주도형'의 비교」, 대한건축학회논문집, 1983, pp.26~30; 김광언, 앞의 책, 1988, pp.483~486; 정영철, 「제주도 전통민가의 형성과 특성에 관한 연구」, 대한건축학회논문집, 1991; 이광규, 「한국의 거석문화」, 1994; 정수일, 『문명교류사 연구』, 사계절, 2002

상기의 선행연구를 종합하면, 우리나라 제주도는 남방문화가 먼저 정착하고 근세 이후 한반도를 포함한 북방문화의 영향으로 변화한 것으로 볼 수 있다. 이때 수용된 남방문화의 특징을 동중국해 문화권 민가를 통해 좀 더 구체적으로 살펴보고자 한다.

그런데 남방문화의 전래를 중심으로 하는 한·중·일 민가의 고찰은 진행과정에서 부분적으로 한계를 지닌다. 먼저, 선사시대의 고고학적 내용에 관해서 아직 학계에서는 이견(異見)이 많다. 둘째, 동중국해 지역에 현존하는 민가들은 대부분 근대화에 따른 건축기술·가족구조·생활양식의 변화로 평면이 많이 변화하였고, 그나마 보존이 잘된 것도 민속촌으로 옮겨져 원래의 입지와 거주민의 생활양식을 살펴볼 수 없다는 점이다. 셋째, 넓은 지역을 대상으로 하기에 한국어·중국어·일본어로 된 여러 용어들이 통일되지 않았고, 같은 나라 내에서도 섬에 따라 용어가 달라서 접근하는 데 어려움이 컸다. 그래서 중요한 건축용어는 〈표2〉에 정리하였다.

〈표2〉 동중국해 문화권의 건축용어

| 구분 | 제주도 | 규슈 | 류큐 | 타이완 |
|------|--------|------|------|--------|
| 몸채 | ○ | 오모테 | 우후야 | 주옥 |
| 별동형 부엌 | 정지거리 | 나카에 | 토구라 | 독립주방 |
| 돼지뒷간 | 통시 | 측간 | 후루 | 측간 |
| 창고/곡창 | 고팡 | 난도 | 우라자/구라 | 곡창 |
| 화덕 | 솥덕 | 부뚜막 | 화덕 | 화덕 |
| 화로 | 봉덕(부섭) | 이로리 | 이로리 | 화로 |
| 텃밭 | 우영 | 텃밭 | 이타이 | - |
| 출입구 | 올레, 정낭 | 가도 | 차면담(힌푼) | - |

# 제2장

# 동중국해
# 문화권의
# 형성요인

# 1. 태풍의 길목에 놓인 화산지대, 동중국해의 해양 환경

## 1) 동북아시아의 바다, 동중국해

드넓은 유라시아대륙을 둘러싼 바다는 동쪽으로부터 오호츠크해, 동해, 동중국해, 남중국해, 월리시아 다도해, 인도양, 홍해를 거쳐 있다. 그래서 이 바닷길을 통해서 고대부터 대륙의 동서 간의 긴밀한 관계를 유지하였다. 동쪽에 위치한 동아시아의 바다를 자세히 살펴보면 남쪽에서 북쪽으로의 열대권, 남북부의 이행대, 냉온대권이 연속적으로 분포하고 있다. 이 해역에 살고 있는 민족은 남부 해안지역의 오스트로네시아어족과 대륙지역의 오스트로아시아어족, 중부의 중국·티베트어족, 북부의 우랄·알타이어족 등이 다양하게 분포하고 있는데, 이것은 민족의 집단 이동 및 침입을 반영하는 것이다.[1]

그중에서 동중국해(東中國海)는 확실한 경계는 없지만 일반적으로 제주도 서쪽에서 중국 양쯔 강을 잇는 선과 제주도 동쪽에서 일본

---

1) 오모토 케이이치(尾本惠市) 외, 앞의 책, p.136

나가사키 현 고토열도(五島列島)를 잇는 선을 북쪽 경계로 하고, 남쪽은 타이완 북부까지의 해역을 말하는데, 남중국해와는 타이완 해협에서, 북태평양과는 류큐열도를 경계로 하는 태평양으로부터 분리된 부속해라고 할 수 있다. 동중국해의 총면적은 약 75만km$^2$로서 한반도 면적의 3배 넓이이며 용적은 26만 3천km$^3$이다. 평균 수심은 약 350m이지만, 동중국해의 대부분은 대륙붕으로 북서로부터 남동에 걸쳐 수심이 60~200m에 이르는 완만한 경사의 평탄한 해저로 되어 있다.[2]

동중국해를 둘러싼 지역들은 대륙으로부터 전래된 북방문화와 해양으로부터 전래된 남방문화가 교차하는 접점이었다. 또 지리적으로는 대륙 · 반도 · 섬으로 구성되고 국가적으로는 한국 · 중국 · 일본으로 나뉘어 있으며 동시에 다양한 민족과 문화를 포함하고 있다. 그래서 이 지역이 지닌 다원성(다민족, 다문화, 다지역)은 서로 어우러져 해역의 역동성을 창출해왔다.

### 2) 동중국해의 해류와 바람

동중국해 연안 · 도서지역은 만곡된 해안선이 길어, 일찍부터 육로교통보다는 해상교통이 발달되어 경제활동과 문화소통에 크게 기여해왔다. 이러한 항해에 영향을 끼치는 자연조건으로는 해류 · 조류 · 바람을 들 수 있는데, 동중국해에는 필리핀 북부에서 한반도까지 쿠로시오 해류가 계속 흐르고 항해에 절대적인 영향을 미치는 계절풍이 주기적으로 분다.

---

2) 고유봉,「해양학적 관점에서 본 하멜 표류」,『항해와 표류의 역사』, 솔, 2003, p.301

### 쿠로시오 해류

세계의 해양 중 표층에서 1,000m 정도의 깊이까지는 여러 해류가 흐르고 있다. 쿠로시오 해류(黑潮, Kuroshio current)는 시곗바늘 방향으로 환유하는 북태평양환류의 일부를 이루는데, 그 원천은 필리핀 동쪽 해상에서 북전(北轉)하는 북적도 해류가 남중국해의 연안수와 섞여 이루어진 것이다. 타이완 동쪽으로부터 일본의 태평양 쪽 연안을 거쳐 북위 35도 부근에서 동쪽으로 굽어 흐르는 것이 쿠로시오 본류이다.

이 쿠로시오 본류에서 분리된 일부는 일본 오키나와 섬과 경계를 이루며 류큐제도와 이어져 있는 아마미제도(奄美諸島)의 북서쪽에서 대륙사면을 따라 북상, 대한해협을 통과하여 한국 동해로 흘러들어가는 동한난류(東韓暖流)와 쓰시마난류(對馬暖流)의 두 줄기로 양분되고, 다른 한편으로 제주도의 서쪽을 지나 황해로 들어가는 황해난류(黃海暖流)를 형성한다. 이러한 난류는 인접 해류보다 수온이 높고 투명하여 태양빛 중 청색을 많이 투과시켜 검게 보이는 것이 특징이다.[3]

쿠로시오 해류는 계절에 따라 뚜렷한 차이를 보이는데 5~8월에 가장 강하며 늦여름과 가을에 약간 약화되고 1~2월에 강해지다가 이른 봄에 다시 약해진다. 이 해류는 난류이기 때문에 일본의 남해안과 동남동 해안지방은 물론 도쿄(東京)까지 따뜻하게 한다. 수온의 계절변화를 보면 여름에 약 30℃, 겨울에 20℃ 이하로 동중국해에서 연교차가 평균 14℃인 것에 비해 쿠로시오 유역에서는 연교차가 평균 8.5℃로 작다.

---

3) 김인배, 『고대로 흐르는 물길』, 세종서적, 1995, p.29

동중국해에는 수천수만 년 동안 쿠로시오 해류가 반복적으로 흘러 인도 및 동남아시아 문물뿐만 아니라 중·남태평양 문물을 실어 왔고, 저 멀리 서역과 중동문물까지 받아들이는 역할을 하였다. 이 물길을 타고 많은 사람이 문화를 교류하였는데, 이에 따라 동중국해 문화권에 해양문화의 혼합성이 형성되었다.

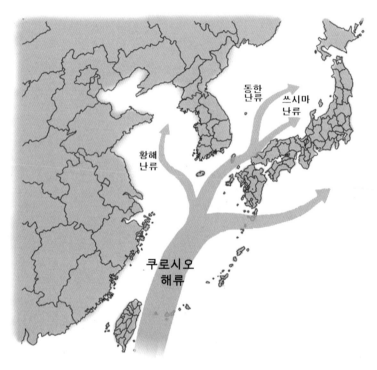

그림3. 쿠로시오 해류

**계절풍과 태풍**

항해환경에서 해류보다는 바람의 영향이 70% 내외로 지대한데, 특히 해양문화에 영향을 주는 것은 계절풍(季節風)이다. 계절풍은 계절에 따라 일정한 방향성을 가져서 바람을 상시적으로 활용할 수 있기 때문이다. 동중국해에서는 봄과 가을을 경계로 계절풍의 교대가 명료하다. 겨울은 북서풍이 탁월하고 여름은 대부분 남풍 또는 남동 계절풍이 분다. 그래서 고대에 백제와 중국 간, 신라와 일본 간의 사신왕래의 통계를 보면 당시 항해가 월별의 영향을 받았다는 것을 알 수 있다.

그리고 동중국해 지역은 여름을 전후하여 태풍(颱風)의 피해가 많은 곳이다. 태풍은 여름에서 가을에 걸쳐 주로 북태평양 고기압 가장자리를 따라 북상하며 필리핀, 타이완, 일본, 중국, 한국으로 내습한다. 태풍은 해면 수온이 높은 쿠로시오 해역을 북상하면서 해수면 증발을 주로 하는 바다로부터 열 공급을 받으며 발달한다. 그래서

〈표3〉 동중국해 문화권의 평균 기상자료(1981~2010년 평년치)

| 구분 | 제주도 | 규슈 | 류큐 | 타이완 |
|---|---|---|---|---|
| 평균온도(℃) | 15.8 | 16.9 | 22.7 | 22.6 |
| 최고기온(℃) | 18.9 | 20.7 | 25.3 | 26.5 |
| 최저기온(℃) | 12.9 | 13.6 | 20.5 | 19.9 |
| 강수량(mm) | 1497.6 | 1959.6 | 2036.9 | 2325.2 |
| 평균풍속(m/s) | 3.5 | 4.0 | 5.3 | 3.4 |
| 기후대 | 온대·아열대 | 온대·아열대 | 아열대 | 아열대·열대 |
| 태풍 통과횟수 | 연 3회 | 연 3.3회 | 연 7.4회 | 연 7회 |
| 총면적(km²) | 1,847 | 42,180 | 2,267 | 36,179 |

(참고: 한국, 일본, 타이완 기상청 자료)

태풍은 강풍과 대량의 비를 몰고 오고, 때로는 조석의 고저와 맞물려 해안지대에서 인명과 재산에 막대한 피해를 주기도 한다.[4] 태풍은 농작물에는 큰 피해를 주지만 다른 한편으로 어업환경에는 많은 풍요를 가져다주었다. 해마다 10여 개 태풍이 한국에 접근하고 이 가운데 3~4개가 한국에 상륙한다. 그래서 동중국해권 민가들은 비바람에 대비한 구성이 절실하였다.

### 3) 화산과 지진

동중국해 지형은 구석기시대인 제4기 홍적세 초에는 한국과 중국, 일본, 타이완이 육지로 연결되어 황해가 존재하지 않았고 동해와 대만해협은 호수였다. 이러한 현상은 제4빙하기의 가장 추운 때인 2만 년 전까지 계속되었다. 따라서 이 시기에는 한반도에서 제주와 중국은 물론이고 일본의 규슈와도 사람과 동물, 그리고 문화의 이동이 가능하였다. 그 뒤 점차 빙하가 퇴조하면서 기원전 5000~3000년경에는 해면이 상승하였으며, 서력기원을 전후한 시기에 해수면의 조정 작용을 거쳐 현재와 같은 해안선으로 되었다.[5]

그리고 동중국해 지역은 지진활동이 활발한 환태평양 지진대(環太平洋地震帶)로, 화산대와 지진대가 겹쳐 있고 습곡산맥이 발달되거나 호상열도가 분포되어 있다. 제주도는 화산섬으로 신생대 제3기 말에서 제4기(120만 년 전~25,000년 전)에 걸쳐서 용암이 연속적으로 분출하여 만들어진 순상화산(楯狀火山)이다. 한라산 정상에 백록담 분화구가 있고, 완만한 경사의 산록에는 다양한 크기와 모양의 360여

---

4) 고유봉, 앞의 책, p.308
5) 국립제주박물관, 『제주의 역사와 문화』, 통천문화사, 2001, pp.25~26

개의 소화산체인 오름이 산재하고, 용암이 폭발성 주장절리(柱狀節理)를 따라 발달한 해안 폭포와 만장·김녕·협재 등에 용암굴이 발달했고, 흘러내린 용암들이 식어 우뚝 선 각양각색의 기암괴석 등은 제주 특유의 경관을 형성하였다.

일본열도와 류큐열도는 제3기 환태평양 조산운동으로 형성된 것으로, 열도의 안쪽은 얕은 바다이고, 바깥쪽에는 해구(海溝)가 있다. 안쪽에는 화산분출이 많으나, 대지진은 바깥쪽에서 자주 일어난다. 일본열도는 200여 개의 화산을 갖고 있고, 그중에서 활화산만도 40개를 넘어 전 세계 활화산의 1할에 해당한다. 특히 규슈는 산이 많고 화산활동이 활발하며, 섬 북쪽 중심부에 있는 아소산(阿蘇山)은 세계 최대의 칼데라(caldera) 화산으로 유명하다. 류큐열도는 지질과 지형 면에서 내대·중대·외대의 3대로 나누어진다. 내대는 화산대로 이어지는 화산섬이고, 중대는 고생대층·중생대층으로 이루어진 암석의 험준한 산지이고, 외대는 제3기층의 편평한 지세를 보인다. 섬 주위에는 해안단구가 발달했으며, 류큐 석회암으로 이루어진 대지가 분포하고, 해안에는 산호초가 발달했다.

타이완도 환태평양 지진대에 위치하여 연평균 70~100회 정도 크고 작은 지진이 발생한다. 이러한 활발한 지각활동은 수많은 산맥과 다양한 생태를 만들었다. 북부에는 활화산 분화구를 가진 양밍산(陽明山)이 자리하고, 동북부에는 기암절벽의 타이루거(太魯閣) 협곡이 위치해 있다.

동중국해 연안·도서지역은 화산지형의 특성상 용암동굴과 바위그늘이 발달하여 구석기시대부터 사람들의 거처로 이용되었고[6], 현

---

6) 오키나와는 융기산호초의 석회암에 의해 지반이 형성되어, 벼랑에는 다수의 '가마'라 불리는 동굴이 있다. 그리고 태풍의 맹위를 피하기 위한 산호석의 동굴은 입구를

무암·석회암 등은 건축 재료로 사용되었다. 그리고 화산재로 인해 땅이 척박하여 반농반어의 생계수단을 유지하였고, 1년 내내 많은 비가 오는 다우지역이지만 지질상 물이 고이지 않아 제주도와 류큐에서는 항상 물 저장에 많은 신경을 써야 했다.

---

가로막아 이용하는 원초적인 거주공간도 있었다.

# 2. 쿠로시오 해류를 따라 이루어진 동중국해의 해양 교류

동북아시아는 동중국해를 통해 일찍부터 교류를 하였고 이것은 경제 활동과 문화 소통에 크게 기여해왔다. 한반도 남해안과 제주 도를 중심으로 선사시대부터 근세까지 이어진 해양 교류[7]를 살펴 보았다.

## 1) 선사시대의 해양 교류(~기원전 4세기)

동중국해 연안·도서지역의 원주민 형성과정을 몽골로이드의 이 동, 벼농사의 전파, 고인돌의 분포를 통해 접근하였다. 이들 내용에 관 해서는 아직 학계에서는 이견이 많고 연구가 미흡한 까닭에 이 시기 의 문명교류상을 명확히 밝힐 수는 없다. 다만 이 지역 간 교류를 입증 할 수 있는 유물들이 몇몇 곳에서 발견되고 있는 실정이다.

---

7) 유병하, 「해양 교류와 고대 제사 유적-한반도 서남해안 일대를 중심으로」, 『제26회 한국고고학전국대회, 해양 교류의 고고학』, 한국고고학회, 2002, p.59 : 해양 교류 란 바다를 공간적인 배경으로 하여 이루어진 다양한 인간 활동이나 그 결과로 형성 된 관계 혹은 문화상을 말한다.

## 몽골로이드의 이동

동북아시아는 다양한 경로로 이동하는 몽골로이드(황인종)[8]들이 다시 만나는 장소였다. 이들이 들어온 경로를 살펴보면 첫째, 북방으로 아시아 대사막의 북편을 돌아서 시베리아·몽고·만주·한반도로 이르는 줄기(북부 몽골로이드), 둘째, 쿤룬 산(崑崙山) 밑으로부터 황허 강(黃河)·양쯔 강 두 사이로 들어오는 줄기(중부 몽골로이드), 셋째, 아시아 남방 해변으로부터 해안을 걸쳐 남태평양 군도까지 뻗치는 줄기(남부 몽골로이드) 등 세 경로의 영향이 복잡하게 섞여 있다.[9]

그중에서 남부 몽골로이드인 오스트로네시아어족은 남태평양 경로의 주역으로 바다를 건너 다른 곳으로 이주하여 공간을 넓힌 인류 확산의 사례이다. 이들의 고향은 중국 남부(지금의 윈난 성 부근) 혹은 타이완으로 여겨지는데, 기원전 4000년경 동남아 도서부를 거쳐 동쪽으로 남태평양 폴리네시아 끝에 있는 이스터 섬, 북쪽으로 하와이 제도, 남쪽으로 뉴질랜드, 서쪽으로는 아프리카의 마다가스카르까지 퍼져나갔다. 이들은 수렵·어로 및 근재농경이 발달하였고, 남녀 분업, 수장제, 정령숭배, 거석숭배, 남자집회소 등의 공통점이 있다.

이러한 남방계 몽골로이드의 옛 풍습은 동중국해 연안·도서지역

---

8) 선학들의 연구를 종합하면, 최초의 인류는 아프리카에서 출현하여 이동하면서 각지의 기후·지형·풍토에 적응해서 변화하였는데, 동아시아의 제 민족이 된 이들을 몽골로이드(황인종)라 부른다. 이들은 기원전 2만 년 전에 시베리아를 경유해서 14,000~13,000년 전에 남북아메리카 대륙으로 건너갔고, 아시아 남부에는 6만 년 전에 이동했고 오스트레일리아 대륙에는 5만 5000년 전에 이동해서 선조가 되었다. 그리고 기원전 4000년경 중국 남부에서 동남아시아·인도네시아로 이동하기 시작하여 기원후 수세기에 걸쳐 태평양으로 나와 멜라네시아, 미크로네시아, 폴리네시아로 이동하였다.

9) 정영철, 앞의 논문, pp.113~122

에서도 엿볼 수 있어서, 바다를 통해 이들의 일부가 여러 시기를 달리해 들어온 것으로 추정된다. 즉, 동중국해 문화권에는 남태평양과 동남아 도서부 경로로 어로와 근재농경 문화가 전파된 것으로 보인다.

〈표4〉 남태평양 군도의 문화

| 분류 | 내용 |
|---|---|
| 멜라네시아 (Melanesia) | 멜라네시아는 피부가 검은 사람들이 살고 있다는 뜻으로, 연안이나 도서지방에서는 고기잡이를, 내륙이나 산악지방에서는 활·화살에 의한 사냥을 하였다. 원시적 화전농경이 이루어져 타로토란, 얌토란, 바나나 등 근재작물을 재배하고, 모계제가 우세하지만 부계·쌍계사회도 있다. 가축으로는 닭·개가 있고, 돼지는 식용보다는 의례의 제물이나 재산으로써 키운다. |
| 미크로네시아 (Micronesia) | 미크로네시아는 작은 섬이란 뜻으로, 모계제로 이어지는 친족집단이 지배적 역할을 수행하고, 화산섬과 산호섬에서는 남녀의 분업이 중심이 되는 다양한 사회조직을 이루고 있다. 산호섬에서는 어로와 열대성 상록교목 재배, 화산섬에서는 타로토란, 참마 등의 근재작물의 의존도가 높다. 정치적으로는 토지와 바다의 통제, 새로운 물건의 헌납을 중심으로 하는 다양한 수장제(首長制) 정치조직이 발달하였다. 일찍이 거석문명을 발달시켰으며 정령숭배 사상이 남아 있다. |
| 폴리네시아 (Polynesia) | 폴리네시아는 많은 섬이란 뜻으로, 신석기 문화에 속하는 원시 농경민으로 화전경작이 행해지고, 돼지·닭·개를 사육하고 카바(무알콜 음료)와 문신의 풍속이 있다. 친족제도는 부계사회이면서 모계로의 귀속이 가능하고, 정치적으로는 강력한 권력을 갖는 장자계승에 의한 수장제가 발달하였다. 종교는 모든 생물·무생물에 초자연적인 힘인 마나(mana)가 있다고 믿는다. |

### 벼농사의 전파

아시아지역은 쌀의 주생산지와 소비지로 '벼농사 문화권(稻作文化圈)'으로 묶여 있다. 벼농사는 아시아대륙의 남부 및 남동부의 인도와 인도차이나반도의 열대 및 아열대지방에서 약 1만 년 전에 시작된 이후 세계 여러 지역으로 전파되었다고 한다.[10]

동북아시아의 벼농사는 지금부터 7천~5천 년 전에 중국 저장성 하모도(浙江省 河姆渡) 유적의 벼농사를 그 기원으로 보는 것이 일반적이다.[11] 한반도에 벼가 전해진 시기는 명확하지 않으나 대체로 기원전 1000년경으로 추정하며, 유입 경로는 중국대륙을 거쳐 전래되었다는 북방설, 중국 산둥반도에서 해로를 타고 한반도 중부에 전래되었다는 설, 중국 강남에서 한반도 남해안지방을 기점으로 전래되었다는 남방설 등이 있다.[12] 그리고 일본에서는 상기의 경로들이 연

---

10) 로저 키징, 『현대문화인류학』, 전경수 역, 현음사, 1989, p.69 : 타이의 스피릿 동굴에서 발견된 완두콩 · 콩 · 밤은 그 연대가 기원전 9700년으로 측정되어 동남아시아가 세계 최초의 농업지역일 수도 있다. 타이완에서는 기원전 8000년에 식물이 재배되었다. 동남아시아에서 신석기가 완전히 발달함으로써 열대지방으로 확산되는데, 결정적으로 중요한 사육동물(닭과 돼지)과 재배식물(쌀 · 타로 · 얌 · 감자 등 구근류)의 복합적 이용이 나타났다. 중국에서 농업의 시작은 근동보다 늦었다. 북중국의 황토고원에서 발견된 양사오문화는 기원전 3000년 이전으로 추측되며, 이 시대에는 농민들이 취락을 이루어 생활했고 기장을 재배했다. 관개는 하지 않았으나 농경을 행하였으며, 도기를 만들고 돼지를 사육하였다.

11) 모소석(毛昭晰), 「선진시대 중국 강남지역과 한반도의 해상교통」, 『한중문화교류와 남방해로』, 국학자료원, 1997 : 중국 장강 중 · 하류지역에 벼농사 유적지가 많을 뿐만 아니라 연대도 다른 지역보다 빨라 중국학자들은 이 지역을 중국 벼농사의 발원지로 생각하고 있고, 북으로 화북의 황하유역으로, 남으로는 화남과 서남지구, 동으로는 한반도와 일본으로 전파되었다고 본다. 한민족의 벼농사 문화(稻作文化), 청동 치조(治造), 고상식 건축, 문신풍속, 지석묘 그리고 태양, 새(鳥) 숭배 등은 중국 동남연해 민족과 유사한 고문화 현상이고, 그 탄생 시기 역시 동남해안형 문화가 연해안으로 전파한 시기와 같다.

12) 정수일, 『한국 속의 세계』, 창비, 2005, pp.56~64

장되고, 중국 남부에서 타이완과 류큐열도를 따라 북상한 경로가 더해졌다.

동중국해 연안·도서지역에도 벼농사가 전파되었지만, 바닷가는 경작지가 좁고 험하며 토양에 제약이 있어서, 쌀보다는 조나 수수 그리고 참마, 토란 등을 주식으로 삼는 경우가 많았다. 그리고 화산지대로 땅이 척박하여 작물재배와 더불어 수렵·채취·어로가 함께 이루어지는 경계지역이었다. 그렇지만 벼농사 문화권에서 보이는 모계제[13], 난생신화, 남방식 고인돌, 정령숭배, 조상숭배, 고상식 건축 등의 특성이 선별적으로 나타난다.

이를 통해 동중국해 문화권에는 선사시대부터 동남아 대륙부와 중국 남부의 경로로 여러 시기를 달리해 벼농사 문화가 전파되어 기층문화를 형성한 것으로 판단된다.

### 고인돌의 분포(기원전 2000~기원전 1000)

청동기·철기시대의 기념물인 고인돌(dolmen, 지석묘)의 분포범위는 매우 광범하여 북유럽, 서유럽, 지중해 연안지역, 인도, 동남아시아, 동북아시아 등지에서 다량 발견된다. 그중에서 중국 동북지방과 한반도, 일본 규슈지방에는 기원전 1000년경의 고인돌이 적잖이 발견되어 이 지역을 '동북아시아 돌멘권'이란 하나의 거석문화 분포권을 묶을 수 있다.

---

13) 와타나베 요시오, 『오키나와 깊이 읽기』, 최인택 역, 민속원, 2014, p.25 : 인류학에 의하면 세계의 약 반에 가까운 사회(44%)가 부계제(父系制) 사회이고, 모계제(母系制) 사회가 약 15%를 점한다. 나머지 약 41%는 자기가 속하는 일족을 부·모 양 계통 중 어느 한쪽을 선택할 수 있는 선계제(選系制) 사회와 부·모 양쪽의 일족에 속하는 이중단계제(二重單系制) 사회, 다수의 조상일족 모두에 소속할 수 있는 쌍계제(雙系制) 사회 등으로 나눌 수 있다.

한반도에 남겨진 고인돌은 2,000기를 상회하여 전 세계 숫자에 절반에 이르며, 고인돌의 형식도 다양하다. 주로 한강 이북에 분포하는 '북방식(탁자식)'은 길게 세운 4개의 받침돌 위에 큰 판석을 올린 형태로 시신을 덮개돌 아래인 지상에 둔다. 한강 이남에 많은 '남방식(기반식 또는 바둑판식)'은 거대한 돌을 자그마한 받침돌에 괴어 놓은 형태로 시신을 지하에 묻는다. 북방식과 남방식의 중간 형식인 '개석식'과 여러 매의 판석이 덮개돌의 가장자리를 따라 세워진 형태로 제주도에서만 보이는 '위석식'도 존재한다.[14] 이러한 한반도 고인돌에서 발견된 2개의 유골은 유럽 계통과 인도 계통이라는 연구결과가 나와서 전체적으로 몽골로이드 이동과도 연결된다. 이를 통해 북방 대초원을 가로질러 온 기마민족과 바다를 넘나든 해양민족이 한민족의 기원을 형성하였고, 고대 한반도는 바다를 통해서도 아시아 주변 지역과 활발한 교류를 하였음을 알 수 있다.

특히, 남방식 고인돌과 위석식 고인돌의 분포 지역을 연결해보면, 한반도 서남부와 제주도에서 중국 저장 성(浙江省), 일본 규슈 북부, 동남아시아와 인도 등으로 연결되는 거대한 남방 항해로가 만들어진다. 이 길을 통해 남방에서 전래된 벼농사와 함께 석물과 태양을 숭배하는 문화(陽石複合文化)가 동중국해 문화권에 전파되었음을 알 수 있다.[15] 고인돌 경로는 세계 최초로 동서양을 넘나든 바닷길로 지

---

14) 김병모, 「한국거석문화원류에 관한 연구」, 한국고고학보 10, 11호, 1981, pp.62~63
: 고고학 측면에서 한국에서 많이 발견되고 있는 고인돌이 종래까지의 개념인 북방 문화의 일종이거나 한반도에서 생겨난 문화가 아니고 동남아시아로부터 쌀농사 기술과 난생신화가 우리나라로 전파되면서 들어온 거석 숭배사상의 유산이라고 해석한 연구도 나왔다.

15) 정수일, 『고대문명교류사』, 사계절, 2001, pp.75~89 : 문명이동론에 따르면 문명은 3대 간선을 따라 세계 곳곳으로 이동·확산되었다는 것이다. 이때 문명이동 남선(南線)은 이집트-시리아-홍해-남아라비아반도-인도-인도네시아-중남미로

금의 무역항로를 그대로 이어주고 있다.

그림4. 제주도 고인돌 : 제주돌박물관에 재현된 남방식 고인돌이다.

## 2) 고대의 해양 교류(기원전 3세기~6세기)

고대국가 형성 이후에는 주로 선진문물의 수입과 교류를 통한 정치력·경제력의 확대가 주목적이었기 때문에, 중국대륙과 한반도 일본열도는 국제적인 연계망이 본격적으로 형성된 5세기 이후까지도 부단한 교류가 있었다.[16] 특히 고대 한·중 해로는 북방의 연해로(우회로)에서 출발하여 점차 남방의 횡단로(직항로)로 발달하였다.

---

이어지는 길이다. 이 남선지대의 대표적 문화가 태양과 석물을 숭배하는 양석복합문화다. 오키나와의 미야코 섬(宮古島)에는 제주도의 고인돌과 유사한 것이 있다. 인도네시아 발리에는 제주도의 돌하르방과 같은 모양의 돌상들이 있다.

16) 유병하, 앞의 책, p.63

이 남방 횡단로는 실크로드의 3대 간선의 하나인 해로와 이어지고 있다.

### 중국과 도교 : 진 시대 서복의 도한(기원전 3세기)

한반도와 중국과의 해상교류는 자료에 의하면 춘추전국시대(기원전 8세기~기원전 3세기)까지 거슬러 올라간다. 그 이후 기원전 3세기 진(秦)시대는 가장 해외 망명이 많았던 시대라고 할 수 있다. 중국에서 처음으로 통일국가를 형성했던 진시황 때는 군현제도(郡縣制度)를 도입한 중앙집권화 정책을 시행하고 분서갱유(焚書坑儒)와 같은 폭정을 일삼는 등 혹독한 독재정치를 펼칠 때였다. 이때부터 중국에서는 급격한 국외망명이 일어났다. 당시 망명인들은 한반도나 제주도는 물론 일본열도까지 흘러들어 갔다.[17] 서복(徐福) 집단의 망명이 대표적인 사례라고 할 수 있다. 진시황은 불로장생의 약을 구하기 위해 서복을 파견하고 동남동녀 3,000명(또는 500명)과 함께 오곡과 쇠뇌까지 지닌 각종 공장들을 보내 바다에 들어가 선인을 찾도록 하였다. 서복 도한(渡韓)의 역사적 배경은 우선 고대한·중 양국 간의 교류이다. 이들의 행로에 관해서 한반도에 이르렀거나 종착했다는 도래설과 이르거나 머물지 않고 지나쳐 일본으로 갔다는 경유설로 학계는 분분하다. 그렇지만 중요한 것은 당시 조선술과 항해술이 상당히 발전해 한·중해로가 운영되었다는 것이다.

---

17) 정수일, 앞의 책, pp.359~399 : 중국 선진(先秦)시대의 각 조와 한반도 북부의 고조선이나 남부의 삼한 사이에는 정치적 교섭과 문물교류 및 인적 내왕이 이미 진행되고 있었다. 그리고 두 지역 간, 특히 변방이나 연해 지대에서의 이민도 빈발하였다.

그리고 서복의 도한은 도교의 전래와도 연관성을 가진다. 첫째, 삼신산(三神山)의 숭배이다. 우리나라는 예부터 금강산을 봉래산(蓬萊山), 지리산을 방장산(方丈山), 한라산을 영주산(瀛洲山)이라 일컬었으며 신성시했다. 특히 제주도 개국설화에는 삼신인(三神人)이 모흥혈에서 용출해 시조가 되었다고 한다. 둘째, 서복이 제주도 영주산에서 '시로미'란 불로초를 구해가지고 갔다고 한다. 득의양양하여 서쪽을 향해 귀로에 오른 포구라는 데서 '서귀포(西歸浦)'란 이름이 지어졌고, 거대한 수직 절벽에서 바다로 직접 떨어지는 해안 폭포인 정방폭포의 암벽에 '서복이 이곳을 지나다(徐市過之)'라는 각문을 새겼다고 한다.

도교의 전래는 전통 마을과 주택의 방위관에 큰 영향을 끼쳤다. 특히 동중국해 문화권에는 태양숭배와 연결되어 동쪽을 신이 출입하는 방위로 존중하고 역으로 서쪽을 기피하는 문화가 형성되었다.

### 인도와 남방불교 : 가야 수로왕비의 내한(42~189년)

남부아시아에서 형성된 인도문화는 기원 전후로 동남아문화의 형성에 지대한 영향을 끼쳤는데 우리나라와도 관련성을 가진다. 『삼국유사(三國遺事)』「가락국기(駕洛國記)」에는 '16세의 아유타국(阿踰陀國) 공주 허황옥(許黃玉)은 하늘이 내린 가락국 왕을 찾아가 배필이 되라는 부모의 분부를 받들어 서기 48년에 20여 명의 수행원과 함께 붉은 돛을 단 큰 배를 타고 장장 25,000리의 긴 항해 끝에 남해의 별포(別浦) 나룻목에 도착해 수로왕과 상면한다. 김수로왕과 허황옥은 140여 년을 해로하면서 아들 10명과 딸 2명을 두었다'고 한다. 허황옥의 내한경로에 관해서 이견이 많은데, 기원전 3세기 인도 갠지스 강 중류에서 크게 번성한 태양조 불교국 아요디아(Ayodhya)에서 왔다는 설, 아요디아에서 중국 쓰촨 성(四川省) 푸저우(普州)를 거처 양쯔 강 하구에서 서해를 건너온 일족이라는 설, 타이 방콕 북부의 고대도시 아유타(Ayuthaya)와 관련이 있다는 설, 일본 규슈 지방에서 도래했다는 설, 기원 초 중국의 전·후한 교체기에 발해 연안에서 남하한 동이족 집단이라는 설 등이다. 종합하며 외래인이라는 데 견해를 같이하고 있어서, 한국인 몸속에 이방인의 유전자가 스며들었음을 알 수 있다.

그리고 허황옥의 내한은 불교의 남방전래와도 관련이 깊다. 김해 수로왕릉의 경내에는 '파사석탑'의 파편이라는 석재가 남아 있다. 『삼국유사』「금관성파사석탑조(金官城婆娑石塔條)」에는 '허왕후가 배를 타고 올 때 이 탑을 배에 실어서 풍파를 진정시켰다'고 전한다. 그리고 수로왕릉의 정문에는 두 마리의 물고기를 새긴 쌍어무늬와 활, 연꽃 봉오리, 남방식 불탑 장식이 단청으로 그려져 있고, 능의 중수

그림5. 제주도 정방폭포 전경 : 정방폭포의 암벽에 진시황의 방사인 '서복이 이곳을 지나다'라는 각문을 새겼다고 한다.

기념비에는 풍차 모양의 태양 문장이 새겨져 있다. 이러한 문양들은 인도 아요디아에서 지금도 건축에 흔히 쓰는 장식과 조각이다. 이를 통해 불교가 북방경로에 앞서 남방해로를 통해 전래되었을 가능성이 고려된다.[18]

## 3) 중세의 해양 교류(7~14세기)

중세에 이르러 조선술과 항해술의 발달로 해로를 통한 동서교류는 더욱 활발하게 전개되었다. 특히 통일신라시대는 우리 역사상 해양문화가 가장 번성했던 시기로 단순한 교역을 넘어서 외교사절과 승려, 학생 등의 왕래가 빈번하였다. 특히 이슬람문화와도 교역이 잦아서 아시아문화가 하나로 만나는 문화의 장으로서 국제사회로 발돋움하는 기저를 마련하였던 시기로 평가되고 있다.[19] 이후 고려시대에도 넓게 열린 바닷길(해상 실크로드)을 통하여 중국(송)과 동남아시아 더 나아가 아라비아 지역까지 교류를 넓혔다.

### 통일신라의 서역 교류

통일신라시대 경주는 당시 세계 최대 도시 중에 하나로 국제교류가 활발하였다. 경주에서 발굴된 로마의 유리그릇, 서역의 장식보검, 페르시아풍의 보상화전과 뿔잔 등의 유물을 통해, 많은 학자는 로마에서 중국(당) 장안(長安)으로 이어지는 실크로드가 동쪽의 경주까

---

18) 김병모, 『허황옥 경로 인도에서 가야까지』, 역사의아침, 2008; 정수일, 『한국 속의 세계』, 창비, 2005, pp.76~84

19) 안경숙, 「바다를 통해 교류된 한국고대유물」, 『항해와 표류의 역사』, 솔, 2003, pp.255~257

지 연결되었던 것으로 보고 있다.

당시 신라의 많은 고승이 인도(天竺)로 가서 불법을 익혔다. 대표적인 사례로 704년 신라에서 출생한 혜초(慧超)는 16세에 중국 광저우(廣州)에 건너가서 인도에서 온 밀교승 금강지(金剛智)를 만나고 스승의 권유로 천축으로의 장도에 오른다. 723년 광저우를 떠나 뱃길로 동천축에 도착한 후 온갖 어려움을 이겨내면서 4년간 인도를 비롯한 서역의 여러 지역을 두루 역방하고 당나라로 돌아와 『왕오천축국전(往五天竺國傳)』을 남겼다. 한편 신라 제38대 원성왕(元聖王, 재위 785~798)의 무덤으로 추정되는 경주 괘릉(掛陵)이 있다. 이곳에 세워진 무인석은 부리부리한 눈, 매부리코, 곱슬곱슬한 턱수염 등으로 보아 깊은 눈과 높은 코(深目高鼻)의 서역인(페르시아인)의 얼굴이고 문인석은 위구루인의 얼굴인데 둘 다 복주머니를 차고 있어서 한반도에 정착한 이방인들의 모습을 볼 수 있다. 그리고 처용(處容)설화와 처용탈에 나타나는 처용의 모습은 사뭇 서역인을 연상시킨다. 『동국여지승람(東國輿地勝覽)』에서 '처용이 개운포의 푸른 바다에서 나타났다'고 하고, 『경상도지리지』에 '울산 남쪽 37리 되는 개운포에 처용암이 있는데, 신라 때 그곳에서 모양이 기괴한 처용옹이란 사람이 출현했다'고 기술되어, 동해를 거쳐 외래인이 울산에 상륙했음을 알 수 있다.

그리고 8~9세기 동북아 3국은 중앙집권의 통치체제가 무너지고 지방 토호들의 지방분권체제로 변해가는 격변기였다. 이때 등장한 장보고(張保皐, 790~846)는 신라와 중국(당), 일본 3국을 아우르는 해상왕국을 건설해 동서문명의 전개사에 큰 기여를 하였다. 장보고는 청해진을 중심으로 해상활동을 펼쳐 해적과 노예상들을 일격에 소탕하고 각지에 난립한 군소 해상집단을 평정한 후 중국과 일본에 흩어져 있는 신라인들과 힘을 모아 신라·당·일본 간의 국제적 삼각

해상무역망을 구축했다. 이들은 완도, 강진, 해남, 영암 일대 등 전라도 일대와 중국의 산둥반도 및 대운하 주변을 거점으로 일본의 하카다(博多)에 이르기까지 광범위한 지역에서 활동하였으며, 양쯔 강 유역에서는 이슬람 상인과도 교역한 것으로 알려졌다. 장보고 때에 이미 신라 상선이 중국의 남단 광저우까지 진출한 것이 초석이 되어, 고려시대에는 그 서쪽으로 동남아시아와 인도, 대식(아라비아)까지 내왕과 교류가 확대되었다.[20]

그림6. 경주 괘릉의 무인석 : 무인석의 부리부리한 눈, 매부리코, 곱슬곱슬한 턱수염 등의 이국적 모습에서 통일신라 당시 서역과의 교류를 엿볼 수 있다.

---

20) 정수일, 앞의 책, pp.73~82

### 고려의 남만 무역

고려는 건국 초부터 대외무역을 활발하게 전개하였다. 당시의 시인 이규보(李奎報, 1168~1241)는 국제무역항인 예성강을 바라보며 "고려의 상선이 남만(南蠻 : 남쪽 이민족)을 오간다"고 노래했다. 당시 고려는 송(중국), 일본뿐만 아니라 교지국(베트남), 섬라곡국(타이), 마팔국(인도반도에 있던 국가), 대식국(아라비아) 등과도 교역했다. 대식국의 상인은 남중국을 거쳐 고려로 왔거나 직접 왔을 가능성도 있다. 그래서 이들은 남중국에서 고려 상인과 만나기도 했는데, 이로 인해 '코리아'란 이름에 세계에 알려지게 되었다. 이처럼 고려는 우수한 선박을 보유하고 중국의 북부와 남부, 일본 그리고 동남아시아까지 폭넓은 항로를 오가며 활발한 해양활동을 펼쳤다.

1975년 목포 신안 앞바다 해저에서 일본으로 항해하다가 침몰된 14세기 원대(元代)의 선박이 발견되었다. 여기에는 청자와 향로를 비롯한 2만여 점의 각종 중국 자기류가 실려 있었다. 이러한 신안 해저 유물은 당시 한 · 중 · 일간에 진행된 교역의 한 단면을 보여준다. 그러나 고려 말 원(元)나라는 고려의 힘을 꺾기 위해 해상 활동을 금지했고 조선왕조 역시 바다를 묶어두어 동북아시아 바다의 주도권을 잃어버렸다.

### 4) 근세의 해양 교류(15~19세기)

근세에 접어들면서 명(明)나라는 건국 초부터 해금정책(海禁政策)을 실시하여 공식적인 조공 이외에는 해상교류를 금지하였고

(1371~1842), 조선왕조도 제주도에서 고된 역(役)[21]을 피해 도망하는 자가 늘어나자 출륙금지령(出陸禁止令, 1629~1823)을 내렸다. 일본의 도쿠가와 막부(江戶幕府)도 무역권을 독점하고자 1628년부터 250년간 쇄국정책(鎖國政策)을 펴서, 외부 세계와 접촉할 수 있는 곳을 한정하였다. 그래서 근세에는 동중국해의 해상교류가 금지되어 외부로부터 새로운 자극을 받기 어려웠고, 오히려 한·중·일 각 국가의 전통문화가 강하게 보존되는 시기였다. 그렇지만 조선 전기에는 왜구가 극성을 부렸고 조선 후기에는 이양선의 출몰이 잦았고, 표류와 표착은 계속되었다.

### 조공과 왜구

동중국해의 해상 패권은 대륙세력의 흥망과 밀접한 관계를 맺고 있다. 고려 말 여·몽 연합군의 일본 원정 이후, 쓰시마를 비롯한 많은 왜인은 고려와 정상적인 무역이 막히자 물자 부족에 시달린다. 그래서 14세기 중반부터 왜구가 대규모로 무리 지어 해적질을 하게 되었다. 일본의 이키(壹岐)·쓰시마(對馬島)·기타규슈(北九州)·세토나이카이(瀨戶內海) 등에 근거지를 둔 왜구는 고려 충정왕·공민왕·우왕에 이르는 40년 동안 100~500척의 선단으로 떼를 지어 경상도 해안에 출몰하기 시작하였고 점차 전라도 지역으로 활동범위를 넓혔으며 심지어 수도 개경의 치안까지 위협하였다. 이러한 왜구 문제가 발단이 되어 명(明)나라는 공식적인 조공을 제외한 사무역을 금지하는 해금정

---

21) 조선시대 제주도민은 군역과 노역에 많이 동원되었다. 여기에는 진상을 위해 미역을 따던 잠녀(潛女), 전복을 잡던 포작(鮑作), 말을 기르던 목자(牧子), 귤을 재배하던 과원(課員), 이를 운반하던 뱃사람 격군(格軍) 그리고 관청의 땅을 경작해주던 답한(畓漢) 등이 있었다.

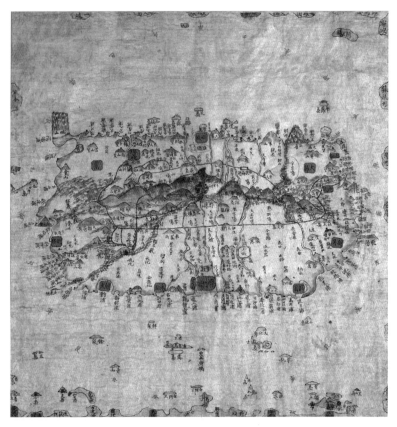

그림7. 탐라순력도의 한라장촉 : 1702년에 제작된 지도로 제주도가 남쪽을 향해 있고 그 주위를 둘러싼 국가들이 상세히 표시되어 있다.(소장: 국립제주박물관)

책을 시행하였다. 이로 인해 류큐 왕조는 동남아시아와 동북아시아의 교역을 담당하며 14~16세기에 대항해시대를 열었다.

조선시대에는 왜구의 침입이 잦은 해안지역에 만호(萬戶)와 수군처치사(水軍處置使)를 두어 해안을 엄히 방위하였다. 또한 왜구의 근절을 외교로 이루고자 대일교섭을 통하여 왜구의 금압을 요구하는 한편 회유책도 병행하여, 투화(投化)·향화(向化)한 왜인에게는 수직왜인(受職倭人)이라는 관직을 주거나 집과 밭을 주기도 하였다. 또한 그들이 조선에서 물자를 얻으려는 욕구를 충족시켜주기 위해 왜구의 소굴인 쓰시마 도주(島主)에게 조선에 대한 무역통제의 특권을 주는 대신 왜구를 단속하는 책임을 지웠다. 이에 따라 경상도 동래의 부산포 등을 개항하고 왜관(倭館)을 설치해서 이곳을 중심으로 무역거래를 하도록 조치하였다. 조선시대에 만들어진 문헌, 고지도, 표류기 등에 규슈, 류큐, 타이완이 잘 묘사되어 있어 이 지역에 대한 인식이 명확하였음을 알 수 있다.

### 표류와 표착

동중국해 연안·도서지역은 망망한 대양을 접하여 있는 지리상 위치와 해류·계절풍 등으로 각 지역의 선박이 오래전부터 서로 표류(漂流)·표착(漂着)하는 숙명적인 종착지였다. 그래서 각 지역은 선박의 표류와 표착에 의해 서로의 풍속과 문화를 보고 들었고, 그 중에는 표착지에 정착한 자들도 있어서 혈통, 언어, 풍속 등이 다소 융합되었다.[22]

한반도와 제주도의 사람 중에는 항해 중에 바람을 잘못 만나 중국이나 일본, 류큐, 베트남 등지로 떠밀려 갔다가 고향에 다시 되돌아온 표류인(漂流人)이 많았다. 중국 연안에 표류하면 대개는 중국에 갔던 우리나라 사신편에 되돌아오고, 일본에 표류하면 대부분 일본 상선편이나 사신편에 되돌아왔다. 류큐에 표류하면 일본 상선편을 이용하여 되돌아오지만 간혹 중국을 경유한 적도 있었다. 반대로 외국 사람들이 우리나라로 떠밀려 온 표도인(漂到人)도 많았다. 제주도로 표류해 온 경우는 대부분 중국 화남지방과 류큐 사람으로 이는

---

22) 키시모토 다카네(岸本孝根), 『한·일 뱀 설화 비교 연구-제주도와 오키나와 지역을 중심으로』, 한남대학교 석사학위논문, 2005, p.5

7~9월 태풍이 주요인이었다. 중국인의 경우는 대부분 우리나라 사신편에 육로로 송환되고, 일본인은 쓰시마를 경유하여 송환되거나, 배를 직접 수리하여 되돌아가기도 하였다. 류큐의 경우는 소원에 따라 일본이나 중국을 경유하여 보냈는데 어려움이 많았다. 서양인의 경우는 국내에 억류하였다.[23]

즉, 근세에 접어들면서 동중국해의 해양교류는 억압되고 상대적으로 한·중·일 본토의 영향이 커지면서 이 지역의 전통문화는 개별적으로 전개되기에 이른다.

이상에서 동중국해 문화권은 해양을 통해 선사시대에는 남부 몽골로이드의 이동과 벼농사 및 고인돌 문화가 전파되었고, 고대와 중세를 거치면서 중국·인도의 영향이 커졌으며 점차 서역까지 문물교류가 이루어졌음을 알 수 있다(해상 실크로드). 그러나 근세에는 한·중·일의 해금정책으로 인해 바다를 통한 교류가 억압되어 상대적으로 외래문화와의 접촉이 줄었다. 다만 조공과 왜구의 출몰, 표류와 표착은 지속되었다.

23) 현용준, 『제주도무속의 연구』, 제일서방, 1985, p.19; 김태능, 「류큐와 제주와의 관계」, 『제주도』 제33호, 1968, pp.137~149

<표5> 한반도 및 제주도의 해양교류

| 시대 | 문헌 및 유적 | 내용 |
|---|---|---|
| 선사시대 ~ 삼한시대 | 늑도 유적 | 1985년에 발굴된 경남 늑도 유적의 경우, 우리나라 남해안 지역에서 야요이 토기를 비롯한 왜계 문물의 존재한 것으로 보아 북규슈 지역과의 교류가 계속 이루어졌으며, 그 교류의 중심에 늑도와 같은 거점 유적이 있었을 것으로 보고 있다. |
| | 『삼국지』 위지 동이전 | '주호(州胡)가 한·중(韓·中)과 배를 타고 교역을 했다.' 제주도에서 대외 교류의 대표적인 유적인 삼양동에서 출토된 유물들은 제주가 한반도 서해 남부의 연안 항로를 중심으로 당시 중국 또는 낙랑·대방·삼한, 왜 사이에 이루어진 교역에 직접적으로 참여했음을 보여주고 있다. |
| 삼국시대 ~ 통일신라 | 곽지 조개무지 | 삼국시대부터 통일신라시대에 해당되는 탐라의 수입품을 살펴보면 제주도에서 나지 않는 철을 비롯한 생활필수품이 주류를 이루었다. 특히 철제 장검 등 다량의 철기가 부장된 용담동 고분을 비롯해 곽지 조개무지에서도 철제품이 출토되었다. |
| | 조공 | 탐라의 대외교류는 조공관계를 통해 이루어졌다. 『삼국사기(三國史記)』에 의하면 백제 문주왕 2년(476)에 탐라에서 백제에 조공을 바치었으며, 이것은 백제 멸망 때까지 지속되었다. 이에 반해 가야와 신라지역과의 교류는 발견되지 않고 있다. 또 백제 멸망 후 탐라는 661년부터 688년까지 일본과 교류한 기록이 남아 있다. 신라와의 관계는 역시 백제 멸망 후인 문무왕 2년(662) 2월부터 시작되었으며 8세기 이후에는 신라와 조공관계를 통해 교류가 이루어졌다. |
| | 청해진 유적 | 청해진 설치 후 서남해안에서 노예 무역선이 퇴치되고 각지에 난립한 군소 해상집단이 통합되며, 이들은 뛰어난 항해술을 바탕으로 무역, 운수, 선박 제조, 수리 등에 종사했다. 이를 바탕으로 신라와 당 및 일본을 잇는 삼각 무역체계를 구축하였다. 이들은 완도, 강진, 해남, 영암 일대 등 전라도 일대와 중국의 산동반도 및 대운하 주변을 거점으로 일본의 하카다(博多)에 이르기까지 광범위한 지역에서 활동하였으며, 양쯔강 유역에서는 이슬람 상인과도 교역한 것으로 알려졌다. |

| | | |
|---|---|---|
| 고려<br>시대 | 조공 | 고려시대에도 탐라와 개성 간의 교류는 지속되었다. 「고려<br>사」에 의하면 덕종 3년(1034) 11월 팔관회 때 탐라에서 토<br>산물 진상한 기록이 있고, 이후 계속하여 팔관회에 참석하<br>여 문물을 교류한 사실을 확인할 수 있다. 문종 6년(1052)에<br>는 '탐라에서 해마다 바치는 귤을 1백 포로 하자'는 기록과<br>1053년 2월 '탐라 왕자 수우나가 그의 아들 배융교위 고물<br>을 보내어 우황, 우각, 우피, 나육, 비자, 해조, 구갑 등을 바<br>쳤다'는 기록이 있다. 이후 고려 예종 12세기 중엽에 현령이<br>파견되어 직접적인 중앙의 통치에 들어가면서 중앙정부에<br>서 직접 공물을 수납하는 형태로 변하였다. |
| | 항파두성 | 제주도는 고려 말 원종 12~14년(1271~1273)까지 삼별초의<br>항몽 본거지였으며 그 대표적인 유적이 북제주군 애월읍에<br>있는 항파두성(사적 제396호)이다. 이러한 역사적 상황과 관<br>련하여 제주의 유적에서는 토기나 흑갈유를 입힌 중국 원대<br>의 귀 달린 병이 출토된다. 이 병은 몽골인이 일상적으로 사<br>용하던 것으로 제주에서는 이 병을 '몽고병'이라고 부른다. |
| 조선<br>시대 | 왜구 | 13~16세기에 걸쳐 우리나라와 중국 연안에서 일본의 해적<br>집단인 왜구가 활동하였다. 제주는 사면이 바다로 둘러싸여<br>있고 중국으로 가는 길목에 위치하고 있어, 왜구들이 땔감과<br>물·식량을 확보할 수 있는 가장 유리한 지역이었다. 왜구들<br>은 고려 말부터 그들의 활동 중간 기착지를 확보하기 위하<br>여 제주에 빈번히 침입하여 방화·약탈·인명살상을 일삼<br>았다. |
| | 표류 | 조선시대에 해안가에 살았던 사람들은 어로·장사·여행<br>등 여러 가지 목적으로 바다를 항해하다가 중국·일본·류<br>큐·베트남 등지에 표류하였다. 조선인이 가장 많이 표류하<br>였던 곳은 동해 쪽을 바라보는 일본해 연안이었으며, 연중<br>대륙에서 동쪽으로 불어오는 바람 때문이었다. 임진왜란 이<br>후부터 19세기 중엽까지 일본에 표류했다가 송환되어 온 사<br>례는 1,000건을 웃돌며, 사고 당사자인 조선인의 숫자는 1<br>만 명에 가깝다. 반면 일본인이 조선이 표착한 사고는 이의<br>1/10 정도에 불과하다. |

# 3. 동중국해 문화권에서 나타나는 남방적 요소

동중국해 지역은 대륙을 통한 북방문화와 바다를 통한 남방문화가 교차하는 지점이다. 이곳에서 나타나는 남방적 요소는 근세 이전에 형성된 것들로 중국 남부 경로, 동남아시아 경로, 남태평양 경로로 전달되어 동중국해 문화권의 형성에 기여하였다.

## 1) 체질적 · 언어적 요소

동북아시아에 분포하는 민족들은 인종상 몽골로이드(황인종)에 속한다. 그런데 한국인은 모두 만주, 몽고, 시베리아의 알타이어족의 단두형(短頭型)과 연결되지만 남부지방에서는 중두형(中頭型)이 나타나고, 신장 면에서도 몽고족, 퉁구스족, 북부 한국인에 비해 남부 한국인은 왜소하다.[24] 특히 제주도에 관한 가장 오래된 기록인 『삼

---

24) 라세진, 「한국민족의 체질인류학적 연구」, 『한국문화사대계1』, 고려대민족문화연구소, 1970, p.196 : 제주도와 남부 한국인의 일부는 북방에서 남하하였던 알타이족이라기보다는 중국 남부에서 도래하였을 가능성도 생각해볼 수 있다. 즉 중국 남부지방에서 벼농사(稻作)를 하고 유구석편(有溝石片)을 사용하며 인문도(印文陶)를 생활의 이기(利器)로 사용하던 민족이 쿠로시오 해류를 타고 와서 한반도의

국지』「위지동이전」(3세기)에는 '주호인(州胡人)의 키는 작고 언어는 한(韓)과 같지 않으며 모두 머리를 깎아서 선비(鮮卑)와 같고 가죽옷을 입으며 소와 돼지를 즐겨 기른다'[25]고 하여 한반도와 다른 체질적 · 언어적 특징과 생활의 모습을 보인다.[26] 그리고 〈표6〉에서 보듯이 제주도의 원주민은 멀리 인도의 드라비다(Dravida)로 시작하여, 말레이반도, 베트남, 중국 남부지역, 필리핀, 타이완, 류큐열도, 규슈로 이어지는 여러 지역과 문화의 공통성을 지니고 있다. 그리고 한국어는 북방 알타이어의 특징이 지배적이지만, R과 L의 구별이 없거나 대명사에서 이 · 그 · 저(近 · 中 · 遠)의 구별이 있다거나 인체어(人體語) 등은 남방어에서 기원을 찾을 수 있다.[27] 또 한말(韓末)에 온 헐버트(H. B. Hubert)는 삼한의 주민을 북부의 민족과는 전혀 상이한 종족에 속한다는 이유를 삼한 지명에서 찾으며 남부의 민족은 인도의 드라비다에서 기원한다고 주장하였다.[28]

일본 민족은 제4기 홍적세에 일본과 대륙 간에 육교(陸橋)를 통해 사람들이 도래했고, 그 후 수면의 상승으로 일본열도 내로 폐쇄되어 지금의 일본인의 선조가 형성되었다. 이들 조몬인을 중심으로 이후 주위 아시아의 여러 인종이 북방 경로, 한반도 경로, 동중국해 경로, 오키나와 경로, 남태평양 경로를 통해 들어와 혼혈함으로써 민족이 형성되었다. 주류로서 기원전 1만년경 일본열도에 등장한 조몬인은

제주도와 남부지방에 정착했을 가능성이 있다.

25)『三國志』「魏志東夷傳」, 馬韓之西 海島上有州胡國. 其人短小 髡頭 衣韋衣 有上無下. 好養牛豕. 乘船往來 貨市韓中.

26) 김종업,「제주도의 연혁」,『제주도문화재 및 유적종합조사보고서』, 제주도, 1973, p.31

27) 김정학,「한국민족형성사」,『한국문화사대계1』, 1970, p.335

28) 도동렬,「한국고대사상의 남방문화론에 대한 고찰」, 동의공전연구논문집 제7집, 1981, pp.32~33; 정영철, 앞의 책, pp.113~122, 재인용

<표6> 제주도 원주민의 남방경로(출처: 홍순만, 1998)

| 분류 | 내용 |
|---|---|
| 쓰보이<br>(坪井九馬三) | 탐라(耽羅)의 어원은 '대양(大洋) 가운 데 있는 섬'이라는 세망어에서 온 것으로 볼 수 있다. 제주도는 이들 세망족(말레이반도 북서부에 분포하는 민족)이 북상하여 정착한 것으로 보인다. |
| 이와모토<br>(岩本善文) | 해신족(海神族)이 들어와 제주의 원주민을 형성했다고 볼 수 있다. 해신족은 남방으로부터 북상하여 일부는 규슈로 들어갔다가 쓰시마를 거쳐 변한으로 퍼졌으며 다른 일부는 제주도에 들어갔다가 변한으로 이어졌다. 그리하여 제주도를 비롯하여 변한, 쓰시마, 북규슈 일대에는 해신족이 분포하였다. |
| 오오하라<br>(大原利武) | 한민족은 중국 동부와 몽고 방면에서 만주를 거쳐 이동한 북방족과 중국의 푸젠 성(福建省), 광둥 성(廣東省)과 안남(安南, 베트남), 비도(比島, 필리핀), 남양제도, 말레이반도 등으로부터 북상하여 유구를 거쳐 제주도에 들어가고 다시 한반도 남해안으로 상륙한 남방족으로 구성되었다. |
| 헐버트<br>(H. B. Hulbert) | 한민족은 북쪽의 예맥족과 남쪽의 한족으로 대별할 수 있으며 남쪽의 삼한민족은 남방으로부터 북상한 민족으로 볼 수 있다. 그것은 언어의 구조, 어휘가 몽고 만주 등지의 경우와 달라 인도의 드라비다어와 관련이 깊으며 소형의 말(馬), 항해성향, 금 · 은 가치의 무지 등이 있다. 그리고 특히 제주도민은 남방민족의 전통을 지니고 있으며 제주와 타이완 여성 사이의 생리적 유사성 등을 보아 남방으로부터 북상을 추정할 수 있다. |
| 석주명<br>(石宙明) | 제주민은 언어, 전설, 성씨 등 문화의 공통성을 발견할 수 있어 해남도(海南島)의 여족(黎族)을 비롯하여 유구, 안남, 비도, 말래카 등 남방도서족과 깊은 관계가 있다. |

현재의 동남아시아 사람과 비슷한 남방계 몽골로이드로 추정되고, 기원전 3세기 이후 야요이문화를 만든 사람은 한반도를 거쳐 일본에 건너간 북방계 몽골로이드라고 한다. 이들 도래인은 처음에 북규슈지역에 정주하다가 점차 츄오코구(中國)나 시코쿠(四國)를 거쳐 긴

키(近畿)지방으로 진출했다. 그리고 일본어의 뿌리는 한국어와 동계인 알타이어 계통이지만 남방계통의 어휘가 많이 섞여 말레이·폴리네시아어의 영향을 받았다는 남방설이 제기되기도 한다.

류큐인은 일본인과 비슷하게 생겼지만 키가 작고 피부가 검어서, 바다를 정복한 해양도래 민족이 타이완을 거쳐 왔다고 한다. 1970년경 오키나와 본도 미나토가와(港川)에서 발굴된 구석기 유골은 약 18,000년 전의 것으로 중국 광시 성(廣西省)에서 출토된 류강인(柳江人)과 흡사하다고 보고되었다. 그래서 고몽골로이드의 일부가 중국 남부에서 오키나와를 거쳐 서일본에 이주하여 원일본인(原日本人)의 일부가 형성되었다는 남방기원설을 주장하기도 한다. 오키나와제도를 포함한 규슈 남부와 혼슈 동북부, 홋카이도 등은 야요이 집단의 영향을 거의 받지 않았다고 한다. 류큐어는 일본 본토방언과 동계이나 나라시대 이전에 갈라졌다고 한다.

타이완 원주민은 한족의 이주 전부터 타이완에 살고 있던 이들로 형질은 말레이·인도네시아와 유사하고, 여러 부족으로 나뉜다. 부족별로 언어가 다르나 모두 오스트로네시아(남도)어족에 속한다. 남도어족의 고향은 중국 동남부 일대로 여겨지는데, 기원전 1만년 무렵에 그 일파가 이미 타이완으로 건너가 다른 곳으로 퍼져나갔고, 몇 천 년 후인 기원전 1000년경 그중 일부가 다시 타이완으로 들어갔다고 한다.

따라서 동중국해 문화권에 분포하는 여러 민족은 남방계 몽골로이드가 여러 시기를 걸쳐 바다를 통해 북상하여 정착한 후에, 북방계 몽골로이드가 남하하여 혼혈을 거듭하는 과정에서 형성된 것으로 보인다.

## 2) 풍습적 요소

### 통과의례

동중국해 문화권에 전하는 남방풍습과 관련된 통과의례 중에는 성
인식[29]으로 행해진 문신, 발치, 검은 이빨(흑치)이 있고 장례로 세골장
등이 있다.

첫째, 문신 풍습은 전 세계에 분포하는 것으로 동중국해 지역에서
도 확인된다. 『삼국지』「위지동이전」을 보면 삼한의 '남자들은 때때
로 몸에 문신을 한다'고 하였다.[30] 당시 왜인 사회에도 해변에서 문신
을 하였고, 류큐왕국시대에 여성의 손등을 장식하는 하지치 또는 하
츠기라는 독특한 문신문화가 행해졌다.[31] 타이완 원주민은 최근까지
도 신분과 결혼유무를 문신으로 표시하였는데, 결혼 후 남자들은 어
깨, 등, 가슴, 손과 팔, 겨드랑이에 여자들은 두 뺨에 방사형으로 문신
을 하였다. 둘째, 발치(拔齒) 풍습은 중국, 동남아시아, 태평양 지역에
퍼져 있는데 동중국해 지역에서도 확인된다. 고대 가야에서는 치아
를 일부러 뺀 풍습이 있었고, 일본은 조몬시대 규슈에서 성인의례로
행해졌고, 타이완의 타이야족·포농족·쩌우족은 최근까지 결혼의
증표로 서로 이빨을 뽑아 교환하였다. 셋째, 검은 이빨 풍습은 이빨이
썩는 것을 방지하려는 동남아시아 해양문화의 일환이라고 한다. 그

---

29) 인류학자 프레이저는 원시사회에서는 소년으로서의 생명체를 죽이고 성인이라는
새 생명체로 되살아나게 하는 살생행위가 수반되었으며 그것이 통과의례로 의식
화된 것이 인신 학대라고 하였다. 다시 태어나기 위해 일정 기간의 격리, 가사(假
死)상태, 신령과의 교감을 겪고 신체에 변형과 고행을 강요했는데, 삼한(三韓)시
대의 성년식에 관해서 '마한에서는 소년들이 집단생활을 하면서 관가를 짓는데 등
의 살을 뚫고 새끼를 꿰어 통나무를 끌고 비탈을 오른다'고 한 문헌이 남아 있다.

30) 『三國志』「魏志東夷傳」, 其男子 時時 有文身.

31) 국립제주박물관, 『탐라와 유구왕국』, 2007, p.44

런데 백제가 나당연합군에 협공 당했을 때 백제장군 중에 흑치상지(黑齒常之)가 있었고, 일본은 19세기까지 여성들이 13세만 되면 성인 여자의 표시로 이빨에 검은 물을 들였다고 한다. 타이완의 고산족은 빈랑(檳榔)을 씹는 것이 습관인데, 이로 인해 치아가 검은색으로 변하기도 하지만 이를 아름답게 여긴다고 한다. 상기의 습속은 단순한 개인적 장식이라기보다는 사회적 지위의 상징(性, 지위, 신분, 연령, 자격, 영력의 과시, 액막이, 용기의 과시)으로서 이용되었다.[32]

그리고 죽음의 통과의례로 세골장(洗骨葬) 풍습이 전한다. 사체를 매장하고 난 뒤 일정 기간이 지나 유골을 다시 꺼내 뼈만 추려서 항아리 넣어 묘에 안치하는 습속으로 두 번에 걸쳐 장례(複葬, 二重葬祭)를 치르는 것이다. 세골장은 해난사고 등에 의한 불의의 죽음일 때, 죽은 자의 영혼이 유족이나 주변 사람들에게 재앙을 내리는 것을 두려워해 매장을 서두르고 훗날 여유가 생기면 다시 분묘를 만들어 관을 매장하는 것이다. 이러한 풍습이 고대 옥저와 고구려에 있었다는 기록이 있어 흥미롭다. 지금은 한국 남부와 제주도에 남아 있는데, 중국 남부 및 타이완, 일본의 쓰시마, 고토열도, 류큐에서 동남아시아 및 오세아니아까지 넓게 분포되어 있는 해양문화의 풍습이라고 한다.

### 농경의례

세계 도처의 농경민 사이에 퍼져 있는 농경문화는 크게 감자류 중심의 근재농경문화(根栽農耕文化)와 쌀 중심의 벼농사문화(稻作文化)로 구분된다. 전자가 더 고층적인 것으로 인도네시아 및 멜라네시아, 미크로네시아, 폴리네시아 등 동남아 도서부와 오세아니아에 퍼져

---

32) 와타나베 요시오, 앞의 책, p.113

있고, 후자는 동북아와 동남아 대륙부에서 발견할 수 있다.[33] 그런데 동중국해 지역은 도서 및 화산지대라는 지층조건으로 인해 상기의 두 문화가 복합적으로 나타나고 있다.

근재농경문화는 동남아시아 대륙부에서 형성되어, 타로토란 · 참마 등을 가지고 중국 남부와 말레이 반도 부근에서 오세아니아 방면으로 전파된 것으로 여겨진다. 감자류는 저장 및 수송이 곤란하기 때문에, 부의 집중에 의한 강대한 권력의 성립이나 대국가의 형성이 어려워서 지방적인 정권 이상이 발달할 수 없었다. 이와 관련된 것으로 두개골을 숭배(頭蓋崇拜)하는 풍습이 있다.[34] 원시농경사회 또는 동남아시아의 부족에 있어 온 기습(奇習)으로, 숭배의 대상이 되는 두개골은 적의 목이거나 같은 부족 · 친족 내의 죽은 자의 목이다. 적의 두개골은 베어 온 전사의 무용(武勇)과 농작물의 풍작을, 같은 부족의 두개골은 행복과 이익을 초래한다고 여겼다. 보존 방법은 지붕에 장식하거나 장대 끝에 매달거나 벽에 끼워 넣거나 선반에 나란히 놓았다.『해동제국기(海東諸國記)』(1471)에 타이완에는 '사람이 죽으면 친족들이 모여서 그 살을 베어 먹고 그 두개골(頭廂)은 금빛으로 칠해서 음식을 담는 그릇으로 만든다'고 하였다. 제주도에서도 '스만이본풀이'에서 백년해골을 숭배하여 그 백년해골의 도움으로 장수 연명한 이야기가 전한다. 조상의 상징물로서 두개골 제사가 실시되는 지역은 동남아시아, 인도양의 여러 섬들, 오세아니아 일대로 조상숭배가 융성한 곳이다.

---

33) 현용준,『제주도신화의 수수께끼』, 집문당, 2005, p.135
34) 두산백과 : 열대(인도네시아 · 멜라네시아 · 남아메리카)의 토착농민들 사이에서는 이른바 하이누벨레(Heinuwele)의 신화가 퍼져 있다. 이것은 살해당한 신(神)의 시체에서 농작물, 특히 감자류가 생겼다는 신화로, 가축을 도살하는 의례와 동남아시아에서 흔히 볼 수 있는 머리사냥을 통해 농작물의 풍작을 기원하였다. 이것은 죽음이 삶의 전제라고 하는 원시농경민의 세계관의 표현이었다.

<표7> 벼농사 풍습(출처: 김광언, 2004)

| 구분 | 내용 |
|------|------|
| 줄다리기 | 남성 태양신과 여성 지모신이 한 해 한 번 만나는 의식으로 치르는 줄다리기의 본거지는 동남아시아의 쌀 재배 지역이다. 중국의 윈난성 시사팡나에서 신년제로 줄다리기를 벌이는데, 남녀로 나뉜 두 패가 줄을 당겨서 여성이 이겨야 풍년이 든다고 여긴다. 일본의 줄다리기는 쌀농사가 처음 시작된 규슈에 집중적으로 분포하고, 류큐에서는 매년 10월에 줄다리기 축제가 열리며, 우리나라도 벼농사 중심지인 영·호남 지방 및 제주도에서 행해진다. 줄다리기의 줄은 뱀에서 유래하고, 줄다리기는 뱀=용의 내방과 승천을 의도한 것으로 보기도 한다. |
| 강강술래 | 강강술래는 본래 노래와 춤을 통해 남녀가 짝을 짓는 민속이었다고 한다. 이 민속은 중국 남부의 소수민족을 비롯하여, 타이완 미얀마 등지의 동남아시아대륙북부 산악지대와, 히말라야산맥 남쪽의 아삼·시킴·부탄 등지에도 분포한다. 이러한 집단적 가무 행사와 성적 유희는 풍요를 기원하는 농경의례로서 씨 뿌리기 전이나 가을걷이를 마친 특정한 계절에 벌였다. |
| 소싸움과 닭싸움 | 소싸움과 닭싸움은 풍년의례 때 신에게 제물을 바치는 소와 닭을 고르는 것에서 시작되었다고 한다. 호남지방과 제주도에서는 조상 제사나 상량식 때 닭 피를 사방에 뿌리고, 돌림병이 돌면 문설주에도 바른다. 정초 대문에 닭 그림을 붙이는 우리와 중국 풍속도 이에서 왔다. 횃불싸움과 달맞이 그리고 달집태우기는 무사태평과 농사의 풍년을 비는 공통적인 성격이 배어 있다. |
| 용배 젓기 | 용배 젓기는 용으로 꾸민 배를 여럿이 다투어 저어서 목표에 이르기를 겨루는 놀이로 제례의 성격이 짙다. 중국을 비롯하여 일본과 동남아시아대륙부에 집중적으로 분포한다. 쌀 재배 농경민이 주류를 이루지만, 어민들에게도 퍼졌다. 풍년이나 풍어 외에 재앙과 질병을 물리치고(액막이), 죽은 이의 원혼을 달래려는(사령공양) 목적도 있다. |

한편, 벼농사 중심지역인 중국 양쯔 강 남부 및 동남아시아 대륙부에는 벼농사의 풍작을 기원하는 다양한 의례가 있었다. 이것은 〈표7〉에서 보듯이 줄다리기, 강강술래, 소싸움과 닭싸움, 용배 젓기 등으로[35] 동중국해 문화권에도 선별적으로 정착되었다.

### 사신 숭배

동중국해 문화권에는 농사와 관련되어 사신(蛇神)을 숭배하는 풍습이 전해진다. 뱀은 땅과 물의 관계에서 종종 지하신과 관련시키거나 죽은 이의 영혼으로 보아, 수신 · 우신 · 농작물신으로 숭배되었다. 또 뱀은 흔히 용과 동일시되기도 하고, 불사와 재생의 상징이며 농경문화권에서는 땅의 신으로 간주되어 풍요를 상징하기도 했다.[36]

제주도에는 뱀 신앙이 매우 성행하여, 『동국여지승람』(1481)에는 '회색 뱀만 보이면 이를 차귀신이라 하여 죽이지 않는다', 김정(金淨)의 『제주풍토록(濟州風土錄)』(16세기)에는 '이곳 풍속은 뱀을 몹시 두려워하여 신이라 받들고, 뱀을 보면 축문(祝文)을 외고 술을 뿌리며 감히 쫓거나 죽이지 않는다', 이건(李健)의 『제주풍토기』(17세기)에는 '섬사람들은 구렁이든 뱀이든 막론하고 그것을 보면 부군신령(府君神靈)이라 하여 반드시 쌀과 맑은 물을 뿌려 빌고 죽이는 일이 전혀 없다'라는 기록이 있다.[37] 제주의 사신숭배는 한반도에 거의 없

---

35) 김광언, 『동북아시아의 놀이』, 민속원, 2004, pp.493~603

36) 인도 케라라 주의 드라비다족은 뱀이 비와 풍작을 가져다주고 생산력과 생식력을 가졌다고 믿는다. 때문에 코브라를 신성시해서 절대로 죽이지 않는다. 그리고 동남아시아에서는 뱀은 지혜와 풍요 다산의 상징으로, 토지의 신으로 숭배한다.

37) 현용준, 앞의 책, p.206 : 뱀 신앙의 성행은 제주민속의 특색으로 아키바 다카시(秋葉隆)는 "본래 제주도는 사귀(蛇鬼)문화권이었는데, 한국본토에서 들어온 해촌(海村) 신문화의 압박에 의해 사귀문화권은 좁혀져가 오늘날 동남쪽 변방인 정의현 지역에만 존재하게 되었다"고 하였고, 이기욱은 "농작물을 쥐의 피해로부터

는 특이한 현상으로,[38] 칠성눌은 안뒤(뒤뜰)나 울타리의 안의 구석진 나무 아래 모시는데 '새'로 엮어진 고깔모양의 주저리이다. 칠성눌은 굴속처럼 구멍을 만들어주고, 그 속에 풍요를 기원하는 뜻에서 오곡의 씨앗을 담을 그릇과 장수를 기원하는 실타래, 신의 옷을 상징하는 색옷감을 놓아둔다. 보통 2~3년에 한 번씩 좋은 날을 택하여 주저리를 갈아주는 굿을 한다. 그리고 칠성은 모시는 집안은 돼지를 통째로 제물로 올리는 돗제를 꼭 지낸다.

　일본 본토에서는 뱀을 숭배하는 지역이 많고, 류큐에서도 뱀과 관련된 설화가 많이 전승된다. 아마미오 섬(奄美大島)에서는 반시뱀에게 물리는 것을 신, 특히 수신에 대한 신앙의 부족을 알리기 위한 것이라 생각하였다. 뱀은 잘 모시지 않으면 화를 입고, 잘 모시면 집안과 마을의 안녕이 보장된다는 점에서 제주도와 공통적이다. 그리고 타이완의 파이완족(排灣族)은 자신들을 백보사(百步蛇)의 후손이라고 여긴다. 전설에 의하면 태양신이 하강하여 한 개의 알을 생산하고 태양신과 알의 교합으로 백보사가 부화하여 파이완족이 되었다고 하여, 난생설화와 뱀 숭배의 풍속을 살펴볼 수 있다.

---

보호하고자 한 지혜가 사회적 규율로 채택되고 끝내는 종교적인 해결책으로 고정된 것이 사신숭배"라 하였다. 문무병은 뱀신을 농경신·부신(富神)·곡물신·치병신·재앙신 등 여러 성격의 신임을 논의했고, 현용준은 한국 본토에서 거의 사라지고 있는 제주도의 뱀신앙은 본래 농경사회의 용사(龍蛇)신앙으로 풍농신 신앙이며, 제주도에 농경이 시작될 당시이거나 멀리 탐라국시대까지 거슬러 올라간다고 보았다.

38) 허춘, 「제주설화의 특성 연구」, 『제주도연구』 제16집, 제주도연구회, 1999, p.16

## 3) 신화적 요소

동중국해 지역은 바다로 둘러싸이고 매년 태풍이 지나가는 열악한 자연환경으로 많은 신을 의지하는 신앙이 자리 잡았다. 우리나라의 건국신화나 시조전설은 단군신화처럼 천신하강의 수직적 위계질서(하늘)를 가진 북방계 신화와 수평적 세계관(바다)을 가진 남방계 신화가 전한다. 그런데 신라와 가야, 탐라에는 남방계 신화인 지중용출신화(地中湧出神話), 해상도래신화(海上渡來神話), 난생신화(卵生神話) 등이 남아 있고 동중국해권에도 이와 유사한 신화가 전한다.[39]

첫째, 시조가 땅에서 솟아났다는 지중용출 관념은 한반도에서는 발견되지 않고 제주도, 오키나와의 미야코제도(宮古諸島)와 야에야마제도(八重山諸島), 타이완의 고산족, 타이족, 먀오족(苗族) 등에서 발견된다. 제주도의 삼성신화(三姓神話)에서 세 신인은 모홍혈(毛興穴, 삼성혈)에서 솟아났다고 한다. 그리고 활을 쏘아 좌정할 곳을 정하여 당신(堂神)이 되고 마을을 수호하게 되었다는 비슷한 이야기가 제주도 내의 많은 당신화에서도 발견된다. 또 세 신인이 신분 서열을 정하는 내용은 류큐의 창세신화나 먀오족의 시조신화 등에도 발견된다. 이처럼 인류기원으로 대지나 바위 사이에서 선조가 출현했다는 형식이 인도의 아삼, 라오스, 베트남 등지나 인도네시아의 동부에 분포하고 멜라네시아에도 확대되어 있다.

둘째, 바다 저 멀리 있는 성지(神郷, 他界)에서 시조가 왔다는 해상

---

39) 장주근, 「高麗史地理志, 瀛洲志, 三姓神話解釋의 한 試圖」, 국어국문학22, 국어국문학회, 1960; 현용준, 「삼성신화연구(三姓神話研究)」, 탐라문화2, 제주대학교탐라문화연구소, 1983; 현용준, 『제주도무속연구』, 집문당, 1986, pp.27~28

도래 관념은 오키나와가 특히 현저하고 일본 본토 · 쓰시마 · 미야코, 타이완 고산족, 필리핀, 베트남 등 동남아시아 및 한반도 남부와 제주도에 남아 있다. 신라의 음탈해(音脫解) 전설과 가야의 허황옥 전설은 바다를 통하여 들어오고, 제주도 삼성신화는 세 공주가 벽랑국에서 목함을 타고 표류해 왔고, 그리고 송당의 금백조 여신, 내왓당의 천자또마누라, 한수리의 영등당과 우도의 영등할망당 등 바다에서 도래한 신들은 제주인의 삶 속에서 민간신앙으로 뿌리를 내리고 있다. 또한 칠성본풀이, 토산당본풀이, 차귀당본풀이 등은 뱀 신앙이 제주도 토착적인 것이 아니라 바다 건너 남방에서 왔다는 것을 시사해준다. 그리고 옛 제주인도 서방정토라는 '이어도'[40]에 대한 전설이 있어서 뱃사람들이 돌아오지 않으면 그들은 복락과 구원의 이상향인 이어도로 갔다고 믿었다.

일본에서 섬기는 에비스(惠美壽) 신앙의 기저에는 이국땅(異境)이나 다른 세계(他界)로부터 내방하여 행운을 가져다주는 표착신(漂着神)의 영험에 대한 믿음이 깔려 있다. 표류하는 사체를 끌어올려 몰래 매장하거나 가신(屋敷神)으로 받들면 풍어를 맞이한다는 전승은 어촌지역에 폭넓게 분포한다. 바닷속을 저세상으로 인식하는 이른바 해중타계관(海中他界觀)을 배경으로, 어민과 해양민들 사이에 생겨난 신앙이다. 일본인들이 정월원단의 길몽으로서 그려내는 그림인 보물선(寶船, 七福神을 태운 보물선)도 태평양 문화권에서 공통적으

---

40) 제주도 사람들은 예로부터 마라도 남쪽에 있는 '이어도'를 바다에 나가 돌아오지 않는 아들이나 남편이 살고 있다는 전설 속 환상의 섬으로 일컬어왔다. 조선 영조대에 장한철(張漢喆)이 지은 『표해록(漂海錄)』에는 당황하고 있는 선원들에게 이어도에 도달할지 모른다고 용기를 주는 대목이 있다. 또 이어도는 일하지 않아도 먹고살며 남편이 없어 구차하게 구속받지도 않고 살 수 있는 곳으로 일에 지친 제주도 아낙들의 이상향이라는 설도 있다.

| 전설 | 내용 |
|---|---|
| 벽랑국의 삼공주 | 탐라의 개국신화인 삼성신화에는 푸른 바다 건너 벽랑국에서 목함을 타고 표류해 온 세 명의 공주가 나온다. 세 처녀의 표착은 새로운 문명의 도래를 의미한다. 제주도 원주민들이 수렵시대에서 농경시대로 진입하고 있음을 말해주고 있다. |
| 표류 어부들의 구원자 영등신 | 영등신은 해마다 먼 바다로부터 제주를 방문하는 바람의 신, 비의 신이며 해산물의 풍요를 가져오는 신이다. 어부와 해녀들의 해상 안전을 지켜주는 수호신으로 신앙하고 있으며 지금도 해안 마을에서는 영등할망이 들어오는 때에 본향당에서 영등굿이 행해지고 있다. |
| 금백조 여신과 아들 궤내기또 | 금백조는 문명한 세계인 강남 천자국에서 태어나 제주에 표류해 와서 사냥으로 살아가는 원주민 남편을 만나 정착하면서 농경시대를 열고 마을을 일군 강인한 개척자 정신의 여신이다. 남편의 미움을 받은 세 살짜리 아들이 상자에 담겨 망망대해로 던져지는 비통함을 겪으며, 그 아들이 천하 영웅이 되어 귀환하는 날 죽음을 맞는 극적인 생애를 산다. 이 여신의 계보에는 아들이 18명, 딸이 28명, 손자와 친족이 78명, 조카뻘 되는 무신들이 368명이나 되는 제주 무신의 뿌리이다. |
| 서복 (혹은 서불)의 불로초 | 한라산은 오래전부터 영주산이라는 명칭으로 불려왔다. 또한 제주를 영주라 일컫는 문헌상이 기록이 많은 것은 서복이라 일컬어지는 인물의 제주표착과 밀접한 연관성이 있음을 알 수 있다. 서복은 진시황의 지시로 불로초를 구하기 위해 나섰다. 제주에는 서복과 관련된 지명이 여러 곳에 있다. 서복이 표착하여 본국에 있는 천자에게 예를 올리는 조천의식을 지냈다는 조천포, '서불과지'라는 마애명을 남겼다는 정방폭포, 선단을 이끌고 서쪽으로 향해 귀로에 올랐다는 서귀포 등이 있다. |

로 나타난다. 오키나와 본도 최북단인 구니가미(國頭) 촌에서 행하는 '운자미' 해신제는 여성 사제가 바다 건너편 타계인 이상향(니라이카나이)에서 오는 신을 맞으며, '시누구'는 남성이 산에 올라 산신을 제사지낸 뒤 초목을 몸에 감고 내방신(來訪神)이 되어 마을로 내려와 마을 사람이나 집을 깨끗하게 정화시키는 제사이다. 그리고 '날아온 섬'이란 뜻인 비양도의 섬 이동 설화의 발상지는 인도네시아와 멜라네시아, 미크로네시아, 폴리네시아 등 남방 해양민들에게서 발원한 것으로 보인다.

셋째, 시조가 알에서 나왔다는 난생신화는 제주도에는 없고 한반도의 고구려, 신라의 박혁거세, 석탈해, 김알지 신화, 가야의 김수로왕 신화에서 나타난다. 그리고 중국대륙이나 몽고에는 없고 타이완의 원주민, 해남도의 여족, 미얀마의 마오왕국, 타이, 필리핀, 보르네오, 자바, 셀레베스 등 동남아시아로 해서 인도의 아삼 지방의 문다족, 티베트 등으로 이어지는 남방계 문화가 한반도에 전해진 것으로 보인다.[41]

### 4) 건축적 요소

남방 건축은 서늘함 유지가 주목적이어서 주거 내에서 열기를 제거하고 바람을 효과적으로 이용하였다. 특히 제주도 민가에서 보이

---

41) 김병모, 「한국 신화의 고고민속학적 연구」, 『민족과 문화Ⅱ』, 정음사, 1988, pp.54~55 : 한국의 조상신화를 세분하여 천손신화와 난생신화로 나누고, 전자는 북방아시아적인 것이고 후자는 남방아시아적이라고 밝힌 연구가 있다. 건국신화의 난생문화권은 타이완·미얀마·필리핀·베트남·피지와 파라오·수마트라·보르네오 등 남방국가나 민족들로, 고구려는 난생신화 문화권의 북한(北限)에 속한다.

는 별동형 취사공간인 정지거리, 솥을 받치는 솥덕, 출입구의 정낭, 고상식 건축, 돼지우리와 변소를 겸한 통시 등의 분포지역을 연결해 보면 남방문화와 관련이 깊다.

### 별동형 부엌인 정지거리

제주도 동남부 지역에는 별동형 취사공간인 정지거리를 볼 수 있다. 이것은 거주공간에서 불의 열기를 제거하여 쾌적한 환경을 확보하기 위한 구성이다. 이렇게 취사공간을 별동으로 둔 주거는 동남아시아 및 남태평양 지역에 넓게 분포하고 타이완 동부, 류큐, 규슈 남부, 제주도 동남부까지 나타나고 있어서, 쿠로시오 해류를 따라 전파된 것으로 보인다.[42] 한편 폴리네시아, 미크로네시아의 보나페 섬과 야프 섬 등에 현존하는 많은 별동형 부엌은 벽이나 창호가 없어서 동중국해 문화권의 것과는 차이를 가진다.

### 솥을 받치는 솥덕

제주도 민가의 정지 안에는 문에서 벽 쪽으로 솥덕을 큰 차례대로 앉히며, 그 위에 4~5개 솥을 걸어놓고 사계절 취사에 이용한다. 이때 솥덕은 솥을 놓는 받침돌로, 네모로 다듬은 현무암 3개를 삼각형으로 놓는다. 이 솥덕은 화덕의 기능뿐만 아니라 화신, 불신, 화덕장군, 화덕씨, 화신대왕, 화덕진군, 화덕새 등으로 불리며 가신(家神)으로 섬겼다. 그리고 제물을 모두 세 개씩 올렸다고 한다.

이러한 화덕의 형태는 인도네시아, 필리핀, 중국 남부 등에 분포

---

42) 김광언, 『한국의 주거민속지』, 민음사, 1988, p.468

하고 타이완, 류큐, 제주도까지 나타나고 있다.

## 출입구인 정낭

제주도 민가에서 대문의 역할을 하는 것으로 정낭이 있다. 입구 양쪽에 두 개의 정낭돌을 세우고 구멍을 뚫어 거기에 세 개의 정낭목을 걸쳐둠으로써 대문의 구실을 한다. 원래는 마소의 출입을 막는 시설이지만, 문짝을 설치하지 않아 강풍에도 유리하고 식구들의 출입을 표시하는 기능이 있다. 맨 아래 하나가 끼워져 있을 때는 마을 안에 마실을 간 것이고, 두 개는 이웃 마을 정도에 가 있는 경우이고, 다 끼워져 있을 때는 먼 거리로 출타 중임을 의미한다.

제주도 정낭의 형태와 신호체계는 스리랑카, 인도네시아, 미얀마, 라오스, 타이, 캄보디아, 타이완, 일본 등에서 볼 수 있다. 그리고 중국 남부의 윈난 성과 쓰촨 성에서도 볼 수 있는데, 이족(彝族)은 집 대문에 네 개의 구멍이 있는 정주목을 설치하여 낮에는 열어두고 밤에는 나무를 건다. 두룽족(獨龍族)도 방문을 걸지 않고 한 개의 나무로 가로막으면 집주인이 없음을 알고 외지인들이 집 안에 들어오지 않는다. 즉 정낭은 동아시아 여러 지역에서 보여 아시아 해양문화 교류의 증거로 볼 수 있다.

## 바닥을 높인 고상식 건축

아시아의 도작지대(稻作地帶)에는 거주바닥을 높인 고상식 건축이 집중적으로 분포하고 있다. 중국 윈난과 쓰촨, 인도차이나반도, 버마의 일부, 말레이반도, 인도네시아에 넓게 확대되어 있고, 이 흐름은 동쪽으로 북상해서 필리핀, 타이완, 오키나와, 일본, 한국에 도달하고 있다. 그리고 뉴기니와 남태평양제도에도 최근에 지어진 것이 일

부 보인다.[43]

고상식은 바닥 높이, 규모, 구조 방식 등이 다양하고 풍부해서 한 계통으로는 말할 수 없다. 그렇지만 고상식을 세우기 위해서는 기둥 중간에 마루를 깔고 벽과 지붕을 조립해야 하므로 이전보다 섬세한 건축기술이 필요하다. 이러한 건축형식은 지면의 열기와 습기를 막을 뿐만 아니라 해충과 짐승으로부터 보호되고 통풍이 잘되는 이점이 있다. 그리고 바닥 위에서는 모두 신발을 벗고 좌식생활을 하며 저상보다 고상을 신성시한다. 일례로 인도네시아 마두라 섬(Madura)의 민가는 주옥, 부엌, 예배동이 중정에 ㄷ자형으로 둘러싸고 있는데, 예배동만 유일하게 고상식이고 나머지는 지상식으로 세웠다. 그리고 인도네시아 수마트라 섬(Sumatra)의 거대한 지붕을 가진 민가는 지상에는 동물, 고상에는 인간이 생활하고, 곡물을 저장하는 지붕의 정상부는 신이 머무는 곳으로 여겼다. 이를 통해 고상식 건축은 통풍이 잘 되는 기능적 공간일 뿐만 아니라 위계가 높은 종교적 공간(聖域)으로 인식한 것으로 보인다.

### 돼지우리와 변소를 겸한 통시

농경민족 중에서 더운 지방에 사는 사람들은 사람들의 주거지에 치명적인 해를 주는 독사에 절대적으로 강한 돼지를 아래층에 키우고 위층은 주거와 뒷간으로 구성되는 고상식을 주택으로 삼았을 가능성이 크다고 한다. 이것은 한자의 구성에서 집(宀) 내부에 돼지(豕)를 키우는 것이 집(家)으로 유추가 가능하다.

제주도 민가에는 돼지우리와 측간을 겸한 통시가 있다. 저상부는

---

43) 吉田桂二, 1986, 『日本人のすまいはどこから來たか』, 鳳山社, pp.221~224

돼지우리이고 고상부는 변소로 사용한다. 이것은 인분을 처리해서 위생적이고, 의례 시에 필요한 제물(돼지)을 마련할 수 있으며, 뱀으로부터 보호되어서 효과적이다. 통시와 같은 돼지뒷간은 제주도뿐만 아니라 한반도 남부인 경남 통영, 거창, 합천, 함양을 비롯하여 전남 광양, 함북 회령 등지에도 있었다. 그리고 더 넓게는 중국 남부 일대와 류큐, 필리핀, 인도네시아 등에도 분포한다.

이상에서 체질적 · 풍습적 · 신화적 · 건축적 요소 등을 통해 동중국해 기층문화 속에는 중국 남부 · 동남아시아 · 남태평양에서 쿠로시오 해류를 통해서 유입된 남방문화가 적지 않았음을 알 수 있다.

# 제3장

---

# 제주도의
# 주문화

# 1. 제주도의 문화

## 1) 제주도의 지리와 풍토

   동중국해 북쪽에 위치한 제주도는 북쪽으로 한반도, 동쪽으로 일본열도, 서쪽으로 중국대륙, 남쪽으로 류큐열도 및 타이완이 위치해 있다. 제주도는 과거 주호(州胡), 탐라국(耽羅國)이 존재했던 곳으로 한반도와는 다른 인문환경뿐만 아니라 이국적인 자연환경을 가지고 있다. 제주도는 동서 길이(73km)가 남북 길이(31km)보다 긴 타원형으로 총면적은 1847.2km²이며 주위에는 우도 · 마라도 · 가파도 · 비양도 등 8개의 유인도와 55개의 무인도가 산재해 있다.

   제주도는 섬 전체가 화산작용에 의해서 이루진 곳이다. 1,950m의 한라산을 정점으로 360여 개의 기생화산(오름)이 산재해 있고, 이 오름은 거센 바람을 막아주는 역할을 했으며 곳곳의 오름에 마련된 제터는 신앙의 터로서 신성시되기도 했다. 해안선을 따라 지하수가 솟는 용천(湧泉)이 발달해 마을은 대부분 해안가에 자리 잡았다. 땅의 70%가 화산재 토양으로 농업생산이 불리하여 조그만 가뭄에도 농작물의 피해가 컸고 비가 오면 흙이 쉽게 쓸려 내리기도 했다. 그러나 화산활동으로 생긴 동굴과 바위그늘은 선사시대부터 거주지로 사용되었고 현무암은 거의 모든 건축과 담장, 밭담 심지어 무덤에까

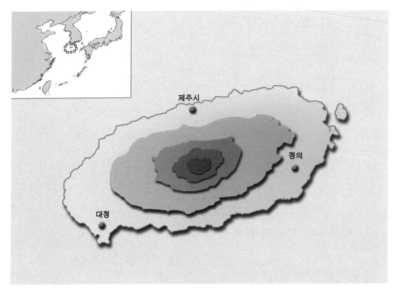

그림8. 제주도 주문화권

지 사용되는 가장 대표적인 건축 재료였다.

한반도의 기후가 겨울과 여름의 한서(寒暑)의 차가 심한 전형적인 대륙성 기후라면, 위도 33도에 자리한 제주도는 겨울 기온이 온화하여 연교차가 적은 해양성 기후이다. 연평균 기온은 제주시 14.7℃, 서귀포 15.5℃로 한라산이 차가운 북서 계절풍을 차단해주어 남제주가 더 온화한 기온을 나타내고 있다. 그러나 계절풍과 태풍으로 인해 바람 부는 날이 많고 풍속이 거칠어 주택구성에 큰 영향을 끼쳤다. 연평균 풍속은 제주시 4.7m/s, 서귀포 3.8m/s로 다풍지대(多風地帶)에 속하고, 연평균 강수량은 북제주가 1,440mm, 서귀포가 1,676mm으로 우리나라의 최대 다우지역(多雨地域)이다. 더불어 열대와 아열대를 지나온 따뜻한 쿠로시오 해류는 어업환경뿐만 아니라 제주도로 오는 사람들의 해상 이동과 그에 수반되는 문화 전파에도 큰 역할을 하였다.

## 2) 제주도 민가의 형성요인

### 역사

제주도는 오랜 기간 주호(州胡), 탐라(耽羅)의 독립국으로 존재하다가 1105년 고려에 편입되었고 조선시대를 거쳐 오늘에 이르렀다. 제주도의 연혁에 관해서 일찍이 서거정(徐居正, 1420~1488)은 「관덕정 중수기(觀德亭 重修記)」에 '제주는 옛날 탁라국(乇羅國)으로 즉 동방 구한(九韓)[1]의 하나이다. 신라 때 비로소 조회하고 고려 초에 나라를 바치어 현(縣)이 되었다. 고려 말에 기황후(奇皇后)가 목장을 설치하였고 명(明)나라 때에 이르러 다시 우리나라에 예속되었다. 대개 제주는 바다 가운데 있어서 땅 넓이는 500리이고 백성은 8~9천 호이며 말은 수만 필이다. 그 물산의 풍요함은 다른 고을에 배나 된다. 또 제주는 일본과 서로 이웃하니 방어에 대비하는 계책이 실로 번거롭다'고 잘 설명하고 있다.

삼국시대에 존재했던 탐라국은 백제, 수·당(隋·唐), 일본 등과 국제외교 및 무역으로 잉여축적을 하여, 사회계층의 분화, 정치적 지배자인 수장(首長) 등이 있었다. 당시 기록인 『신당서』「동이열전」에 '용삭(661~663년) 초에 담라라는 나라가 있었는데, 그 왕 유리도라가 사신을 보내 입조케 하였다. (…) 여름에는 풀로 만든 집(초가)에 살고, 겨울에는 굴을 파서 집(움집)을 만든다'[2], 『당회요』「탐라국조」에

---

1) 동방 구한(九韓)은 신라의 승려 안홍(安弘)이 설정한 신라에 인접해 있던 아홉 국가로 왜(倭: 일본), 중화(中華), 오월(吳越), 탁라(托羅: 탐라), 응유(鷹遊), 말갈(鞨鞨), 단국(丹國), 여적(女狄: 여진), 예맥(濊貊)을 가리키는 것이다.
2) 『新唐書』「東夷列傳」'夏居草屋冬窟室.'

는 '탐라는 신라의 무주 해상에 있다. (…) 그 왕의 성은 유리이고 이름은 도라인데, 왕성은 없고 큰 다섯 부락으로 나뉘어 있다. 집 주위에는 둥글게 돌담을 둘렀고 지붕을 이었다. (…) 또 용삭 원년(661) 8월에 사신이 이르렀다'[3]고 하였다. 즉, 탐라 전기(삼국시대)까지는 일부 계절별로 다른 주거를 사용했고 일찍부터 돌담을 둘렀던 것을 알수 있다.

탐라국은 고려 숙종 때(1105) 지방행정구획인 탐라군(耽羅郡)으로 편입되었고, 100여 년간 원나라의 목마장이 되어 언어·풍습 등에 몽고의 문화가 전래되었다. 이후 조선왕조는 제주도를 군사적 요충지이자 말의 공급지로서 중시하여 개국 초인 태종 16년(1416) 제주목·정의현·대정현의 3읍성을 설치하여 중앙집권체제 안에 편입시켰다. 그러나 『탐라순력도(耽羅巡歷圖)』(1702)에 기록되었듯이 제주만의 독특한 풍습은 조선 후기까지도 지속되었다.

즉, 동중국해에 위치한 제주도는 남방문화를 기반으로 한 고유한 문화를 형성하였는데, 고려시대에 몽고의 영향과 조선시대에 한반도의 영향을 받으면서 북방문화의 요소가 가미되었다.

### 종교

제주도는 태풍이 지나가는 길목이면서 화산으로 이루어진 척박한 섬으로, 이를 극복하기 위해서 많은 신들을 섬겼다. 그래서 제주도에는 토속신앙이 깊게 뿌리 내리고, 여기에 고려시대와 조선시대에 전래된 불교·유교의 영향이 일부 더해졌다. 제주도에는 '신들의 고

---

3) 『唐會要』「耽羅國條」(961): 耽羅在新羅武州海上 居山島上 周廻竝接於海 北去百濟 可五日行 其王姓儒李名都羅 無城隍 分作五部落 其屋宇爲圓牆 以草蓋之 戶口有八千 有弓刀楯矟 無文記 有事鬼神 常役屬百濟.

향'·'당(堂) 오백 절(寺) 오백'이라는 말이 전하고 이것은 수많은 신화와 민요, 전설을 남겼다. 『동국여지승람』(1481), 『탐라지(耽羅誌)』(1653)를 보면 '풍속은 음사를 숭상하여 산과 숲, 내와 못, 높은 언덕이나 낮은 언덕, 물가와 평지, 나무와 돌 따위를 모두 신으로 섬겨 제사를 베푼다. 매년 정월 초하루부터 보름날까지 남녀 무당이 주신을 모시는 기를 함께 받들고, 역귀를 쫓는 행사를 벌이면서 징과 북을 앞세워서 마을을 나들면 마을사람들이 다투어 재물과 곡식을 내어 제사한다'고 하였다.

제주도의 마을과 주택 여러 곳에 신들을 모셨는데, 대표적으로 당신(堂神)과 칠성신(七星神)을 섬겼다. 마을마다 설치된 신당(神堂)[4]은 마을의 수호신인 당신이 상주하는 신성공간으로 주요부분인 돌담, 제단, 궤, 궤집 등은 대부분 돌로 구성되었다. 궤집은 돌을 다듬은 집 모양으로 전면을 제외한 세 면에 돌벽을 세우고 그 위에 기와지붕 형태의 돌판을 덮었다.

주택에 모신 가신(家神)에 관해서는 '문전본풀이' 신화에 잘 나타나 있다. '일곱 형제를 죽이려던 계략이 탄로 나자 계모는 변소인 통시에 가 죽어 변소신(厠神)이 되고, 아버지는 면목이 없어 올레로 내닫다가 정주목에 부딪쳐 죽어 정주목신이 되고, 어머니는 부엌의 조왕신(竈王神)이 되고, 아들 6형제는 뒷문신과 오방토신(五方土神)이

4) 이영권, 『새로 쓰는 제주사』, 휴머니스트, 2005 : 제주도 신당은 마을별로 1~5개까지 있어서 2003년에는 346개가 존재하였다. 포제를 봉행하는 장소는 마을에서 약간 떨어진 곳에 정하는데 흔히 동산(언덕) 위에 있는 곳이 많아 '포젯동산', '포제단', '마을제단'이라 부른다. 포제단은 장방형으로 돌담을 두르고 그 안에 현무암으로 된 장방형의 반석 제단(상석)을 설치해놓은 것, 반월형 병풍 모양으로 돌담을 쌓고 그 가운데 제단을 설치해놓은 것, 혹은 두 가지 형이 복합된 것으로 울담을 사방으로 설치하고, 제단 앞에 병풍모양의 돌담을 쌓아놓은 형태가 있다.

되고, 또한 막내아들은 앞문의 문전신(門前神)이 되었다'고 하여 집안 곳곳에 신을 모셨음을 알 수 있다. 그리고 명절을 기해 치러지는 여성들만의 제사로 칠성제가 있었다. 칠성신은 집안을 지키는 뱀신으로, 고팡(庫房, 광)에 모셔지는 '안칠성(고팡할망)'과 안뒤(뒷뜰)에 모셔지는 '밧칠성(뒷할망)'이 있다. 이 칠성신은 곡물신 또는 부신(富神)으로 관념되는 농경신으로 여성들의 제물을 받아먹고 집안에 부를 안겨주는 신이다. 그래서 농사의 풍요를 기원하여 대부분의 농사짓는 여성들이 안칠성을 모셨고, 동남부 일대에서는 안칠성제와 함께 밧칠성제도 함께 지냈다. 남자들이 집안에서 조상에 대한 가례를 진행하는 동안 여자들은 집안의 은밀한 공간에서 부신을 접대하는 고사를 따로 올렸다.

조선 숙종 때의 이형상 목사가 『탐라순력도』 '건포배은'(1702)에 그렸듯이 신당 129곳을 불태우고 사찰 5곳을 없애고 불상을 바다에 던지고 무격 285명을 귀농시키는 등 무속과 불교를 배척하고 유교를 장려하였지만, 제주도민의 토속신앙은 강하게 지속되었다.

### 가족제도

화산섬인 제주도는 땅이 척박하여 많은 곡물을 생산할 수가 없어서 산간에서는 반농반목(半農半牧), 해안가에서는 반농반어(半農半漁)로 생계를 유지하였다. 전통적으로 한반도는 관개수리와 가축의 힘을 토대로 한 남성노동 중심의 벼농사를 발전시켜왔다면, 제주도는 토질과 강수량으로 인해 여성노동 중심의 밭농사를 발전시켜왔고 해변 지역에서는 잠수업이 첨가되어 여성노동 위주의 생산체계를 이루어 왔다. 이것이 제주사회가 한반도와 다른 문화구조를 형성케 된 주요기반이 되었다.

제주도의 친족관계는 표면적으로는 유교적인 부계중심이다. 남자는 친족사회의 중추로서 제사를 지내는 제관으로 사회적 역할을 담당한다. 그러나 실제 생활에서는 여성중심의 특히 모(母)중심의 핵가족을 이루고 있다. 가정 내 경제권과 책임은 대부분 여성이 담당하고 남성의 역할과 책임은 미비하다. 그리고 제주도 가족구조의 특징은 철저한 분가원칙(分家原則)에서 찾을 수 있다. 장남도 혼인하면 분가를 하며 한 울타리에 거주하더라도 서로 다른 채에 생활하고 취사와 경제생활도 완전히 분리한다. 이러한 핵가족을 바탕으로 재산상속의 균분 경향, 문중조직의 미발달, 한반도와 상이한 혼인의례, 부락내혼의 경향, 높은 이혼율과 재혼율, 사혼(死婚)의 관습, 조상제사의 분할 등이 이루어졌다. 제주도의 이상적 가족유형은 핵가족으로 나이가 들어도 움직일 수 있는 한 자식에 의지하지 않는 것이 일반적이며 노쇠·사망 등으로 자활능력이 상실될 때에만 직계가족의 유형을 취한다. 따라서 제주도에서는 노부부만으로 이루어진 가족이나 여자 혼자만으로 이루어진 가구가 많고, 예로부터 머슴을 두지 않는 것도 하나의 특징이다.[5]

『탐라지』(1653)에는 '아들보다 딸 낳기를 소중히 여긴다'고 하였고, 19세기 초 대정현감인 김인택(金仁澤)이 쓴 『대정현아중일기(大靜縣衙中日記)』에는 '제주도에는 예부터 여호주제(女戶主制)가 있다'는 기록이 있다. 특히 우리나라 최남단 마라도에서는 여자들이 밖에

---

5) 김혜숙·김행신, 「가족구조와 주거공간 구성에 관한 연구」, 제주대학교 논문집 제33집, 1991 : 이광규는 제주도의 가족을 핵가족적 특성의 독립형 가족이라 하였고 그것이 여자 중심적이라는 점이 중요하다고 하였다(여자 중심의 독립형 가족). 이는 생활단위 중심을 모(母)라고 본 것인데, 같은 울타리 안에 거주하더라도 시어머니가 몹시 노쇠하지 않으면 며느리에게 의존하지 않고 독자적인 생활을 이끌어 간다. 시어머니가 사망하고 시아버지가 생존하면 자동적으로 며느리가 모시게 된다. 여자 중심적 가족이라는 것은 이러한 특수한 성격을 말하는 것이다.

나가 일을 하며 남자들은 집에서 밥을 짓고 아기를 돌보았다고 한다. 이를 통해 제주도의 가족제도는 본래 모계제에 기반을 두었고 이후 한반도의 부계제 특성이 더해진 것으로 보인다.

### 마을구성

제주도의 마을은 한반도와 달리 해안 가까이에만 지하수가 용출하여 이곳에 집촌을 형성하였고 산들이 많지 않아서 전형적인 풍수지리설이 적용되지 않았다. 그리고 전통적으로 분산경지 경영과 균분상속제도가 오랫동안 유지되었기 때문에 집성촌 대신 혼성취락이 발달했다. 또 가까운 조상들의 제사를 형제간에 나누어서 봉사하고 계절제로 돌아가면서 하는 윤제제도를 취하기 때문에 사당이 발달하지 않았고 대가족 대신 핵가족을 이루었다. 그래서 제주의 마을은 혈연공동체라기보다는 농업이나 어업 등의 생업을 서로 돕는 생산공동체이며 동시에 마을의 안녕과 공동작업의 안전·번영을 기원하는 무속적 의례를 공유하는 신앙공동체였다.

제주도 마을은 낮은 곳에 자리 잡고 경작지는 마을 주위에 배치되었다. 마을 공간의 복판에 활 또는 부챗살 모양으로 뻗어나간 길을 두고 다시 긴 올레를 두어 집들이 배치되었다. 마을의 공동시설로는 신앙의례 시설물인 신당, 휴식시설물인 폭낭알(팽나무 그늘), 생활부대 시설물인 샘터와 방에(절구) 등을 갖추었다. 신당은 대체로 마을의 아래쪽에 위치하고, 폭낭알은 마을의 중심 또는 안길에서 먼 올레로 진입하기 위한 길과 교차하는 곳에 위치한다. 샘터는 바다 쪽의 용천수가 있는 곳에 위치하여 마을입지의 기초적 요소가 되었다.[6]

---

6) 국립제주박물관, 앞의 책, p.197

## 3) 제주도와 교류

동중국해에 위치한 제주도는 일찍부터 고대 항로의 중요한 거점이었다. 해발 1,950m의 한라산은 시인거리가 약 100km나 되어 주변 해역을 항해하는 선박들에겐 항로를 결정하는 데 중요한 등대 역할을 해왔다.[7]

그래서 주호·탐라국의 시기부터 한반도뿐만 아니라 중국, 일본과도 국제적인 교류를 하였다. 『삼국지』 「위지동이전」(3세기)에 '주호는 마한(馬韓)의 서쪽에 있는 큰 섬으로 (…) 배를 타고 한·중(韓·中)과 교역을 했다'고 한다. 이후 탐라국은 주변 정세에 따라 5~7세기에는 백제에, 그리고 7세기 중엽 이후에는 통일신라에 조공을 바쳤고, 당(唐)과 일본에 사신을 파견하였다. 『일본서기(日本書紀)』(720)에는 '탐라가 9차례나 견일본사를 파견했고 또 일본으로부터 2차례의 견탐라사 방문을 받았다'는 기록이 있다. 그리고 고려시대에 대제국을 꿈꾸던 원(元)나라가 일본이나 남송(南宋)을 정벌하기 위한 중간기지로서 제주도를 택해서 100여 년간이나 통치를 한 것도, 여말 이래 왜구의 침범이 빈번한 것도 주 약탈대상 지역이었던 중국으로 가는 길목에 제주가 위치해 있었기 때문이다.

이러한 지정학적 위치 때문에 제주도는 한·중·일이 서로 왕래하는 중계지이자 동남아시아와 류큐열도 등의 남방문화가 유입되는 곳이었다. 그래서 제주도의 기층문화는 다양한 외부문화와 접촉하면서 서서히 독자적으로 형성·발전하였다.

---

7) 김순이, 「제주도의 표류 전설과 신화」, 『항해와 표류의 역사』, 솔, 2003, p.263

그림9. 제주도의 삼성혈 : 탐라의 시조인 고(高), 부(夫), 양(良) 삼신(三神)이 땅에서 솟아났다는 전설이 있는 곳이다.

# 2. 돌을 모아 담을 쌓은 제주도 민가

## 1) 제주도 민가의 배치

제주도의 마을과 집터는 높은 곳이 아닌 낮은 곳에 자리하고, 집터
는 그 모양이 일정하지 않은 불규칙한 것이 특색으로 검은 현무암으
로 울담(돌담)을 둘렀다.[8] 한반도 민가는 담을 경계로 문을 열면 바
로 마당이 나타나지만, 제주도 민가는 긴 골목인 '올레'[9]를 두어 꺾여
서 들어가게 했다. 이는 강한 바람이 대지 내의 건물에 맞닥뜨리는 것
을 피하고 또 외부 시선을 차단하여 내부의 독립성을 확보하려는 배
려이다. 올레 초입에 만들어진 '정낭'은 보통 판석에 3개의 구멍을 판
것으로 3개의 통나무를 끼워 놓는다. 원래는 마소의 출입을 막는 시
설이지만, 3개가 모두 가로로 놓였을 때는 주인이 멀리 출타했다는

---

8) 김광언, 앞의 책, 1988, p.478 : 제주도의 돌담은 쌓는 방법에 따라 외담, 잣굽담, 배
   캐담의 세 종류로 나눈다. 외담은 적당한 크기의 돌을 차곡차곡 쌓아올린 가장 보편
   적인 담이고 잣굽담은 먼저 잔돌을 어느 정도 깔고 난 다음 큰 돌을 올린 담이다. 그
   리고 배캐담은 바닥에 큰 돌을, 가운데에 잔돌을, 맨 위에 큰 돌을 서너 켜 올린 담
   으로 성이나 관아 주위에 쌓았다.
9) 올레의 종류는 크게 두 가지로 농촌지역에 많은 대문 없는 긴 올레와, 읍에 많은 이
   문간을 둔 짧은 것이 있다. 올레는 폭이 1.8~3.0m, 높이(담높이)는 1.2~2.1m, 길
   이는 보통 6~15m 정도이다. 형태도 I형, L형, S형 등 다양하다.

뜻이고 모두 내려져 있으면 주인이 집 안에 있다는 표시이다.

제주도 민가의 구성은 한반도 민가가 유교의 영향으로 남녀별로 안채와 사랑채로 분리된 것과 달리, 세대별로 안거리(안채)와 밖거리(바깥채)로 이루어진다. 외형적으로는 대가족을 이루나 실제로는 핵가족인 특수한 가족제도로 두 세대는 각각 정지, 장독대 등을 마련하여 침식과 생산경영을 분리한다. 주거 단위로 보면 한 가족이나 경제적 단위로는 두 가족인 셈이다. 안거리에는 부부가 생활하고, 밖거리에는 기혼자녀가 거주하며, 모커리(곁채)는 미혼자녀가 살거나 부속사로 사용하는 간이형 집이다.

그래서 제주도 민가의 안거리 · 밖거리 · 모커리 등은 규모나 재료, 구성이 유사하여 위계가 약하다. 그러나 안거리는 밖거리와 비교하여 직능 면에서는 확연히 구분된다. 안거리에만 조상의 제사를 지내는 일(상방의 문전신), 큰구들의 개념, 제사를 준비하는 일(정지의 조왕), 제사용 재수의 보관(고팡의 안칠성) 등이 존재한다. 안뒤(밧칠성) 또한 안거리 뒤에만 있다. 마을의 영역에서도 친족의 일, 마을 부조, 마을 부역, 마을 공동재산권, 당에 가는 일 등은 안거리에 사는 사람들만의 권한이요 의무였다.[10]

한편, 제주도 남동부에는 3~4칸집에 별동형 취사공간인 '정지거리'를 세웠다. 안거리와 분리해 정지거리를 세우는 것은 기후적으로 따뜻해서 방에 불을 들여야 할 필요성이 적었고, 취사와 난방에 사용되는 연료가 달라서 분리가 가능하며, 굴뚝이 없는 화덕구조여서 연기가 집 안에 가득 차는 것을 해결하려는 청결상의 이유인 듯하다. 즉 건물의 기능, 구조, 방화, 위생에 유리하기 때문이다. 이 같은

---

10) 국립제주박물관, 앞의 책, p.198

별동형 부엌은 동남아시아와 멜라네시아, 미크로네시아, 폴리네시아 등 열대지방과 타이완, 류큐, 규슈 남부 등 아열대지방까지 볼 수 있어서 남방문화의 영향으로 보인다.[11]

그리고 외부 공간에는 마당, 안뒤(뒤뜰), 우영(텃밭), 통시 등이 있다. 마당은 농사 작업 외에도 갖가지 가정의례가 치러지는 공간이다. 마당을 중심으로 안거리와 밖거리가 배치되고, 최적의 거리를 유지함으로써 두 세대의 독립된 생활이 이루어진다. 안거리 뒤에는 반드시 뒤뜰인 '안뒤'가 있다. 마당이 남성공간이라면 안뒤는 여성공간으로, 안거리 뒤쪽으로 담을 쌓아서 마당에서 직접 출입하지 못하고 반드시 상방에 있는 뒷문이나 정지 뒷문을 이용하는 폐쇄적인 공간이다. 안뒤에는 칠성눌(富神)·장항굽(장독대) 등이 놓이며 그 집의 상징이 될 만한 나무인 대나무, 동백나무 등을 심어 뒤에서 불어오는 바람을 막고 타인에게 비공개 되는 신비로운 음(陰)의 공간이다. 그리고 집 주위를 두르고 있는 텃밭을 '우영'이라 한다. 우영은 집의 양측면 또는 안뒤의 뒤 등 대지의 외곽지대에 위치한다.

돼지우리와 측간을 겸한 '통시'는 안거리의 정지와 멀리 떨어진 곳에 6~10여 평 안팎의 땅을 1m 깊이로 파서 검은 현무암으로 쌓고, 고상부에 변소를 만들었다. 통시에는 돼지를 사육하여 인분을 처리하도록 하였다. 이 같은 통시의 구성은 제주도뿐만 아니라 과거 경남과 전남에도 있었으며 더 넓게는 중국의 산둥 성 일대와 류큐

---

11) 장보웅(1981)은 안거리와 분리된 정지거리의 발생과정을 2가지 가설로 설명하였다. "첫째, 정지가 안거리에 있었으나 정지의 기능이 취사 하나로 줄어지자 넓은 정지 공간에 작은구들이 생기고 또 방을 더 만들어 작은구들이 2개가 되었고, 자연히 정지는 밖거리·모커리로 밀려나게 되었다. 둘째, 원래부터 안거리와 정지가 별동으로 있었다면 일인(日人)들이 말하는 이동조로, 동남아시아와 태평양 지역에 많은 남방적 형태로 생각할 수 있을 것이다"라고 하였다.

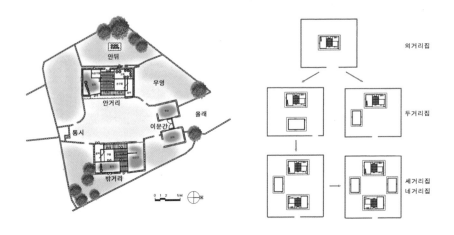

그림10. 제주도 민가의 배치도

그림11. 제주도 민가의 배치 발전도
(출처: 장보웅, 1981, 재구성)

그리고 필리핀 등지에도 분포한다. 제주도의 위치로 보아 현재와 같은 통시의 전래는 남방으로부터라고 한다.[12]

제주도 민가의 배치는 외거리집에서 분동화하여 두거리집, 세거리집, 네거리집으로 발전한다. 두거리집이 일반형이고 여기에 모커리가 더해지면서 안마당을 중심으로 튼ㄷ자형과 튼ㅁ자형을 이루는데 모든 채는 안마당을 향하고 있다. 같은 두거리집이라도 한반도와 가깝고 북서풍이 강한 제주 북서부의 건물은 높이가 낮고, 안·밖거리는 二자형 배치가 많으며, 4칸집의 안거리가 많은 등 육지의 영향이 크다. 한편 쿠로시오 해류가 지나가서 북서부에 비해 따뜻하고, 한라산이 북서풍을 막아 주어 바람의 영향도 덜한 제주 남동부의 건물은 안·밖거리는 ㄱ자형 배치가 많으며, 별동형 부엌인 정지거리

---

12) 김광언, 앞의 책, 1988, p.468; 장보웅, 앞의 책, 1981, p.170~171; 석우명, 앞의
    책, p.96~97

가 분포하는 등 남양특성이 강하다. 이처럼 제주도 민가는 크게 남동부 · 북서부로 지역차를 가진다. 그리고 제주목 · 정의현 · 대정현 등 읍성에 많은 네거리 집은 한반도의 영향을 받은 상류계층의 주택으로 보인다.

## 2) 제주도 민가의 평면구성

한국의 민가는 평면구성을 기준으로 해서 크게 두 계통으로 나눌 수 있다. 하나는 용마루 아래 방이 한 줄로 늘어서는 홑집(외통집)이고 다른 하나는 방이 두 줄로 나란히 늘어서는 겹집(양통집)이다. 홑집은 기온이 비교적 온화하고 농경지가 발달한 반도의 서부 지역에 분포하고, 겹집은 함경도나 강원도 태백산 줄기, 전라도 일부와 제주도에 분포한다.[13] 겹집은 홑집에 비해 동선이 짧아 사역인이 없는 자영농민이 생활하는 데 편리하고, 춥고 바람이 많은 지역에서 방한과 방풍의 효과도 있다.

제주도 민가는 여러 방을 한데 묶는 겹집을 구성하는데, 원초적인 특성을 유지하고 있어서 평면의 분화체계를 뚜렷하게 볼 수 있다. 1칸의 외기둥집을 원형으로 2칸 · 3칸 · 4칸 순으로 칸분화 한다. 2칸집은 정지에서 구들과 고팡이 분리된 가장 원초적 형태이다. 3칸집은 상방을 중심으로 한쪽에 정지, 다른 쪽에 구들과 고팡이 구성된 것으로 제주도 민가의 일반형이다. 이때 정지에 작은구들이 구획된 것도 있다. 4칸집은 3칸집을 토대로 상방과 정지 사이에 작은구들과 챗방이 1칸 더 생겨난 구조로 완성형이라고 할 수 있다.[14] 이때 한반

---

13) 김동욱, 『한국건축의 역사』, 기문당, 2007, p.317
14) 조성기, 『한국의 민가』, 한울아카데미, 2006, p.304

도 민가와는 달리 취사와 난방용 아궁이가 분리되고 굴뚝이 없어서 자유로운 평면구성이 가능하였다.

평면 내에서 큰 면적을 차지하는 '정지'(부엌)는 취사·식사·작업장·건조장·수장공간으로 취사용 화덕이 독립되어 난방과는 무관하다. 바닥은 흙바닥이고, 벽은 현무암을 쌓아 흙을 발랐으며, 천장은 가구구조가 노출되어 있다. 외벽에는 1~2개의 광창을 만들거나 별도의 창 없이 벽과 지붕사이로 채광과 배연이 되도록 하였다. 화덕은 대개 외벽 측에 놓이고 솥덕(솥 받침대)이라 하는 네모로 다듬은 대형 현무암 3개를 세워 여기에 4~5개 솥을 걸어 놓고 사계절 취사에 이용한다. 솥은 크기 순서에 따라 두말치, 외말치, 밥솥, 국솥 등으로 배열하고 제일 작은 솥에는 등경을 두고 관솔불을 피워 조명을 한다. 솥 뒤에 재를 모아 두는 불치통이 있고, 큰 솥 옆에 보통 물항아리인 물항을 두고 마당쪽 정지 앞문 측에 지들것(땔감)을 놓는다. 취사시 정지를 가득 메우는 연기는 집을 건조시키고, 벌레와 뱀의 침입을 방지하는 데 효과가 있었다.

평면 중심에 위치한 '상방'(마루방)은 정지 기능이 분화된 곳으로 3~4칸집에서 볼 수 있다. 바닥은 우물마루이고, 벽은 토벽 또는 회바름이고, 천장은 연등천장으로 높다. 이곳은 정지, 구들, 고팡으로 직접 연결되는 동선의 중심공간으로, 전면 쪽으로 출입구인 '대문'과 안뒤 쪽으로 '뒷문'을 두었다. 상방은 가족의 단란, 여름철의 취침, 접객, 식사, 작업 등의 다목적 공간이다. 그리고 가내의 평안과 부귀를 담당하는 가옥의 대표신인 '문전신'을 모신 곳으로 기제사시 봉제에 앞서 문전제를 지내는 제사공간이다. 지역에 따라서는 상방(동부), 삼방(제주시 및 서부), 마리(대정)라고 부른다. 상방은 원래 흙바닥으로 그 위에 마른새, 보릿짚, 조짚의 멍석을 깔아 사용하다 근세 이후 경제적 여력이 되는 집에서는 마루를 깔았다.[15] 앞뒷문을 개방하면 통풍에 유리한데, 비바람에 대비하여 두꺼운 널문으로 구성하였다.

한편 제주도의 오래된 집에서 드물게 볼 수 있는 '봉덕'(화로)은 난방·조명기구이다. 정지나 상방의 한쪽에 붙박은 봉덕은 음식을 조리하거나 실내온도를 덥히는 데도 사용하고, 여기에다 길쌈질을 하거나 불씨를 묻어두기도 하였다.[16] 봉덕의 크기는 가로 50cm, 세로 30cm, 깊이 15cm, 두께 5cm 내외이다. 봉덕은 현무암을 파서 되(升) 모양으로 만든 것도 있고, 상방이 토방인 경우에는 흙바닥을 파고 사방에 큰 돌을 놓아둔 것도 있다.[17]

정지의 반대쪽 단부에 자리한 '구들'(온돌방)은 수면, 휴식, 학습 등이 이루어지는 사적공간이다. 큰구들과 작은구들이 있는데, 고팡에 접한 큰구들은 부부·유아·손님의 침실, 조상의 제사공간 등으로 사용되고, 작은구들은 미혼자녀의 침실로 제주 북부에 많이 구성되었다. 구들의 크기는 사방 2.0~2.2m, 높이 1.9~2.0m로 각 변과 높이의 비가 1 : 1 : 1 이고, 바닥은 유지 바름이고 천장은 종이반자이다. 구들의 굴묵쪽으로는 벽의 상반부에 벽장이 있고 여기에 궤를

---

15) 김광언, 앞의 책, 1988, p.468 : 구들과 정지 사이에 널이 깔린 상방이 생겨나고 이에 조명과 난방을 위한 봉덕이 시설되었다. 상방은 원래 흙바닥이었으며 마루를 깐 것은 근래 일이다. 이것으로 미루어 제주도의 마루도 원래 시설이 아니고 후대에 생겨난 것이 아닌가 하는 의구심을 가지게 된다.

16) 김홍식, 『한국의 민가』, 한길사, 1992, p.770

17) 봉덕(부섭)의 전래에 관해서 장보웅은 '부섭이 몽고의 실내 상비로의 호칭과 일치되는 것으로 보아 몽고에서 전래되었을 가능성을 보여준다'고 하였고, 김광언은 '부섭 외에 봉덕'이라고도 불리는 사실을 지적하면서, '봉덕은 원시 집터의 화덕처럼 고래부터의 필수적 시설로 생각되며 일본의 이로리와도 연관성이 있다'고 하여 남방전래설을 주장하였다.

올려놓는다. 상방쪽으로 있는 두 짝의 여닫이문이 출입용이고, 마당 쪽으로 한지를 바른 세살문이 채광·조망용의 창문이다. 이 창문의 밖에는 비바람에 대비하여 판문으로 된 덧문을 달았다. 제주도 민가는 한반도의 온돌이 전래되면서 큰 변화를 겪는데, 『탐라지』 풍속조(1653)에는 '벼슬아치 외에는 온돌이 없었다. 땅을 파 구덩이를 만들고 돌을 메워서, 그 위에 진흙을 발라 마르면 그 위에서 잤다', 『성호사설(星湖僿說)』 침어판청조(寢於板廳條, 1740년경)에는 '제주의 백성 집은 모두 5량 집인데 마루를 깔아 대청을 삼고 구들은 없었다. 다만 검질을 깔아서 따뜻하게 했다'고 한다. 즉 온돌은 16세기경에는 관사와 품관인들의 집에만 축조되었고, 일반 민가에는 18세기 초에 받아들이기 시작하여 18세기 중엽에 널리 보급되었다. 온돌구조는 아궁이 쪽에서 1/3은 보통의 온돌구조로 하고 나머지는 둥근 돌을 마구 쌓고, 개자리와 굴뚝은 설치하지 않는다. 취사용 연료로 나뭇가지나 풀을 쓰는 것과는 달리 난방용 연료로 말똥을 사용한다. 말똥은 화력이 좋을 뿐 아니라 공기가 거의 통하지 않는 상태에서는 장시간 연소하여 열을 발산하기 때문에 굴뚝이 없는 제주도 특유의 온돌이 발생하였다.[18]

큰구들 뒤쪽에 있는 '고팡'(광)은 식량과 씨앗 등을 담은 항아리와 기타 물품을 보관하는 수장공간이다. 바닥은 흙바닥이나 우물마루이고 벽은 토벽이고 천장은 노출반자[19]이다. 환기를 위한 한두 개의 작은 창을 내고 두 짝의 판문을 두어 상방과 통한다. 고팡은 정지와 떨어져서 집에서 가장 깊숙한 곳에 위치하는데 이것은 소농으로서 식량의 비축이 절실하였기 때문으로 보인다. 이곳에는

---

18) 김홍식, 앞의 책, 1992, p.536
19) 서까래가 드러난 천장을 말한다.

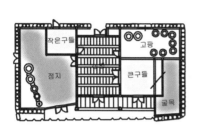

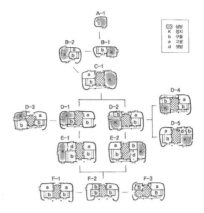

그림12. 제주도 민가의 안거리

그림13. 제주도 민가의 발전 상정도
(출처 : 조성기, 1985)

곡물을 지키는 신인 '안칠성'을 모시고 제사 때에는 '고팡상'을 차린다.

정지와 상방 사이에 위치한 '챗방'(식사공간)은 취사준비, 밥상보기, 식사 등에 이용되는 공간이다. 바닥은 상방과 같이 흙바닥 또는 마루로 구성되었다. 3칸집의 정지에서 행하던 식사 공간이 위생상 기능분화하여 하나의 방으로 독립된 곳으로, 작은구들이 있는 4칸집에서 흔히 볼 수 있다. 이처럼 정지의 고유 기능이 상방과 챗방으로 분화되면서 정지의 비중이 점차 감소해간다.

### 3) 제주도 민가의 구조와 조형미

강한 비바람에 대비하여 제주도 민가의 구조는 내부는 목조, 외부는 석조로 구성하였다. 초기 주택은 외기둥을 세워 짧은 마룻대를 걸친 단출한 중주(中柱)구조에 돌벽을 원형 또는 장방형으로 쌓았다.

이후 실이 2~4칸으로 분화하면서 내부의 간살이는 대부분 2고주 7
량가를 이룬다. 현재 제주도 민가는 한반도 민가의 5량가보다 크지
않은데도 5량가에 툇간을 더한 것은, 2개의 기둥이 부담하는 하중을
고주와 툇기둥이 분산하여 부담하므로 바람에 더 안전한 구조가 되
기 때문이다.[20]

기둥과 보는 사괘맞춤으로 정교하게 짜 맞추고, 도리 아래는 장혀
를 보강하지 않았다. 기둥은 아래가 굵지 않고 위가 굵은데 이와 같
이 기둥을 거꾸로 세우는 것은 제주도 민가의 한 특징이다. 한반도
에서는 기둥을 거꾸로 쓰는 것은 불길하다고 보는 데 비해 제주에서
는 나무의 뿌리 부분이 단단하여 여기에 보머리나 도리를 맞춰야만
구조적으로 튼튼하다 여겼기에 이런 구조가 생긴 것으로 보인다.

그리고 외벽은 전체나 네 모서리에 현무암을 난층쌓기로 추녀밑
까지 쌓아 올렸다. 이러한 돌벽은 내력벽으로서 강한 비바람을 막는
역할을 하였고, 나머지 부분은 더위를 해결하기 위해서 개구부를 두
었다. 그로인해 석재의 구조벽과 목재의 의장벽이 분리된 독특한 입
면을 구성하였다.

지붕의 형태는 기울기가 완만한 우진각지붕이 대부분이다. 그리
고 육지처럼 새(茅)로 날개를 엮지 않고 손으로 고루 펴기에 바람에
날리기 쉬우므로 새로 꼬은 줄을 30~40cm 간격으로 얽어매어 그물
처럼 덮어 독특한 풍광을 이루었다.

그리고 제주도 민가의 높이는 한반도 민가에 비해서 전체적으로
낮다. 실내 층고는 2.19m로 한반도 민가와 거의 유사하지만 기단 높
이는 10~20cm, 마루 높이 26.6cm로 한반도보다 30~40cm가 낮다.

---

20) 조성기, 앞의 책, 2006, p.362

그리고 처마 길이도 평균 66cm로 한반도 민가보다 30~40cm 짧아
서 태풍과 같은 강한 바람의 피해를 줄였다.[21]

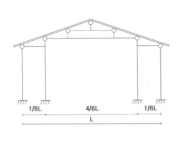

그림 14. 제주도 민가의 구조 개념도

21) 조성기, 앞의 책, 2006, pp.365~366

### 〈표9〉 고문헌에 나타난 제주도 민가

| 문헌 | 내용 |
|---|---|
| 진수<br>『삼국지』<br>(223~297) | - 「위지 동이전 한조」에 '마한(馬韓)의 서쪽 바다 큰 섬 위에 주호(州胡)가 있다. (…) 그곳 사람들은 배를 타고 중국과 삼한을 왕래하면서 장사를 한다'고 기록하고 있다.[21] |
| 『당회요』<br>(961) | - 「탐라국조」에 '탐라는 신라의 무주 해상에 있다. 섬 위에는 산이 있고 주위는 모두 바다에 접하였는데, 북쪽으로 백제와는 배를 타고 5일을 갈 만한 거리이다. 그 나라 왕의 성은 유리이고 이름은 도라인데, 왕성은 없고 큰 다섯 부락으로 나뉘어 있다. 집 주위에는 둥글게 돌담을 둘렀고 지붕을 이었다. 인구는 8천 호이다. 활과 칼 및 방패와 창이 있으나 문기는 없고 오직 귀신을 섬긴다. 항상 백제의 지배하에 있었고, 용삭 원년(661) 8월에 조공 사신이 당나라에 이르렀다.'고 하였다.[22] |
| 『신당서』<br>(1044~1060) | - 「동이열전」에 '용삭(661~663년) 초에 담라라는 나라가 있었는데, 그 왕 유리도라가 사신을 보내 입조케 하였다. (…) 여름에는 풀로 만든 집(초가)에 살고, 겨울에는 굴을 파서 집(움집)을 만든다. 그 땅에서는 오곡이 생산된다.'고 하였다.[23] |
| 김정<br>『제주풍토록』<br>(1520) | - 사람이 거처하는 집들은 모두 새(띠)로 덮은 오막살이로서, 새를 엮어서 덮지 않고 긴 나무를 가로 얽어매어서 눌러놓았다. 기와집이라고는 찾아보기 어렵다. 품관인의 집을 제외하고는 모두 온돌이 없는데, 방바닥을 파서 이를 돌로 메우고 흙을 발라서 마른 뒤에 그 위에 거처한다.[24] |
| 『동국여지승람』<br>(1530) | - 「제주목 풍속조」에 '제주 땅에 돌이 많고 본래 논은 없어서 오직 보리·콩·조만이 생산된다. 밭에는 예전에 밭담이 없어서 강포한 집안에서 날마다 야금야금 먹어 들어가므로 백성들이 괴롭게 여겼다. 김구(金坵, 13세기)가 판관이 되었을 때에, 백성에게 고통을 느끼는 바를 물어서 돌을 모아 담을 쌓아 경계를 만드니, 백성들이 이를 편안히 여겼다.'고 하였다.[25]<br>-백성의 풍속은 어리석고 검소하며, 또 새집이 많고 가난한 사람들은 부뚜막과 온돌이 없고 땅바닥에서 자고 거처한다.[26] |
| 어숙권<br>『패관잡기』<br>(1545~1567) | - 「유구국 풍속조」에 '嘉靖壬寅 濟州人朴孫等 漂到琉球國 留四年 轉解中國 因得回還 柳大容採其語 作琉球風土記 (…) 人居皆用板爲樓 不設炕房云云'라는 기록으로 보아 16세기 이전에 온돌이 제주도에 전파되었다고 할 수 있다. |

| 김상헌<br>『남사록』<br>(1601) | - 「풍토록」에 '우물과 샘이 아주 적다. 촌의 백성이 혹 5리 되는 곳에서 물을 길으면 이를 이르기를 물이 가깝다고 한다. 더러는 종일 한 번이나 두 번 밖에 물을 길지 못하는데, 짠맛이 나는 샘이 많다. 물 긷는 데는 반드시 나무통을 지고 다닌다.'고 하였다.<br>- 오소포라는 포구에는 보작이들의 집이 10여 호가 있는데 그들은 겨울과 봄에는 와서 살다가 여름에는 떠나간다. |
|---|---|
| 이원진<br>『탐라지』<br>(1653) | - 「풍속」에 '풍속은 어리석고 검소하지만 예를 지키고 양보함이 있다. 초가가 많으며, 남녀가 짚신 신기를 좋아한다. 디딜방아는 없고 오직 여인이 손으로 나무절구에 찧는다. 등에 나무로 된 물통을 걸머지고 다니며 머리에 이는 자가 없다.'고 하였다.<br>- 밭머리에 무덤을 만든다.[27] : 장례를 마친 지 백일이면 복을 벗고 밭머리를 조금 파서 무덤을 만든다. 간혹 삼년상을 행하는 자도 있다. 풍속은 풍수지리와 복서(길흉을 점치는 것)를 쓰지 않고, 또 부도법(불교식 매장법)도 쓰지 않는다.<br>- 돌을 모아서 담을 쌓았다. 새를 엮어서 지붕을 덮지 않는다.<br>- 「형승」에 '북쪽에는 큰 바다요, 남쪽에는 높은 산이로다. 집집마다 귤과 유자요, 곳곳마다 준마로다.'고 하였다<br>- 지금은 한 촌락이 이루어져 겨울이면 오고 여름에는 떠나가는 일이 없어졌다. |

22) 『三國志』魏志 東夷傳 韓條
23) 『唐會要』「耽羅國條」: 耽羅在新羅武州海上 居山島上 周廻並接於海 北去百濟可五日行 其王姓儒李名都羅 無城隍 分作五部落 其屋宇爲圓牆 以草蓋之 戶口有八千 有弓刀楯矟 無文記 有事鬼神 常役屬百濟
24) 『新唐書』「東夷列傳」'儋羅 王儒李都羅遺使入朝 衣大豚皮 夏居草屋冬窟室 生五穀.'
25) 『濟州風土錄』, 風土錄人居皆茅茨不編 鋪積屋上 以長木橫結壓之屋瓦絶少 品官人外 無溫突墳地爲坎 堀之以石 其上以土泥之 旣乾 寢處其上.
26) 『東國輿地勝覽』, 地多亂石 乾燥素無水田 唯麰麥豆粟生之 厥田古無彊畔 强暴之家 日以蠶食 百姓苦之 金坵爲判官 問民疾苦 聚石簡垣爲界 民多便之.
27) 『東國輿地勝覽』, 民俗疑儉 且多茅屋 細民無竈突 處於地
28) 『耽羅志』'風俗'條, 田頭起墳

# 3. 제주도 민가의 전개

## 1) 제주 남동부의 외거리집과 두거리집

• 표선 외기둥집(10세기)
: 제주도 서귀포시 표선면 제주민속촌

　제주민속촌에서 가장 단출한 이 주택은 10세기 제주도 민가를 재현한 것으로 안거리만 있는 외거리집이다. 장방형으로 돌벽을 두르고 실 중심에 백이기둥(굴립주)을 묻은 중주(中柱)구조이다. 중심 기둥은 짧은 마룻대를 지탱하고 그 위에 서까래를 얹어 지붕을 덮었다.

　실내는 통간으로 기둥을 중심으로 왼쪽에 정지를 두고, 오른쪽의 앞쪽은 거주공간 뒤쪽은 수장공간으로 구분하였다. 잠자리에는 습기를 막으려고 검질(풀)이나 멍석을 깔고 실 가운데는 난방을 위해 돌로 만든 봉덕(화로)을 설치하였으며 옆으로 취사용 솥걸이가 있어 기본적인 침식을 해결하는 수준이다. 출입구는 별도의 문이 없고 거적을 달아 출입·환기·채광을 해결하였다. 이 주거는 수혈(穴居)생활에서 막 벗어나 지상에서 생활하게 될 때의 원시적인 모습을 하고 있다.

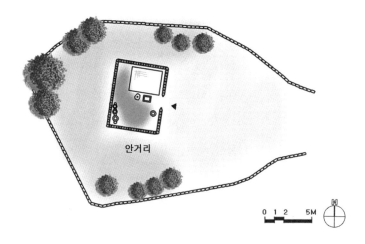

그림15. 표선 외기둥집 평면도와 전경

• 마전 김도호 가옥(17세기)
: 제주도 서귀포시 표선면 제주민속촌

　17세기에 건립된 이 주택은 원래는 서귀포시 안덕면 마전리에 있었으나 지금은 제주민속촌에 옮겨져 있다. 안거리와 정지거리가 ㄱ자형 배치를 한 두거리집으로 그 사이에 통시가 위치한다. 이처럼 별동의 정지거리를 구성한 가옥은 서귀포, 표선, 성읍, 우도, 조천 등 제주도 동남부지역에서 많이 분포한다.

　안거리는 2칸집으로 좌측의 전후에 상방과 고팡이 자리하고 우측

에 구들이 있는 간략한 구성이다. 별동의 정지거리는 통칸으로 외기
둥이 마룻대를 떠받치고 그 위에 바로 서까래를 걸친 구성으로, 외
벽은 현무암을 쌓았다. 4개의 솥걸이가 있는 외벽 쪽에는 빛의 유입
을 위해 울거미가 없는 30×30cm 크기의 창을 두었고, 서까래와 접
하는 외벽 부분에 제주도 특유의 창굼(창구멍)을 뚫어 배연을 하였
다. 출입구에는 판장문을 달았던 흔적이 있지만 지금은 떨어져서 없
는 상태이다.

그림16. 마전 김도호 가옥 평면도와 전경

• 성읍 이영숙 가옥(19세기 초, 중요민속문화재 제70호)
: 제주도 서귀포시 표선면 성읍리 4-7

정의향교(旌義鄕校)에 이웃한 이 가옥은 19세기 초에 건립된 것으로, 과거 정의고을의 '여관집'이었다. 제주도의 전형적 초가로 마당을 중심으로 안거리와 밖거리가 二자형으로 구성된 두거리집이다. 이문간과 정낭이 없이 골목길인 올레를 들어서면 마당 쪽으로 정면을 둔 안거리가 자리하고 그 우측에 돼지우리와 변소를 겸한 통시가

그림17. 성읍 이영숙 가옥 평면도와 전경

있으며 뒤쪽으로 뒤뜰인 안뒤가 있다. 그 맞은편으로 밖거리(헛간채)가 위치하고 그 옆에 텃밭인 우영이 있다.

안거리는 3칸집으로 상방을 중심으로 우측에 큰구들과 고팡이 있고 좌측에 정지와 작은구들이 있다. 상방에는 전면 난간(툇마루) 쪽으로 쌍여닫이 널문인 대문과 호령창이 있고 뒤쪽인 고팡 앞에는 장방이 있어 허드레를 넣어두고, 정지 쪽으로는 맹장지문이 있다. 큰구들은 상방 쪽으로 출입문이 있고 전퇴 쪽으로 창이 있으며, 우측 상부에는 침구·의류 등을 얹어두는 벽장이 있고, 그 밑에는 밖으로 방에 불을 때는 굴묵(아궁이)이 있다. 헛간채는 통칸으로 돌벽에 목조지붕을 걸친 간소한 구조로, 멍석 등을 두었다.

안거리의 정지는 넓은 흙바닥과 평평한 지붕형태로 천장구조의 가구미를 확연히 느낄 수 있다. 돌벽이 둘러져 약간 어두운데 마당 쪽으로 난 정지문과 장독대에 이르는 측문이 있어 채광을 겸한다. 외벽에는 따로 창문이 없고 다만 서까래와 벽체가 접하는 곳에 창꿈을 뚫어 배연을 하는데 비바람이 들이치지 않게 소극적으로 뚫려 있다. 화덕에 불을 피울 때 나는 연기가 정지 전체를 메워서 벽과 천장이 검게 그을려 있는데, 이 매운 연기는 서까래와 지붕의 건조·방충·방부에 일조를 하였다.[29]

---

29) 윤일이, 『한국전통주거에 있어서 부엌의 배연구조에 관한 연구』, 부산대학교 석사학위논문, 1995, pp.54~56

## 2) 제주 남동부의 세거리집과 네거리집

• 성읍 한봉일 가옥(19세기 초, 중요민속문화재 제71호)
: 제주도 서귀포시 표선면 성읍리 22-10

정의고을의 중심거리에서 동쪽에 위치한 이 가옥은 19세기 초에 건립된 것으로, 이문간을 들어서면 안거리와 밖거리가 마주 앉은 튼ㄷ자형의 세거리집이다. 도로면보다 조금 나지막하게 마당이 자

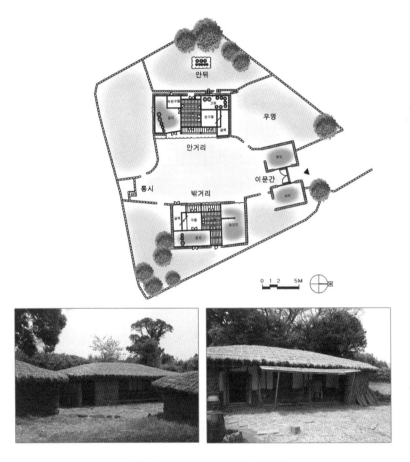

그림18. 성읍 한봉일 가옥 평면도와 전경

리하고, 집 주위에는 넓게 울담을 두르고 담 안에는 우영(텃밭)을 일구었다. 안마당 깊숙한 곳에 측신을 모시는 통시가 있었으나 지금은 허물어졌다.

안거리는 3칸집으로 상방을 중심으로 우측에 큰구들과 고팡이 있고 좌측에 정지와 작은 구들이 있다. 안거리의 전면 난간(툇마루)을 통해서 상방과 굴묵으로 출입하고, 풍채를 설치하여 햇빛을 가렸다. 그리고 상방의 뒷문을 통해 안뒤로 출입한다. 밖거리 역시 3칸집인데 상방을 앞뒤가 트이게 꾸미지 않고 상방 뒤쪽에 작은구들을 배치한 점이 특이하다. 3칸의 이문간은 입구 좌우에 헛간과 쇠막(외양간)이 구성되어 있다.

- 성읍 고평오 가옥(18세기 말, 중요민속문화재 제69호)
  : 제주도 서귀포시 표선면 성읍리 5-3

18세기 말에 건립된 고평오 가옥은 정의고을의 주요 도로였던 남문길 길가에 위치해 있다. 이문간을 들어서면 마당을 중심으로 안거리, 밖거리, 모커리가 있는 세거리집이다. 전에는 모커리가 하나 더 있어 건물이 튼ㅁ자형으로 배치되었다고 하나 1970년 중반에 헐렸다.

안거리는 3칸집으로 정지 · 상방 · 구들의 구성은 제주도 민가의 일반형이다. 상방에서 가족단란, 접객, 식사, 제사 등이 이루어졌고, 상방문에는 작은 '호령창'이 따로 달렸는데 이는 제주도 남부에만 전해지는 가옥형태이다. 호령창은 '제창문'이라고도 하는데 채광용, 출입자의 확인에 쓰인다. 정지에는 돌을 네모로 둘러 박아서 만든 붙박이 화로인 '부섭'이 있었는데 1979년 보수할 당시에 없앴다고 한다. 밖거리는 4칸집으로 정의고을 당시부터 근래까지 관원들이 숙식하던 곳이다. 제주도의 일반집 구성과는 달라서 상방이 집 가운데 위치하지 않고 동쪽으로 치우쳐 있으며 툇마루가 있을 자리에 골방이 있다. 모커리는 헛간과 외양간으로 사용하였다.

　1970년대 초 고평오 씨와 그의 부친이 가옥에 함께 거주할 때에
는 세대별로 독립생계를 갖춤에 따라, 고평오 씨 부친은 아들에게
안거리를 내주고 자신은 밖거리로 옮겨 살았고 퇴비원(堆肥源)이 되
는 통시도 두 군데 마련하여 부자가 따로 사용하였다. 원래 통시 위
치는 모커리의 남쪽과 밖거리 뒤쪽 2개소였다고 한다.[30]

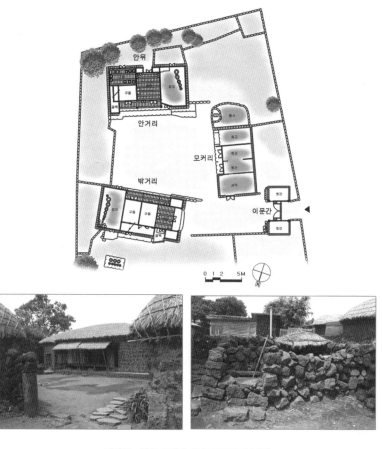

그림19. 성읍 고평오 가옥 평면도와 전경

30) 김일진, 『옛집에 대한 생각』, 향토, 1995, pp.40~48

• 성읍 고윤필 가옥

: 제주도 서귀포시 표선면 성읍리 883

성읍 고윤필 가옥은 안거리, 밖거리, 모커리가 튼ㅁ자형으로 배치된 네거리집이다. 이문간을 통해 들어가면 안마당에 면한 안거리는 3칸집으로 고상의 상방을 중심으로 좌우에 구들과 고팡으로 구성되어 있다. 전열은 거주공간 후열은 수장공간으로 사용하고, 구들은 굴

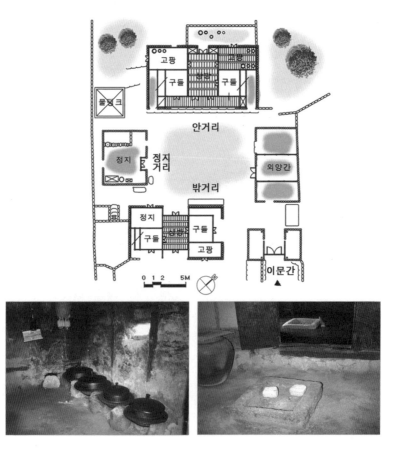

그림20. 성읍 고윤필 가옥 평면도와 전경
(도면출처: 조성기, 2006, 재작성)

목을 통해 난방을 한다. 그 측면에 별동의 정지거리가 있어 흙바닥에 솥을 나란히 놓고 취사 및 다양한 농작업이 이루어졌다.

한편 3칸집의 밖거리에는 정지가 있어 안거리와 살림이 분리 경영되었음을 알 수 있다. 정지거리와 밖거리 사이에 통시가 위치해 있다.

• 성읍 조일훈 가옥(19세기 말, 중요민속문화재 제68호)
: 제주도 서귀포시 표선면 성읍리 32

정의객사 남쪽에 위치한 이 가옥은 120여 년 전에 건립된 것으로 본래 객주집이었다고 한다. 325평에 이르는 넓은 대지에 안거리, 밖거리, 모커리, 창고, 이문간, 통시 등이 마당을 중심으로 튼ㅁ자형으로 배치된 네거리집이다.

안거리는 제주도 전형적인 3칸집 형식으로 상방을 중심으로 우측에 큰구들과 고팡, 좌측에 정지와 작은구들로 구성되었다. 정지와 상방은 규모가 커서 1.5칸이고 넓은 정지에 작은구들이 분리되어 있다. 경제적 여유가 있어서 고팡에 널을 깔고 뒷문을 크게 내었다. 상방의 전면에는 통판으로 된 두짝의 대문과 호령창을 두었다. 처마 끝에 설치된 풍채는 햇빛을 가렸는데 비가 올 때는 막대기를 내려서 집안으로 비가 들이치는 것을 방지하였다.

4칸집의 밖거리는 상방·구들·고팡에 2칸의 헛간으로 구성되었다. 이곳에는 농기구와 마소에 물을 먹이던 돌구유, 객주집일 때 쓰던 돈궤를 보관하고 있어 농가와 객주로서 특징을 보이고 있다. 서편 모커리는 쇠막(외양간)이고, 동편 모커리에는 말방애(연자방아)가 있었다고 한다.

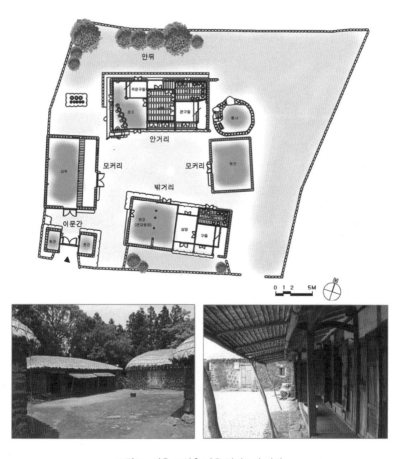

그림21. 성읍 조일훈 가옥 평면도와 전경

# 제4장

# 규슈 연해부의
# 주문화

# 1. 규슈의 문화

## 1) 규슈의 지리와 풍토

동중국해의 동북쪽이자 일본열도의 남서쪽에 위치하는 규슈(九州)는 지리적으로 아시아대륙과 가까워서 고대로부터 한국 · 중국과 교류가 활발하였던 곳이다. 규슈는 일본에서 혼슈(本州), 홋카이도(北海道)에 이어 세 번째로 큰 섬으로, 본도와 이키 섬(壹岐島) · 쓰시마 섬(對馬島) · 고토열도(五島列島) · 아마쿠사제도(天草諸島) · 사쓰난제도(薩南諸島) 등 1,400여 섬들로 이루어져 있다. 그런데 본 책에서 규슈 주문화권은 남방문화의 영향이 잔존하는 규슈의 연해부(남서부)로 한정한다.

규슈의 지형은 중앙의 남북으로 산악지형이며, 서부지역 및 남부지역은 평야가 발달해 있다. 그리고 화산활동이 활발하여 북쪽에 있는 아소산은 세계 최대의 칼데라 화산이고 남쪽에 있는 사쿠라지마 섬(櫻島)은 활화산이다.[1] 미야자키 현 남부와 가고시마 현 대부분은 화산회(火山灰) 대지가 넓게 분포하고 있다. 기후는 북부는 겨울이

---

1) 일본민속건축학회(日本民俗建築學會), 『民俗建築大事典』, 柏書房, 2001, pp.318~321

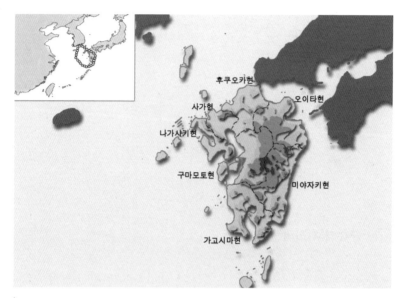

그림22. 규슈 주문화권

춥고, 내륙부에는 쿠쥬우 산(久住山)과 시방 산(市房山)으로 대표되는 2,000m 정도의 높은 산이 있어서 눈도 내리지만, 산지의 남쪽은 연평균기온이 18℃, 연강수량은 2,560mm로 온난다우한 기후이다. 5월과 7월에 걸쳐 많은 비가 내리고, 태풍은 늦여름과 초가을에 피해를 준다. 일반적으로 고온다습하여 느티나무, 녹나무, 메밀잣밤나무, 다비, 떡갈나무 등이 생장하는 상록조엽수림대가 형성되었다. 태풍이 잦아서 오래된 민가가 적은 편이다.

## 2) 규슈 민가의 형성요인

### 역사

일본민족의 형성에 관해서는 이견이 많지만 크게 야마토인(조몬인·야요이인), 류큐인, 아이누인으로 구성된다고 한다. 특히 규슈는 일본에서 외부의 문물이 들어오는 관문으로, 기원전 1만년경 대륙간의 육교를 통해 조몬인이 들어왔고, 기원전 3세기 이후 한반도로부터 야요이인이 들어와 본토로 이동하였다. 그런데 규슈 남부인 가고시마에는 류큐인이 분포하고 있어 해양으로부터 민족이동이 계속되었음을 알 수 있다.

규슈 남부는 20세기 말까지 규슈 북부와의 육상교통이 크게 발달하지 않았고, 오히려 간토(關東)지방이나 긴키(近畿)지방 등과의 해상교통이 발달해 있었다. 게다가 에도시대까지 지역의 대부분이 사츠마번(薩摩藩)에 속하여, 지금까지도 문화나 관습, 방언 등에서 규슈 북부와 차이를 보인다.

규슈 남부는 일본열도의 조몬문화 선구로서 다양한 생활 유적이 분포하고 있었으나 대부분 소실되었다. 이곳에 야마토 왕권의 세력이 미치게 된 것은 규슈 북부 및 중부보다 늦은 7세기 후반부터이다. 규슈 남부의 행정구역으로 7세기에 휴가국이 설립되어 8세기에 사츠마국과 오스미국으로 분리되었다. 그러나 이곳은 화산재질 토지가 많아 밭농사가 우세했기 때문에 벼농사를 제도의 기초로 한 야마토 왕권과 대립하여, 마침내 720년 하야토(隼人, 규슈 남부 주민)의 반란인 지역 분쟁으로 발전했다.

12세기에 시츠마번이 규슈 남부를 지배하기 시작하여 16세기 말에는 규슈 전역에 영향력을 미치게 되었지만, 1587년 도요토미 히데요시(豊臣秀吉)에 의해 영지가 축소되었다. 지리적으로 일본의 남서부에 위치하여 15~16세기에는 명(明)나라와 무역으로 성읍 등이 번영하였고, 17세기 쇄국정책 시에도 규슈의 쓰시마(對馬島), 나가사키(長崎), 사츠마(薩摩), 마츠마에(松前)로 한정하여 체계화된 외교관계를 유지하였다. 특히, 나가사키에는 중국인 거류지와 네덜란드 상관인 데지마(出島)를 열어서 남만선(南蠻船)이 출입하는 무역항으로 메이지 유신(19세기 중엽) 때까지 일본의 유일한 서양으로의 관문이 되었다.[2] 이 경로를 통해 유럽 문물인 조총과 기독교 등이 전래되어 일본의 근세 역사에 큰 영향을 끼쳤다.

규슈 연해부의 문화는 남방계열인 조몬 문화를 바탕으로 일본 본토(야마토)의 영향이 컸지만, 해양으로부터 남방문화가 계속적으로 전래되었다.

### 종교

일본 신앙의 기본은 신도(神道)로 자연숭배와 조상숭배가 중요한 위치를 차지한다. 일본인의 다신교적인 신관념을 나타내는 말로 '팔백만신(八百萬神)'이 있는데, 이는 신이 무수히 많다는 의미이고 실제로도 1천을 좀 넘는 신을 섬겼다. 8세기에 편찬된 『고사기(古事記)』의 신화에도 260여 명의 신이 등장하는데, 이들은 바다의 신, 우물의 신, 바람의 신, 나무의 신, 산의 신, 들의 신, 새의 신, 불의 신, 농산물의 신으로 자연현상을 인격화한 신들이 대부분이다.

고대 아스카시대(飛鳥時代, 7세기 전반)에 불교가 전래되지만 일본인들은 이것을 바꾸어 신도와 습합한 신불을 창안해냈다(神佛習合). 일본인에게 일상생활의 풍요와 안녕을 기원하는 신도가 현세를 위한 신앙이라고 한다면, 인간의 죽음과 관련된 의례를 담당하는 불교는 내세를 위한 신앙이다. 이러한 신도와 불교는 종교라기보다는 일상생활의 의례로서 자리한다. 마을에 신사(神社)와 절(寺)이 공존하듯이, 각 가정에도 신사의 신을 모신 신단(神棚, 가미다나)과 그 옆에 조상의 위패를 모신 불단(佛壇, 부츠단)을 마련해 두었다. 신단에는

---

2) 하우봉 외, 앞의 책, p.77

먼 조상을 모시고 불단에는 가까운 조상을 모시고 제사하였다. 말하자면 일본인의 주요한 신앙대상인 신(神, 가미)과 부처(佛, 호도케)는 본질적으로 조상인 셈이다. 이러한 조상숭배는 일본만의 독자적인 신앙이 아니라 중국·한국 등 동북아시아에서 동남아시아에 이르는 계절풍지대의 벼농사 문화권(稻作文化圈)에서 일반적으로 볼 수 있는 현상이다.

### 가족제도

일본 촌락은 구성원에 따라 복잡한 구성을 가지는 대가족주의의 동일본의 동족촌락(同族村落)과 동등한 집(家)끼리의 비교적 원만한 결합을 특색으로 하는 서일본의 연령계제제촌락(年齡階梯制村落, 비동족촌락)[3]으로 나눌 수 있다. 동족촌락은 일본사회에 뿌리 깊은 집단의식인 '이에(家)'를 바탕으로 형성된다. 이에는 한국의 가족과는 다른 의미로 가산(家産)에 근거한 가업을 경영하는 하나의 경영체로서, 보통 직계가족을 그 구성원으로 하며 이들이 거주하는 가옥이나 택지, 머슴이나 하인과 같은 비혈연자까지도 그 성원으로 인정한다. 이에의 주된 목적은 가업이나 가문의 전통성을 잇는 것이 거의 절대적이라고 할 수 있을 만큼 중요시되어, 자식이 없을 경우에 양자를 들이는데 성이 전혀 다른 남도 양자로 받아들여 가계를 잇는다.

이와는 달리 서일본인 규슈지방과 태평양 해안에는 이에의 관념이 비교적 약하거나 전혀 나타나지 않는 지역도 상당수 있으며, 결

---

3) 연령계제제는 사회구성원을 연배에 따라 구분하여 동년배들을 계층화·집단화함과 동시에 집단 간에는 상하서열에 입각한 지휘와 복종의 관계를 설정함으로써 사회 전체의 통합을 꾀하는 제도이다.

과적으로 연령계제제촌락이 많다. 동족촌락에서 집들의 관계가 종적결합의 수직적 연대라면, 연령계제제촌락은 횡적결합의 수평적 연대라고 할 수 있다. 따라서 가격(家格)이 아니라 개인의 연령을 중심으로 마을생활을 영위하고 있다. 연령계제제촌락에서는 이에 관념이 미약한 탓에 집을 영속적으로 계승시키려는 관념도 별로 나타나지 않는다. 따라서 아들이 혼인을 함과 동시에 부모와 아들이 별거를 하는 은거분가제를 흔히 볼 수 있다.[4] 사회인류학의 연구에 따르면 동족촌락의 기본이 되는 가부장권적 지배문화는 대륙북방계에 원류를 두고 있으며, 연령계제제의 뿌리는 남방계(오스트로네시아 종족)에 있다고 한다. 따라서 규슈 연해부(남서부)의 가족제도는 남방계와 관련이 깊어 보인다.

### 마을구성

일본 촌락은 크게 농촌적 성격을 띠는 '무라(村)'와 도시적 성격을 띠는 '마치(町)'가 있다. 무라는 농민들이 일부 집단을 이루고 밭과 경작지 및 들·산·해변을 포함한 지역을 토대로 한 작은 공동체 집단이며, 농민의 노동과 생활을 유지하기 위한 자치적인 조직임과 동시에 기본적인 행정 단위로서 막번 체제의 가장 중요한 기반이기도 했다. 무라의 공간구성은 신사와 절을 중심으로 주택들이 동심원상으로 분포하거나, 길을 따라 선적으로 늘어섰다.

마치는 목적에 따라 성곽도시(城下町), 항구도시(港町), 사원이

---

4) 김미영, 『일본의 집과 마을의 민속학』, 민속원, 2002, pp.13~25 : 은거분가제는 부모가 가장권을 물려주면서 자식과 별거생활에 들어가는 것을 말한다. 은거를 실행한 부모와 아들 가족이 별거·별재·별식(別居·別財·別食)의 형태를 취하고 있으며 이를 은거분가로 간주한다.

나 신사 주위로 형성된 사원도시(門前町), 교통의 요지를 따라 발달된 역참도시(宿場町) 등으로 발달하였다. 특히 성곽도시는 에도 시대에 전국 각지에 300개 가까운 제후의 영지로 세세하게 분할되었는데, 각 대영주(大名, 다이묘)의 영지는 단순한 정치적 지배의 단위가 아니라 독자적인 제례, 관습, 학문을 가진 문화의 단위가 되었다.

### 3) 규슈와 교류

일본의 규슈는 서쪽으로는 아시아대륙과 가깝고 또 남쪽으로는 난세이제도를 거쳐 동남아시아 및 남태평양 여러 섬과도 연결되기 쉬운 위치에 있다. 그래서 일찍부터 대륙문물이 전달되어 일본 고대문화인 야요이식 문화의 2대 중심지가 되었고, 그 뒤 대륙과의 사이에 정식거래가 이루어지자 대외교통의 요충지가 되었다.

우리나라와 규슈의 교류는 가고시마에서 발굴된 야요이 인골이 가야인과 똑같은 형질이어서 일찍부터 이루어졌음을 알 수 있다. 이후 삼국시대에 많은 사람과 문화가 전파되어 일본의 고대문화 발전에 큰 기여를 하였다. 그러나 13~16세기에 걸쳐 활동한 왜구는 한반도 연안에 수시로 침입하여 인명을 해치고 재산을 약탈하였다. 더욱이 1592년에 발생한 임진왜란은 우리나라에 큰 피해를 주었는데, 이때 한반도에서 끌려간 이참평(李參平)에 의해서 사가 현의 아리타(有田)에서 도자기를 굽기 시작했다. 이 도자기는 당시 네덜란드의 동인도회사와 중국 상인을 통해 이슬람권과 유럽에 대량으로 수출되어 일본 특유의 도자기로서 큰 인기를 끌었다. 17세기 초 조선은 도쿠가와 막부와 국교를 정상화하고 1811년까지 총 12차례 조선통신사를 파견하였다. 이때는 통신사 초빙을 중심으로 한 국가적 차원의 외교와 쓰시마 소씨(宗氏)를 통한 부산 왜관 중심으로 외교 실무 및 무역이 행해졌다.

그림23. 규슈의 아소산 분화구 : 일본 구마모토현과 오이타현에 걸쳐 있는 활화산이다.

# 2. 두 동이 연결된 규슈 연해부 민가

## 1) 규슈 민가의 배치

일본의 규슈 민가는 에도시대 각 대영주(다이묘)의 영지(藩領)를 벗어난 곳에 있어서 평지가 적은 관계로 산지형(山地型) 민가가 많다. 그리고 태풍이 잦기 때문에 보칸이 2~3칸의 소형이 많고, 오래된 민가가 적어서 18세기 지어진 7개 주택이 국가중요문화재로 지정되었다.[5] 강풍에 대비해 낮은 대지를 선정해서 주위에 대나무 숲의 방풍림(屋敷林)을 조성하였다. 출입구인 문(門, 가도)을 들어서면 몸채(母屋, 主屋, 오모테)가 정면에 있고 그 주위에 곡간, 나뭇간, 변소와 같은 부속채가 위치하는 것이 일반적인 배치이다. 몸채 앞에 있는 마당은 농작업장으로 이용되고, 건물 주위에 크고 작은 텃밭이 마련되어 있다.

규슈를 남북으로 관통하는 산지의 서남쪽에 있는 민가는 본토의 집과는 구성이 조금 다르다. 이곳의 민가는 몸채(오모테)와 부엌채(나카에)의 두 동으로 이루어진 이동조(二棟造)가 주류이다. 이 형식

---

5) 일본민속건축학회, 앞의 책, pp.318~319

은 남쪽에서 북쪽으로 갈수록 한 동으로 연속되어가는데 그 과정에 따라 5단계로 구분한다. 1단계는 이동조가 각각 분동된 형으로 류큐형이다. 완전한 분동형은 규슈 본도의 이남인 아마미 섬에서 도카라 열도, 미시마 섬을 거쳐 고시키 섬에 분포하고 있다. 2단계는 이동조가 방이나 복도로 연결된 것이며, 3단계는 두 동의 처마가 연접되어 두 개의 지붕 사이에 생긴 회첨골에 홈통을 설치한 경우이다. 이 형식은 가고시마 현(鹿兒島縣)과 미야자키 현(宮崎縣)의 서남부에 넓게 분포하고 있다. 그리고 4·5단계는 일체형이 완성된 단계로 이동의 개념에 벗어난 단계이다. 이 형식은 ㄱ자형, T자형, H자형 등의 곱은자집(曲屋)과 一자형의 일자집(直屋)이다. 곱은자집은 미야자키 현 남부와 구마모토 현 남부에서 북상해서 사가 현과 후쿠오카 현까지 미치고, 일자집은 규슈 전체에 분포하고 있다.[6]

규슈에는 현재 두 동이 완전히 분리된 것은 없고, 두 동이 인접한 이동조가 분포한다. 이것은 규슈 남부의 가고시마 현과 미야자키 현에 많다. 한편 가고시마 현의 분동형식은 두 동 사이를 복도가 관통하고, 구마모토 현의 평행분동형은 두 동 사이에 홈통(樋)이 있다. 그리고 아리아케 해(有明海) 연안에는 지붕 형태가 ㄷ자형(竈造, 구도조)과 ㅁ자형(漏斗造, 쇼우코조)인 독특한 민가가 남아 있다. ㄷ자형의 지붕은 정면에서 보며 한 동의 우진각형이지만, 후면에서 보면 3개의 농이 凹자형을 이룬다. ㄷ자형에서 발달한 ㅁ자형은 ㄷ자형 분포지역에서만 보인다.

즉, 규슈 남서부에는 남쪽(류큐)에서 전래된 분동형이 원형이었는데, 생활의 편의를 위해 근접 및 연결되어 이동조가 생겼고, 가

---

6) 小野重郎, 『九州の民家』, 慶友社, 1982, pp.194~195

## 〈표10〉 규슈 민가의 유형과 분포

| 구분 | 단계 | 유형 | 형태 | 분포 |
|------|------|------|------|------|
| 분동형 | 1 | 분동형<br>(分棟型, 別棟型) | | 난세이 제도 |
| 이동조 | 2 | 이동조<br>(二棟造, 分棟型, 別棟型) | | 구마모토 현<br>가고시마 현<br>미아자키 현 |
| | 3 | ㄷ자형<br>(竈造, 구도조) | | 후쿠오카 현<br>사가 현<br>구마모토 현<br>오이타 현 일부 |
| | | ㅁ자형<br>(漏斗造, 쇼우코조) | | 후쿠오카 현<br>사가 현 |
| 일체형 | 4 | 곱은자집<br>(曲家, 鍵屋, 鉤屋, 角屋) | | 후쿠오카 현<br>사가 현<br>구마모토 현 |
| | 5 | 일자집<br>(直家, 直屋) | | 규슈 전 지역 |

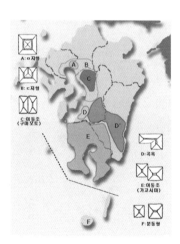

그림24. 규슈 민가의 분포도
(출처 : 小野重郞, 1982, 재작성)

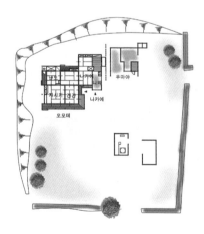

그림25. 규슈 민가의 배치도

사규제에 의해 독특한 ㄷ자형과 ㅁ자형을 구성하였다. 그리고 북동부로 갈수록 일본 본토의 영향을 받은 一자형과 ㄱ자형의 일체형을 세웠다.

## 2) 규슈 민가의 평면구성

일본 민가는 평면구성에 따라 히로마형(廣間型)과 전자형(田字型)으로 대별된다. 동일본의 북륙지방에서 동북지방에는 히로마형이 많이 분포하고, 논농사의 선진지대라 할 수 있는 서일본에서는 대부분 전자(田字)형이 분포한다.

일본 민가의 평면발전은 1칸의 토방(土間, 도마)에서 시작되어, 토방과 마루방(板間, 이다마)의 2칸 형식, 그로부터 3칸 형식의 히로마형을 거쳐 4칸 형식의 전자형으로 이어졌다. 근세 초기에 형성된 '히로마형'은 토방에 면하여 넓은 방(히로마)이 있고 그 안쪽에 접객실(자시키)과 창고방(난도)을 배치한 형식이다. '전자(田字)형'은 히로마를 응접실(테이)과 거실(다이도코로)의 두 방으로 나눈 것이다. 규슈를 포함한 태평양 연안에는 대부분 전자형이 분포하여 한반도 제주도에 겹집이 분포하는 것과 연결된다. 그리고 서일본에서는 현관과 부엌이 몸채의 서측에 구성되는 경우가 압도적으로 많다.

취사공간인 부엌채(나카에)는 넓은 면적으로 내부에 여러 개의 화덕 또는 부뚜막이 있다. 바닥은 전체가 흙바닥인데 일부에 마루를 깔기도 한다. 이곳은 흔히 내정(庭, 內庭, 우치니와)이라 부르고, 취사장이자 비가 올 때나 추운 겨울철에 수확·탈곡·건조 등의 농작업장으로 활용된다. 또 농경의례나 세시풍속, 관혼상제와 같은 특별한 날에는 신령을 송영하거나 봉사하는 신성공간의 구실도 한다.

주거공간인 몸채(오모테)는 신발을 벗고 올라가는 고상으로, 평면은 전자(田字)형을 이룬다. 전열에는 접객실(座敷, 자시키)과 응접실(出居, 데이)이 구성되고 대개 지푸라기로 만든 다다미를 깔았다. 이곳은 가족 구성원들이 공유하는 일상생활의 장이라기보다는 가장이 외부 손님을 접대하는 공간이다. 양자 모두 중세의 관리와 같은 귀한 손님들을 맞이하기 위한 공간에서 유래한 것으로, 17세기 중엽에 부유한 농민이나 상인의 주거에 보급되기 시작했으며, 일반서민의 주거에는 19세기 이후에 보급되었다.

후열에서 응접실 뒤쪽에 위치하는 거실(台所, 다이도코로)은 주로 주부가 사용하는 공간으로 취사와 식사를 하는 곳이다. 바닥은 마루이고, 일반적으로 난방장치인 '이로리(囲爐裏)'가 설치되었다. '이로리'는 마룻바닥을 직사각형 혹은 정사각형으로 파내어 네 변에 나무틀을 설치하고 그 안에 재를 채워 넣는데, 거기에 통나무나 장작 등을 태워 난방과 취사를 겸하는 장치이다. 천장 들보에서 드리운 줄에 무쇠냄비를 매달아 그 높이를 조절하여 취사를 하는데, 쿠로시오 해류가 지나기는 지역에서는 냄비가 불에 직접 닿는 철 받침대를 사용한다. 이 '이로리'의 주위에는 가족의 위계에 따라 앉는 좌석과 명칭이 따로 있었다.

그리고 접객실 뒤쪽에는 대개 창고방(納戸, 난도)이 위치한다. 집의 입구나 현관에서 볼 때 가장 안쪽으로 지역에 따라 침간(寢間, 네마), 오간(奧間, 오쿠노마), 내간(內間, 우치노마) 등으로 불린다. 가옥의 거주공간 중에서 가장 어둡고 폐쇄적인 공간으로 의류나 곡물과 같은 귀중한 가재의 수납공간이자 부부 침실로 사용되었다. 때로는 산실(産室)이나 병실로 사용되며 또 사자의 주검(遺體)을 제일 먼저 모시는 곳이었다.[7]

---

7) 남근우, 「일본의 '가신(家神)'신앙과 농경의례」, 『한국의 가정신앙』, 민속원, 2005

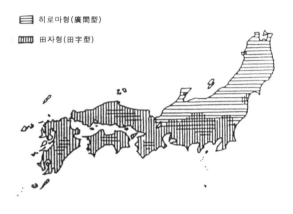

그림26. 히로마형(廣間型)과 전자형(田字型)의 분포

(출처 : 宇杉和夫, 1997)

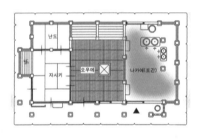

그림27. 히로마형 평면도

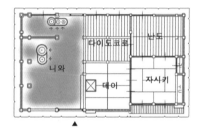

그림28. 전자형(田字型) 평면도

## 3) 규슈 민가의 구조와 조형미

일본 민가는 각 지방마다 다양한 형태를 취하지만, 구조방식은 모두 목조이다. 기둥을 세우고 그 위에 보와 도리를 걸고, 보 위에 동자기둥을 세워 종보를 받치고 종보와 도리 위에 서까래를 걸치고 위에 짚으로 지붕을 덮는다. 기둥은 원래 기둥뿌리를 땅속에 깊이 묻은 굴립주에서 초석을 둔 형태로 변화하였고, 기둥을 세우는 방법을 보면, 오래된 것은 1칸마다 기둥을 세웠는데 점차 기둥을 생략하거나 주요 부분에 굵은 기둥을 두어 평면구획을 자유롭게 하고 외부에 큰 개구부를 두었다. 중앙 쪽에 특히 큰 기둥을 소위 대흑주(大黑柱, 다이코크바시라)라 하고 중시하였다.

규슈 민가의 가구구조는 대들보의 길이가 2칸이나 3칸 이하인 점이 특징이다. 그래서 큰 규모의 집이 적고, 집을 크게 하기 위해서는 채를 덧붙여 二자형, ㄷ자형, ㅁ자형 등을 이루었다. '구도조'는 지붕이 ㄷ자형으로 보칸이 좁고 부재가 짧으며 지붕틀이 ㄷ자형으로 꺾여서 구조적으로 강하고 높이도 낮아서 풍압을 덜 받는 것이 특징이다. '쇼우코조'는 지붕이 ㅁ자형으로 바람에 더욱 강한 구조인데 구도조로부터 발전한 것으로 추정하고 있다. 이처럼 보칸이 작은 민가의 발생 이유는 태풍의 피해를 최소화하여 필요한 방을 확보하기 위한 결과로 보기도 한다.[8]

그리고 외벽은 원시적인 민가에서는 풀과 갈대를 사용하다가 점차 판벽과 토벽을 세워 폐쇄적으로 구성하였다. 근세에는 상류층의 영향을 받아 전면부에 창호를 둔 개방적인 벽체로 변하였다. 오사카 근교의 일본민가집락박물관에 이축된 나가사키 현의 구 야마다(山田) 주택은 18세기 후반의 것으로, 토방에 굴립주를 세우고 외벽은 갈대(茅)로 덮은 원시적인 형태를 하고 있다. 이러한 띠벽의 민가가 가고시마 현에도 존재했지만 지금은 없다. 또 규슈 남부에는 토벽이나 판벽에 대나무벽을 부가하거나, 돌벽으로 쌓기도 한다. 이것은 태풍과 집중호우로부터 집을 보호하기 위해서이다. 규슈의 오두막은 때때로 토벽을 두껍게 하거나 돌을 쌓아서 만들었다. 나가사키

---

8) 일본민속건축학회, 앞의 책, pp.319~320

현 고토지방에도 부속채의 측면·전면을 돌로 쌓은 것이 있고, 쓰시마에는 해조류를 보관하는 돌벽의 오두막(肥料小屋)과 돌지붕의 창고(石屋, 이시야)가 있다.

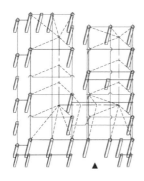

그림29. 규슈 ㄷ자형 민가의 가구구조

그림30. 나가사키 구 야마다(山田) 주택 : 일본민가집락박물관에 이축된 민가로 외벽은 갈대(茅)로 덮은 원시적인 형태를 하고 있다.

# 3. 규슈 민가의 다양화

## 1) 규슈 남서부의 이동조 민가

• 지란 아리무라 히사오가 주택

(有村久雄家 住宅, 19세기 초, 마치지정문화재)

: 가고시마 현 가와나베 군 지란(鹿兒島縣 川辺郡 知覽町)

규슈 남부인 가고시마 현의 지란마을은 성곽도시(城下町)로 유명한 곳이다. 마을의 남쪽 기슭에 위치한 이 주택은 19세기 초에 건립되었는데 지금은 식당으로 영업 중이다. 넓은 대지에 주거공간인 몸채(오모테)와 취사공간인 부엌채(나카에) 그리고 마구간(우마야)의 3개 건물이 연속적으로 세워져 있다. 이동조는 생활상의 불편으로 점차 근접하는데, 이 '지란형 이동조'는 동서방향의 용마루를 지닌 몸채와 남북방향의 용마루를 지닌 부엌채가 합쳐진 것으로, 그 사이에 횡방향으로 작은 채(棟)가 첨가된 일본민가에서도 독특한 사례이다. 지붕은 열쇠형(掛造型)의 초가이다.

몸채는 고상의 전자(田字)형으로 전열에 접객실(자시키)과 현관이 있는 협실(츠기노마)이 있고, 후열에 창고방(난도)이 있다. 부엌채는 원래 전체가 토방이었지만 지금은 토방보다 마루 부분이 넓다. 실내는 남서쪽 이외에는 창이 작고 판벽이 많아 어두운 편이다. 몸채와 부엌채 사이에는 두꺼운 판문이 있고, 바닥도 부엌채 쪽이 20㎝ 정도 낮아 이질성을 보여준다. 마구간의 우측에는 응회암을 쌓은 퇴비간이 있다.

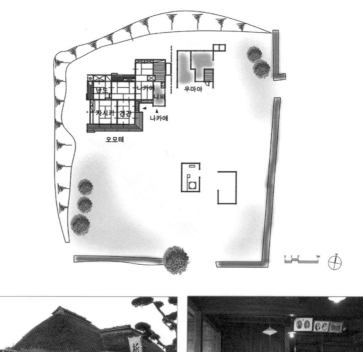

그림31. 지란 아리무라 히사오가 주택 평면도와 전경

• 구마모토 사카이가 주택(境家 住宅, 1830년, 국가지정문화재)
  : 구마모토 현 다마나 군 교쿠토(熊本縣 玉名郡 玉東町 原倉)

사카이가 주택은 1830년에 건립된 것으로, 원래는 구마모토 현 다마나 군 교쿠토에 위치했지만 지금은 키쿠수이 민가촌(菊水町民家

村)에 옮겨져 있다. 구마모토 현 북부에 많이 분포하는 이동조 민가로 몸채와 부엌채가 접해 있고, 그 접합부에 8매의 기와홈통(中樋)이 설치되어 빗물을 흘려보낸다. 이 주택은 정면에서 보면 一자형으로 보이지만 배면에서 보면 2채가 길게 접합된 독특한 형태이다. 구조적으로 二자형에서 ㄷ자형(구도조)으로 변화하는 과정에 있는 집이다.

우측의 부엌채는 보칸 2칸으로 기둥의 외측으로 독립된 토벽이 설치되어 비바람을 막는다. 실내의 중간에는 대흑주가 서 있고, 아궁

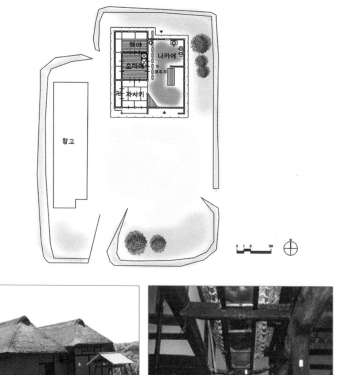

그림32. 구마모토 사카이가 주택 평면도와 전경

이쪽 기둥에는 화신(火神)을 모셨다. 좌측의 몸채는 보칸 2.5칸으로 전면으로부터 접객실(자시키) · 거실(오마에) · 광(헤야)으로 구성되어 있다. 접객실에는 다다미를 깔고 불단을 설치하였고, 거실은 가족단란의 장소로 마룻바닥에 이로리를 두었다.

이러한 ㄷ자형 민가(구도조)가 형성된 원인으로는 바람의 영향을 적게 받고 부재를 절약할 수 있으며, 막부(幕府)시대 보길이를 제한한 가사규제 때문이라고 한다.

- 구마모토 구 마쓰나가 주택(舊 松永 住宅, 1840년)
  : 구마모토 현 야마가 시 나베타(熊本縣 山鹿市 鍋田村)

구마모토 현의 이 민가는 1840년 야마가 시 나베타 마을에 건립된 것을 1980년 야마가 박물관(山鹿博物館)에 이축한 것이다. 이동조 민가가 확대된 것으로 몸채와 부엌채의 3채가 접해 있고, 그 접합부에 홈통이 설치되어 있다. 정면의 지붕은 一자형이 직각으로 3개 동이 병렬하여 돌출해 山자형(구도조)을 이루었지만, 전쟁 전에 좌측의 지붕이 파괴되어 현재는 ㄷ자형이다. 부농의 주거로 긴 도리와 보로 넓은 평면구성을 하고 있다.

실내의 우측에 넓은 토방인 부엌채가 위치하는데 중심에 대흑주, 뒤쪽에 부뚜막, 접합부 상부에 홈통이 설치되어 있다. 좌측의 고상부는 기본적으로 전자(田字)형으로 응접실(오모테)과 이로리가 있는 거실(오쿠)이 있고, 그 좌측에 장식벽감(도코노마)과 불단을 둔 접객실(자시키)이 남아 있다. 전쟁 전의 평면도를 보면 접객실 뒤쪽에 창고방(난도)이 있고 그 위쪽으로도 홈통이 지나가서 지붕골에 모이는 빗물을 뒤쪽으로 배출하였음을 알 수 있다.

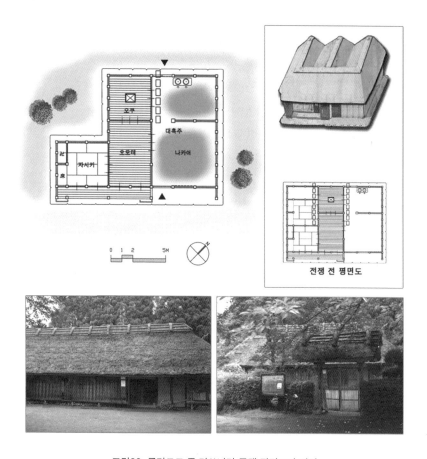

그림33. 구마모토 구 마쓰나가 주택 평면도와 전경

- 사가 야마구찌가 주택(山口家 住宅, 19세기 후반, 국가지정문화재)
  : 사가 현 사가 군 카와조에(佐賀縣 佐賀郡 川副町 大字大詑間 930)

규슈 서부인 사가 현에서 넓은 지쿠고 평야를 관통해서 흐르는 지
쿠고 강 하구의 삼각주에는 ㅁ자형(쇼우코조) 민가가 산재한다. 이 주
택은 19세기 후반에 건립된 것으로 이 지방 ㅁ자형의 농가 중에서
가장 고형(古形)이다. 지붕이 낮고 처마가 지면에 가깝게 내려온 원
시적인 모습으로, 중앙에 집중된 빗물이 토방 위를 관통하는 기와홈

통을 통해 외부로 배출되는 독특한 구성을 하고 있다. 지붕 재료는
이 지방에서 자생하는 갈대로 수명은 30~40년 가고, 외벽 하단부의
초벽과 토벽도 근처에서 조달한 재료이다. 정면의 일부에는 기와를
설치하였고, 입구 우측에는 마구간이 돌출해 있다.

평면은 정면 5.5칸 × 측면 5.5칸의 규모로, 토방의 취사공간과 고
상의 거실공간으로 종분할 된 형식이다. 토방에는 부뚜막, 설거지
대, 우물이 있고 부뚜막 쪽의 기둥에 조왕(荒神)을 모시고 제사를 지
낸다. 고상에는 중앙에 거실(나카에)이 위치하고, 좌측에는 6첩의 창
고방(난도)이 있고, 전면에 맹장지문(襖, 후스마)을 열면 8첩의 접객실

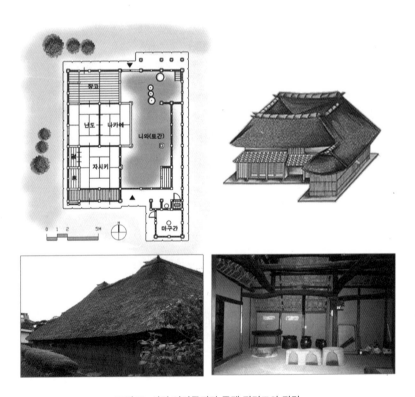

그림34. 사가 야마구찌가 주택 평면도와 전경

(자시키), 후면에는 창고가 있다. 접객실에는 장식벽감(床間, 도코노마)과 불단이 나란히 있고, 전면에 반 칸의 툇마루가 설치되어 있다.

이 지방에 독특한 ㅁ자형(쇼우코조) 지붕의 형성에 대해, 첫째 봉건시대에 신분에 따라 보길이를 2칸으로 한정하였고, 둘째 이 지방은 바닷바람이 강하여 잦은 폭풍해일에 대비한 것이며, 셋째 구마모토현에서 많이 보이는 이동조 민가의 영향이라고 한다.[9]

## 2) 규슈 중북부의 일체형 민가

• 나가사키 구 혼다가 주택
(舊 本田家 住宅, 17~18세기 중기, 국가지정문화재)
: 나가사키 현 나가사키 시 나카사토(長崎縣 長崎市 中里町 1478)

나가사키 시의 동북 외곽 구릉지에 위치한 이 주택은 현 내에서 오래된 민가 중 하나로, 17세기 말에서 18세기 중반에 건립되었다. 자영농이 경영한 중류농가로 ㅡ자형의 일체형 민가이다. 특징적인 지붕은 전체에 반칸의 차양을 둘러서 단차가 있고, 띠 다발로 마룻대를 누르고 있다.

평면은 정면 5칸 × 측면 2.5칸 규모의 히로마형이다. 문을 들어서면 오른쪽에 넓은 토방인 부엌(나카에)이 있다. 그 내부에 2개의 부뚜막과 그 뒤쪽에 물통이 있다. 그리고 2개의 독립된 기둥이 세워져 있는데 중앙의 기둥은 가장 커서 2칸 반의 보를 지지하고, 2개소에 인방을 넣어서 기둥 간에 보와 도리를 격자로 결구해서 넓은 공간을 확보하고 있다.

---

9) 일본건축학회(日本建築學會), 『總攬 日本の建築 9』, 新建築社, 1999, p.119

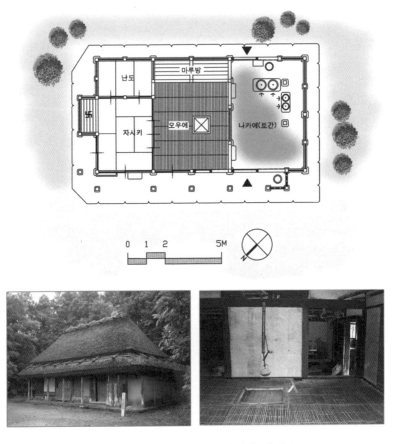

마루방

난도

오우에

나카에(토간)

자시키

0 1 2       5M

그림35. 나가사키 구 혼다가 주택 평면도와 전경

    중앙에 위치한 넓은 방인 거실(오우에, 히로마)은 대나무 바닥으로 중앙에 이로리가 있고, 사다리풍의 불선반(火棚)을 두었다. 이곳은 가족이 가장 많이 이용하는 중심공간으로, 간단한 취사, 식사, 가족 단란의 장소이고 접객공간과 작업장도 겸한다. 왼쪽의 전열은 6첩의 접객실(자시키)로 불단이 설치되어 있고 후열은 3첩의 창고방(난도)으로 협소하고 폐쇄적이지만 따로 문은 없다. 이전에는 접객실과 창고방의 바닥도 다다미가 아닌 대나무였다고 한다. 접객실 입구와 창고방 입구에 2칸 반의 대들보가 걸려 있다. 거실과 토방과의 경계에는 1칸 크기의 토벽이 세워져 있다. 접객실에 툇마루가 없고 거실이 폐쇄적인 것에서 건축 연대가 오래되었음을 알 수 있다고 한다.

- 쓰시마 슈토가 주택(主藤家 住宅, 19세기 중반, 국가지정문화재)
  : 나가사키 현 쓰시마 이즈하라(長崎縣 下縣郡 嚴原町 大字豆酘 2752)

이 주택은 대한해협에 위치한 쓰시마 섬에서 가장 오래된 민가

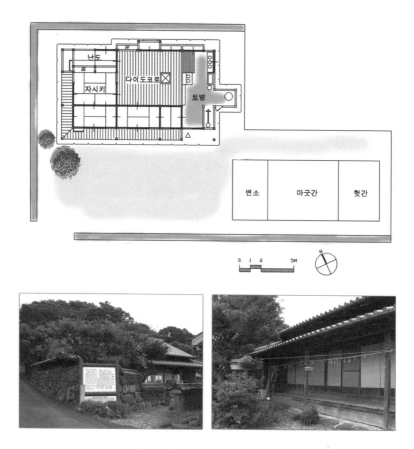

그림36. 쓰시마 슈토가 주택 평면도와 전경

중 하나로 19세기 중엽에 건립되었다. 집 주위에는 높이 1.8m 두께 90cm의 이판암(泥板岩)으로 된 돌담이 둘러져 있다. 지붕은 맞배지 붕지만 남북서쪽에 차양지붕을 설치했고 큰 박공면은 판재를 세로로 길게 해서 강한 풍우에 대비하였다.

一자형 평면에서 우측의 토방은 아주 협소하지만, 좌측의 고상은 히로마형의 3칸 × 2.5칸으로 크다. 거실(다이도코로)을 중심으로 좌측에 6첩의 접객실(자시키)과 창고방(난도)이 구성되고, 독특하게 남측으로 폭 1칸의 실과 툇마루가 남서방향으로 부가되어 있다. 거실의 뒷부분에는 판상형 기둥이 서 있는데, 이것은 동남아에서 보이는 기둥형식이다. 그리고 천장에는 활모양으로 된 대들보를 격자로 결구해 독특한 조형미를 이루고 있다.

### 3) 규슈 북부의 창고

• 쓰시마 시이네 돌지붕 창고군
(椎根 石屋根, 1860~1928년, 현지정문화재)
: 나가사키 현 쓰시마 이즈하라
(長崎縣 下縣郡 厳原町 大字椎根字浦原 689)

맑은 날이면 부산에서도 보이는 쓰시마 섬의 시이네 강(椎根川) 상류에는 돌지붕 창고(石屋, 이시야)가 강 한쪽에 10채와 그 반대측에 3채가 나란히 자리 잡아 독특한 풍광을 이룬다. 이러한 창고는 예부터 화재로부터 곡식 등을 보호하기 위해서 주택지에서 벗어난 강 근처에 세웠고, 바람에 대비하여 지붕을 돌로 덮은 것이다. 초가나 너와로는 겨울 편서풍을 견뎌낼 수 없었고, 당시 농민이 기와로 지붕을 이는 건 금지되어서 대신 택한 것이 돌이라고 한다.

돌지붕 창고는 높이 70cm로 절단한 돌기단 위에 바닥을 40cm 띄운 고상의 목조이다. 그리고 지붕은 쓰시마 시마 산(島山)에서 산출한 편평한 이판암으로 차곡차곡 쌓아 덮었고, 무거운 지붕을 지지하기 위해 차양기둥을 세웠다. 이 지역 창고의 규모는 대부분 5칸 × 3칸인데, 내부를 나누어 3칸에는 곡식을 넣고 2칸에는 의류와 가구를 넣었다. 네 모퉁이의 기둥은 정방형이지만 벽면의 기둥은 판상형인 것이 특징이다.

그림37. 쓰시마 돌지붕 창고군 입면도와 전경

제5장

류큐의 주문화

# 1. 류큐의 문화

## 1) 류큐의 지리와 풍토

동중국해의 동쪽에 있는 오키나와(沖繩)는 과거 류큐왕국(琉球王國)이 존재했던 곳으로 일본 본토와는 다른 역사, 문화, 언어를 가지고 있다. 이곳은 일본 규슈에서 타이완까지 이어지는 약 1,300km의 열도로 해상에 크고 작은 섬 160여 개가 활처럼 연결되어 있어 난세이제도(南西諸島)라고 하는데, 동쪽으로 태평양과 접하고 있다.

난세이제도는 지리적으로 오스미제도(大隅諸島)·토카라제도(吐噶喇諸島)·아마미제도(奄美諸島)를 포함하는 사쓰난제도(북부권), 오키나와 본섬을 포함하는 오키나와제도(중부권), 미야코제도(宮古諸島)·야에야마제도(入重山諸島)를 포함하는 사키시마제도(先島諸島, 남부권)로 나뉜다. 과거 류큐국의 활동범위는 북부지역까지였으나, 17세기에 규슈 사츠마번(薩摩藩, 현재의 가고시마)의 침공으로 아마미제도까지 복속되면서 오키나와 본섬과 사키시마제도로 축소되었다. 그로인해 북부권은 사츠마·가고시마의 문화와 직접적으로 접촉하면서 변화하였고 중부권이 류큐문화의 중심이 되었다.

오키나와 본섬은 남서쪽으로 길게 뻗은 화산섬으로 길이 130km,

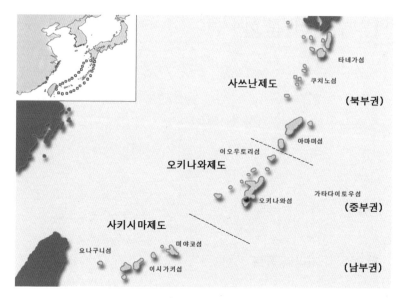

그림38. 류큐 주문화권

너비 10km의 면적은 약 1,188km²로 제주도 면적과 비슷하다. 북부는 산악지대이며 중남부는 평탄한 지대로 취락은 대부분 남부에 형성되었다. 오키나와 본섬은 규슈에서 685km 정도 떨어져 있으며, 가장 남쪽의 섬인 요나구니 섬은 타이완에서 불과 100km 거리에 있어서 일본 본토보다는 오히려 타이완에 가깝다.[1]

난세이제도의 기후는 아열대에 속하나 쿠로시오 난류의 영향으로 무더운 계절은 오히려 짧으며 거의 봄 날씨에 가깝다. 평균기온은 겨울이 17°C, 여름이 28°C이며 연평균 기온은 22~23°C로 높은 편이다. 연강수량은 2,100mm 정도이고 4월~10월까지 비가 올 듯한 날씨가 계속되어 습도가 높다. 그리고 지리적으로 남하하면서 점차

---

1) 일본민속건축학회, 앞의 책, pp.322~325; 국립제주박물관, 『탐라와 유구왕국』, 국립제주박물관, 2007, p.10

열대성을 더해가는 동시에 태풍의 영향이 커진다. 태풍의 진로선상에 있어 발생빈도가 연 7.4회로 제주도보다 높고, 도서지역인 관계로 동일한 풍속이라도 내륙보다 2배의 풍속을 갖는다. 또한 쿠로시오 난류의 영향으로 산호초가 섬 주변으로 넓게 발달하였는데, 이것이 오랫동안 퇴적되어 형성된 석회암은 예부터 건축 재료로 사용되었다.

## 2) 류큐 민가의 형성요인

### 역사

류큐는 오랜 신석기 문화인 패총(貝塚)시대를 거쳐 12세기 분권적 농어업 국가였던 구스쿠(城)시대를 열었다. 15세기에 중앙집권적 국가인 류큐왕국이 성립되어 독자적인 문화를 발전시켰고, 19세기 후반에 일본에 복속되어 오늘에 이르렀다.

류큐에 사람이 살기 시작한 것은 약 32,000년 전인 구석기시대로 추정되며, 이후 신석기시대에 산호초에 서식하는 야공패 등의 조개를 한·중·일과 교역하면서 이룩한 패총문화가 12세기까지 지속되었다. 12세기 들어 농경의 확대와 철기의 사용 등으로 본격적인 농경사회로 전환되면서, 각 지역에서는 아지(按司)라는 부족장들이 나타나 성곽(구스쿠)을 축조하고 주변지역을 지배하는 정치세력으로 군림하였다. 14세기에는 이 세력들이 북산·중산·남산(北山·中山·南山)의 3개의 작은 국가를 성립한 삼산(三山)시대를 열었으며, 각각 독자적으로 중국 명(明)나라와 조공관계를 맺고 해상교역을 펼쳤다.

1429년에 중산의 쇼하시(尙巴志)에 의해 삼산시대는 끝나고 류큐왕국으로 통일되었다. 특히 제3대 쇼신왕(尙眞王, 재위 1477~1526)은 대내적으로 남쪽 영토 확장, 아지의 집거, 지방통치의 강화, 신녀 조직의 확립, 왕성한 조영사업 등 획기적인 시책을 추진하였다. 그리고 대외적으로 조선, 중국(명), 일본, 동남아시아와 활발한 중계무역을 통해 해상왕국으로 번영을 이루어, 15~16세기까지 류큐의 황금시대를 열었다.

그런데 1609년 일본 에도막부(江戸幕府)의 정치·경제적 필요에 의한 사츠마번의 침입에 굴복하여, 중국과 일본 양국의 간섭과 지배를 받았다. 1872년 메이지 정부에 의하여 류큐번(琉球藩)으로 격하되었고, 1879년 군대를 동원한 일본에 의해 국왕이 폐위된 뒤 오키나와 현(縣)으로 개칭되면서 류큐국은 역사 속으로 사라지게 되었다(류큐처분). 그러나 류큐국은 1429년 성립되어 1879년까지 약 400년이라는 장구한 세월 동안 그 독자성을 잃지 않고 류큐의 여러 섬에 군림하였다.[2]

그래서 류큐문화는 남방의 여러 지역에서 들어온 문화의 바탕 위에 중국 화남문화와 일본문화의 특색이 더해져 복합문화를 형성하였다.

### 종교

류큐 사회는 고유의 민간신앙이 강하게 뿌리내리고 있어서 13~14세기 전해진 불교·유교는 새로운 문화로 받아들였지만 종교로서의 침투력은 약했다. 류큐에서는 예로부터 숲, 바위, 우물 등에 무수

---

2) 국립제주박물관, 앞의 책, pp.14~15 : 1458년에 슈리성(首里城) 정전(正殿)에 걸렸던『만국진량의 종(萬國津梁の鐘)』은 해상무역으로 번성했던 류큐국의 기개를 보여주며 슈리성의 코우노우키(京の内)와 각지 구스쿠(城)에서 출토되는 무역도자기, 역대 왕국의 외교문서인『역대보안(歷代寶案)』등의 기록은 당시 해상무역의 번성을 말해준다.

한 신령이 있다고 믿었다. 작은 동산이나 영험한 숲 등에 설치된 성역인 우타키(御嶽)는 마을 수호신(조상신)이 머무는 곳이고, 수평선 너머 이상향에 사는 신(니라이카나이)이 풍작과 행복을 가져다준다고 믿었다. 우타키에는 신녀(女神, 가민츄)라 부르는 '노로'와 '츠카시' 등의 여성신녀들만 출입할 수 있었다. 이러한 우타키는 주로 난세이제도에 분포하며 18세기에는 약 900여 곳이 있었다고 한다.[3]

또 류큐 개국설화인 '오나리 신앙'[4]을 보면 천제의 손자·손녀가 나라를 세웠는데 오빠는 왕이 되고 누이는 '노로(사제)'가 되었다고 한다. 이 설화에 드러나듯이, 류큐에서는 오랜 옛날부터 여자들이 남성형제들의 수호신이면서 크고 작은 제사를 주관하는 사제였다. 류큐에 중앙권력이 확립되기 전에는 부족장의 딸 또는 그 문중의 미혼녀 중에서 적임자가 선정되어 입무식을 거쳐서 노로가 되었다. 노로는 신명(神名)을 계승하는 현인신(現人神)이 되어 신에게 인간의 소원을 아뢰는 한편 신의 말씀을 인간에게 전했다.[5] 이 오나리 신앙은

---

3) 국립제주박물관, 앞의 책, p.42 : 류큐국시대에는 류큐왕부에서 직접 관할했던 세와우타키(齊場御嶽)가 있다. 이곳은 류큐국의 최고 신녀인 기꼬에오기미(聞得大君)의 취임식과 국가적인 제사를 치렀던 곳으로 성소로 여겨지고 있다. 바위가 쪼개어진 형상의 삼각암인 산구이(三庫理) 내에서 금·옥·유리로 만든 옥제품과 중국산 청자완, 접시, 동전, 금제 염승전 등의 중요한 유물이 한 곳에서 출토되었다. 이것은 지신(地神)에게 기원하는 의식을 행한 후 한 곳에 매납한 것으로 보이며 당시 류큐국의 신앙을 엿볼 수 있다.

4) 옛 오키나와인 류큐에서는 여성의 영력이 특히 남자형제에게 강력히 작용하여 수호신처럼 남자형제를 지킨다고 생각된 것이 '오나리 신앙'이다. 이 신앙에 의해 남성이 바다로 고기 잡으러 갈 때에는 여자형제에게서 받은 물건(머리카락, 수 놓은 수건)을 부적으로 지니는 습속도 있었다.

5) 오키나와에는 두 계통의 무속이 존재한다. 가정·문중·부락 등의 제사를 주관하는 '노로(祝女)' 계통의 무속과 점복·치병·영매 등의 직능을 수행하는 '유타(샤먼)' 계통의 무속이다. 노로가 세습무이고 유타가 강신무인 점이 다른데, 이들은 모두 여성이었다.

종교적 차원에서 여성의 지위가 상당히 높은 것으로 모계사회의 흔적으로 볼 수도 있다.

류큐 민가에는 그들의 일상생활과 밀접한 민족신앙이 내재되어 있다. 집의 수호신인 불의 신(火の神, 히누칸)에게 악한 기운으로부터 자신을 보호해주기를 기원하였는데, 불의 신은 삼체(三體)의 신, 태양신(여신), 조상신(朝先神)으로 섬겼다. 이 신앙에 따라 주택 구성에서 방위가 중요하였는데, 특히 류큐에서는 동쪽을 신이 출입하는 방위로 존중하고 역으로 서쪽을 기피하였다. 그래서 몸채에서는 1번좌(番座)가 동면하고 그 전방에 정원이 위치하고, 서쪽으로 2번좌 3번좌를 두어 방을 서열화하였다. 배치에서도 몸채를 중심으로 서측에 부엌채와 축사를 배치하였다. 그리고 중국과 교류로 집터의 입구에 차면담(힌푼)과 기와지붕 위에 시사(사자모양 수호신), 도로에 돌출된 액막이돌(石敢當, 이시칸토우) 등을 두었고, 일본과 교류로 조상에게 제사를 드리는 불단을 몸채의 중앙에 구성하였다.

### 가족제도

류큐의 친족제도는 쌍계적인 친척(bilateral kindred)과 부계의 출계집단이 공존하는 것이 특징이다. 쌍계친은 일정한 관계의 범위 안에 들어오는 친족에 대해서는 어머니 쪽과 아버지 쪽을 차별하지 않고, 친족관계에 기초해서 꼭 같이 자신의 친척의 범주 속에 포함시킨다. 이것은 마을 수준에서 제도화되어 있지는 않고, 친족유대의 수평적인 확대로 특징 지을 수 있다. 류큐의 쌍계친은 조상제사를 제외한 사회생활의 거의 모든 영역에서 중요한 역할을 수행한다. 그것은 농사 활동, 통과의례, 가옥 신축 등을 포함하여 가정에서 협동 작업을 필요로 하는 거의 모든 영역에서 협동 집단으로서의 중요한 역할을 담당하고 있다. 그러나 재산상속 및 가계계승과는 전혀 상관이 없다.

그런데 17세기 후반에 류큐사회에 문중(門中, 문츄)이 등장하였고, 이것은 오키나와 본도의 슈리(首里)와 나하(那覇) 지역에 거주하는 지배계층인 사족(士族)들을 중심으로 형성되었다. 문중과 같은 부계 친족제도는 사회조직의 원리일 뿐만 아니라, 조상숭배, 재산 및 가계 상속, 정치과정, 물질적인 기반 기술(특히 농업기술)의 발전 등과 같은 문화의 다양한 영역과 밀접한 관련이 있는 하나의 '문화복합'이다. 일본 본토에서는 찾아볼 수 없는 문중조직과 족보의 유래는 오히려 중국이나 한국과 유사하다.[6)]

즉, 류큐의 가족제도는 모계제에 기반한 쌍계친족제도였는데, 17세기 본도의 사족을 중심으로 부계제를 바탕으로 한 문중과 같은 친족제도가 공존하게 된 것으로 보인다.

### 마을구성

류큐의 촌락(古村, 무라)은 '시마(島)' 또는 '사토(里)'라고 불리는데 차가운 북풍을 막기 위해 숲이 우거진 산과 작은 언덕(腰当, 코시아테)을 배경으로 남면하는 것을 선호하였다. 그곳에는 마을 수호신(조상신)을 모시는 성스러운 곳인 '우타키(御嶽)'가 있다. 그리고 마을의

---

6) 하우봉 외, 『조선과 유구』, 대우학술총서 450, 아르케, 1999, p.21 : 류큐의 신분제도 원형은 16세기 초에 정립된다. 크게 사족(士族)과 평민(平民)으로 구성되는데, 사족은 왕족, 아지(按司), 관료와 그들의 자손들을 포함하였고, 평민은 도시에 살고 있는 귀족 가족에 딸려 있는 경우가 아니라면 주로 농촌의 농민들이었다. 사족 사이에는 "연령, 관직의 등급, 세습적인 지위에 따라서 직위, 복식, 그리고 특권에 있어서 현저한 차등이 있었다." 대부분의 사족은 행정 중심인 슈리나 산업 및 상업의 중심인 나하에 살면서 왕실을 위해 일하거나 자신들의 사업에 종사하였고, 납세의 의무로부터 면제되어서 부를 축적할 수 있었다. 그래서 가계계승과 재산상속은 유교적인 원리에 따라서 부계적인 편향을 강하게 보이고, 공동의 자손들은 그들의 유명 조상들의 명예나 번영을 공유하기 위해 문중 시조의 그늘 아래에 뭉쳤을 것으로 보고 있다.

가장 높은 곳에 수장의 집(根屋)이 있으며, 그다음으로 높은 곳의 양쪽에 두 번째로 신분이 높은 사람들의 집이 있고 그 전면에 부채꼴 모양으로 주민들의 집(분가)이 언덕 아래까지 넓게 분포한다. 그러나 작은 섬에서는 이와 같은 좋은 땅을 확보하기는 어려워서, 산과 구릉을 중심으로 모든 방향에 집락이 위치하고 때때로 북향하는 것도 있다. 그 경우에는 산 쪽을 영험한 숲(腰当森, 코시아테 숲)으로 하고 태양이 뜨는 동쪽을 상위(東신앙)로 대지 구성을 하여 산쪽을 주거의 배후로 동쪽에 상위의 건물을 둔다. 그 주변으로 촌락공유지[7]인 전답, 산림 그리고 어장이 위치하였다.

마을은 구수크시대에는 우타키 주변인 구릉 위에 형성되었는데, 점차 평지로 내려왔다고 한다. 그리고 마을의 도로는 옛것은 불규칙한 형태지만 근세에 계획된 것은 바둑판 모양(井然型)이 많아서 각 집터는 장방형이 되었다. 민가는 도로 방향에 따라 배치되어 남면하는 것이 일반적인데, 상세히 보면 방위계석(카라파이)의 마주 보는 남북측이 많고, 일부가 서가 동에 걸쳐진 남남서와 남남동으로 향하고 있다.[8]

한편 상기의 촌락(古村, 무라)과는 다른 옥취집락(屋取集落)이 있다. 이곳은 구성원이 평민을 중심으로 하는 무라와는 달리 대부분 사족층으로, 일찍이 나하, 수리에서 관직을 하던 사족 일부가 농촌에 유

---

7) 진필수, 「촌락공유지의 변천과정을 통해 보는 지역사」, 『경계의 섬, 오키나와』, 논형, 2003, p.324 : 지와리 제도(地割制度, 류큐왕국의 토지 및 조세제도)하에서는 하나의 촌락공동체가 농지를 비롯하여 영역 내에 사용 가능한 모든 토지를 공유하면서 촌락구성원들에게 경작지를 균등하게 배분하는 것을 원칙으로 하고 있었다. 촌락공동체가 일정 기간마다 토지의 등급을 재산정하여 경작지를 재배분하는 것은 이러한 균등 배분의 원리를 철저화하기 위한 것이었다.
8) 일본민속건축학회, 앞의 책, p.322

입하면서 17~18세기에 형성되었다. 옥취집락은 우타키를 중심으로
한 제사 공간과 제사 시설이 없고, 산거적인 주거지와 불균등한 토
지분할 등으로 무라의 공간 구성과는 큰 차이를 가진다.

### 3) 류큐와 교류

류큐인들은 바다를 정복한 해양도래 민족으로, 일찍부터 남방과
북방의 통로의 역할을 맡아왔다. 류큐는 남태평양 섬들과 동남아시
아, 중국 남부 문화를 받아들여 일본으로 남방문화를 전해준 징검다
리의 역할을 하였을 뿐만 아니라 류큐 자체는 중국 · 일본 등의 문
화를 수용하기도 하였다.[9] 특히 류큐국은 14세기 후반부터 동북아
시아의 역사무대에 등장하면서 15~16세기에는 중국 명(明)과 책봉
· 조공체제를 큰 축으로 조선, 일본 및 동남아시아 등과 대외교역을
하며 동북아시아 국제질서 속에 능동적으로 참여하였다. 그러나 16
세기 후반 중국이 직접 남방 제국과 무역을 하면서 중계무역을 바탕
으로 한 류큐의 해외교역은 쇠퇴하였다.

우리나라와 류큐국의 공식교류는 고려시대부터 시작되었다. 류큐
의 슈리성에서 '계유년 고려의 기와기술자가 만듦(癸酉年高麗瓦匠造)'
이라는 명문이 새겨진 기와(1273년 제주된 것으로 추정)가 나왔고, 류
큐의 사신이 우리나라에 최초로 파견된 것이 고려 말인 1389년이었
다. 조선시대에는『조선왕조실록』에 류큐 관련 글이 1392~1840년
까지 총 437건이 기록되어 있다. 이를 조선과 류큐의 관계에 따라
구분하면 조선 전기의 직접교린체제기, 조선중기의 간접교린체제

---

9) 최길성, 「오키나와 형매 관계의 사회인류학적 고찰」, 『민족과 문화Ⅱ』, 정음사,
   1988, p.403

기, 조선 후기의 표류민 송환체제기로 구분할 수 있다.[10]

조선 전기인 1392~1524년 동안 류큐는 48여 회의 사절단을 보내올 정도로 적극적이었고, 조선은 류큐의 관계를 교린(交隣)이라는 대외정책에 의거하여 처리하였다. 이 시기 양국 간에는 대장경과 불교 서적 등 조선 불교문화 및 사원축조기술이 전래되었고[11], 류큐로 부터는 변선 제작기술 등의 도입이 시도되었다. 임진왜란 시 류큐는 도요토미 히데요시(豊臣秀吉)의 전쟁 협력 명령을 거부하고 오히려 조선과 명에 협조하였다. 이로 인해 1609년 사츠마번의 침공을 받아 반 속주화되면서 정부차원의 직접적인 통교는 사라지고 명(明)을 통한 간접통교가 있었다. 조선 후기에는 청(淸)을 통한 간헐적인 표류인 송환이 이루어졌다.

특히 류큐와 제주도 사이에는 쿠로시오 해류가 흘러서 이를 이용하면 비교적 짧은 시간에 도달할 수 있어서 예부터 두 지역 주민들이 자주 표류하는 등 왕래가 빈번하였다. 그래서 김비의(1479), 장한철(1771), 문순득(1802) 등의 표류기가 남아 있다.

---

10) 하우봉 외, 앞의 책, pp.5~6
11) 1492년 완성된 류큐 최대의 사찰 원각사(圓覺寺)는 조선의 세조가 건립한 원각사를 본떠서 만들었다고 하며, 건축양식에도 조선양식이 많이 가미되어 있다고한다.

그림39. 류큐의 나가구스크(中城城) : 14세기 말에 건설된 이 성은 산호질 석회암으로 만들어
졌는데, 류큐왕국의 발달된 석공기술을 엿볼 수 있다.

# 2. 붉은 기와지붕의 류큐 민가

## 1) 류큐 민가의 배치

오키나와는 아열대에 속하는 고온다습한 지역으로, 이곳의 건축은 긴 여름을 견디고 또 강한 햇살, 매년 오는 강력한 태풍, 이에 더해서 흰개미의 피해 등도 대비해야 했다. 그래서 류큐 민가는 일반적으로 도로에 남면하고 지면을 조금 판 장방형 대지에 폭 1m, 높이 2m 내외의 돌담(야시키 가코이)을 두르고, 그 안쪽에 바람에 강한 용나무(榕樹)와 후쿠기(福木) 등을 심었다. 대지의 중앙에 놓이는 몸채(우후야)와 그 서쪽에 별동형 부엌(토구라)의 구성이 일반적이고, 그 외 은거소(離座敷, 아사기), 헛간, 축사 등의 부속채를 두었다. 보통 동쪽에 정원을 구성하고, 북서쪽에 돼지우리 겸 변소(후루)를 설치하였다. 오키나와의 방위관은 통상 동쪽은 서쪽에 대해 우월하여 남자, 연장자, 먼 조상이나 집안의 신(神)은 동쪽에 위치한다.[12]

지붕은 원래 짚으로 덮고 굵은 줄로 그물처럼 얽어매었는데, 19세기 후반에 붉은 기와가 보급되면서 오늘날 오키나와의 독특한 풍광

---

12) 와타나베 요시오, 앞의 책, p.72

을 이루었다.[13] 일반적으로 두 지붕이 만나는 곳에 비스듬한 경사의 홈통을 설치해 빗물이 배수되도록 했고, 이 빗물을 받는 천수조(天水槽)는 축사와 중정의 사이에 위치하였다.

류큐 민가의 특징적인 것으로 차면담(힌푼)과 시사가 있다. 출입구와 몸채의 사이에 병풍 형태의 독립된 담이 '차면담(힌푼)'이다. 이것의 크기는 세로 150~180cm, 가로 180~270cm의 짧은 것이 많고, 재료는 자연석, 산호석회석의 석재로 쌓거나 식물로 판담, 죽담을 망 상태로 짠 것이 있다. 차면담은 몸채로의 시선을 차단하는 역할 외에 악귀를 막는다고 믿어, 신앙상의 문-차면담-몸채의 불단이 중심 축선상에 놓인다. 예부터 류큐에는 중국 남부인 푸젠 성(福建省)의 영향이 강했는데 중국 사합원에는 유사한 형태로 악령과 악귀를 막는다는 영벽(靈壁)이 설치되어 있다.

그리고 붉은 기와지붕의 경사면에 사자 모양의 '시사'가 앉아 있는데, 이것은 외부로부터 들어오는 액을 방지하는 수호신 역할을 한다. 이러한 풍습은 고대 오리엔트에서 발원했으며 기원전 2세기경에 서역에서 중국으로 전래되었고, 류큐에는 중국과의 교류가 왕성해진 14~15세기에 전래되었다고 한다. 시사상은 원래 사찰, 성문, 귀족의 묘, 석관, 마을의 출입구, 우타키 등에 세웠는데, 19세기 이후 주택의 기와건축이 활발해지면서 처마 끝에 시사상을 세워놓고 화재, 잡귀 등의 액을 방지하는 풍습이 일반화되었다. 성문과 사찰의

---

13) 오키나와 민가의 특징인 붉은 기와는 19세기 후반에 보급되었다. 왕부(王府)시대인 1737년에 시작된 옥부가옥제한령(屋敷家屋制限令)에 의해 신분에 따른 집의 규모·구조·지붕재료 등 세세한 제한이 있었다. 민가에 기와를 덮은 것은 17세기 말부터이지만, 이 제한령에 의해 슈리·나하의 마을과 각지의 지주계급의 주거는 기와였고 지방은 사사불각(社寺佛閣)과 번소(番所) 이외는 대부분 초가였다. 일반 민가에 보급된 것은 이 제한령이 해제된 1889년 이후이다.

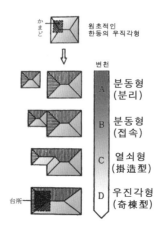

그림40. 류큐 민가의 배치도
(출처: 野村孝文, 1961)

그림41. 류큐 민가의 지붕형식 변천
(출처: 日本民俗建築學會, 2001)

문에는 입을 벌린 수컷과 입을 다문 암컷의 쌍으로 많이 세우고 각
가정의 지붕에는 한 마리만 세웠다.[14]

  류큐 민가의 배치는 고상식의 몸채(우후야)와 지상식의 별동형 부
엌(토구라)이 따로 세워진 분동형(分棟型) 주거가 원형이다. 시간이
흐르면서 두 동이 점점 인접한 열쇠형(鍵形, 掛造型)으로 변모하고 결
과적으로 한 동의 우진각형(奇棟型)으로 변해간다. 분동형은 각 지붕
이 우진각형으로 몸채와 부엌채를 평행하게 배치하여 처마끝이 접
한 것이 대부분이다. 완전히 분리된 형식은 지금은 거의 남아 있지
않고, 열쇠형은 몸채보다 낮은 부엌채의 지붕을 일체화시킨 것이다.
이 형식은 지역에 따라 차이가 있는데, 쿠메 섬(久米島)에서는 몸채
와 부엌채의 북측벽을 동일면에 놓고, 토나키 섬(渡名喜島)에서는 거

---

14) 국립제주박물관, 앞의 책, p.52

꾸로 남측벽을 동일면에 놓은 것이 많다. 현재는 대부분 긴 동의 우진각형 기와지붕이다. 이것은 열쇠형에 비해 부엌채의 전후에 공터가 없고, 한 개의 큰 우진각형 지붕 아래에 접객실(자시키)·취사공간 등의 모든 실들이 포함되어 있다.[15]

## 2) 류큐 민가의 평면구성

류큐 민가의 몸채(우후야)와 별동형 부엌(토구라)의 평면은 원래 정방형인데 규모가 커지면서 장방형으로 변모한다. 몸채 평면의 원형은 중주(中柱)를 세운 방형(田자형)으로 기둥을 경계로 전열은 거주공간 후열은 수장공간으로 구분되었다. 이후 전열의 거주공간은 1번좌와 2번좌의 2실로 나열되고 후열은 수장공간(裏座, 우라자)[16]이 분할되며, 점차 3실·4실 나열되는 평면으로 발전하게 된다.[17]

또한 강한 햇빛을 막기 위해 건물 주변에 3척의 툇마루를 두고 그외측에 차양기둥(庇柱)을 둘러 처마(雨端, 아마하지)를 길게 돌출시킨 것이 특징이다. 툇마루는 처음에는 판자가 널려 있었는데 점차 그 모습이 갖춰지면서 건물과 연속하는 바닥이 된다. 보통 처마의 전면 쪽은 차양칸으로 사용하고 후면 쪽은 실내공간으로 이용하였다. 처마는 바닥을 넓히는 의미보다도 비로부터 젖지 않는 토방을 만드는 것이 주목적이었다. 일부 주택에서 처마의 네 모퉁이를 판벽 혹은

---

15) 일본민속건축학회, 앞의 책, pp.324
16) 우라자는 류큐 민가의 뒤쪽(북)에 위치하고 1번좌, 2번좌, 3번좌의 뒤쪽을 총칭한다. 1번좌의 뒤쪽은 귀중품을 보관하는 창고, 2번좌의 뒤쪽은 쿠처(クチャ)라고 부르고 휴게실로 사용되며, 산실, 부부침실, 아이들의 실로도 사용된다. 3번좌의 뒤쪽은 도구를 두는 장소이다.
17) 노무라 다카부미(野村孝文), 『南西諸島의 民家』, 相模書房, 1961, pp.46~49

돌벽으로 세운 것은 비바람을 막기 위한 것이다.

　동측을 상위로 하기에 전열의 1번좌인 접객실(자시키)은 집에서 가장 중요한 방으로 가족의 수호신을 모신 신단이 있고 관혼상제(冠婚喪祭)의 장소이다. 2번좌인 가족실은 불단[18]이 있고 주인부부의 침실로 사용되며, 3번좌는 작은방으로 부엌(토구라)과 인접하여 식사 장소이고 식구가 많은 경우는 옷장 같은 가구의 수납장소가 된다. 후열인 수장공간(우라자)은 사키시마제도(先島諸島)에서는 독립실로 이용되는 경우는 극히 적으나, 오키나와제도의 북부에서는 하나의 실로서 많이 이용되고 이로리를 두는 경우도 많다. 이처럼 류큐 민가의 평면은 종횡분할이 복합된 독특한 형태를 이루고 있다.[19]

　별동형 부엌(토구라)은 취사장이자 작업장으로 중주가 세워진 건물로 2칸 × 1.5칸, 2칸 × 2칸 규모가 대부분이다. 흙바닥의 한 모퉁이에 화덕이 있어 그곳에 솥을 놓고, 정면 입구 쪽에 물항아리가 있고 실내에는 식기선반과 식품저장고가 있다. 별동형 부엌의 유형은 크게 4가지로 전체가 토방, 토방과 마루가 반반, 대부분 마루이고 일부만 토방, 전체가 마루인 형식이 있다. 첫 번째가 고형이고 현재는 네 번째 형식이 가장 많다. 주택 내에서 부엌이 가장 먼저 개조되었는데 가사노동의 절감과 위생적인 환경을 위해 연료가 나무 → 석유 → 가스로 변화하였다.

　별동형 부엌(토구라)이 형성된 이유는 불의 사용시 몸채로 유입되는 그을음과 더운 열기를 피하고 화재에 대비하기 위한 것이다. 선

---

18) 불단은 가구식과 붙박이식이 있으나 모두 같은 형식으로 넓이 0.5~1.0칸 × 0.5칸으로 3척 정도의 높이에 단을 만들고 그 위에 작은 단을 2단 만들어 영위를 안치한다.
19) 노무라 다카부미, 앞의 책 p.156

사시대에는 불을 피우는 것이 어려워 한 번 피운 불씨를 유지하기 위해서 건물의 내부에 불을 피울 수 있는 시설을 두었다. 그러다가 문화가 점차 발전하면서 불을 피우는 것이 비교적 용이해져 부엌채를 별동으로 세우게 되었다. 이와 같은 분동형은 고대 이후 고급주택에 넓게 존재하였으며, 가마쿠라(1185~1338) 중기에는 서민주택에까지 보급되어 일반적인 유형으로 나타났다.[20]

### 3) 류큐 민가의 구조와 조형미

류큐의 전통주택은 수혈주거인 움집(穴屋, 아나야)을 거쳐 인방으로 결구한 목조건물(貫木屋, 누차자)로 변화했다. 오래된 형식인 움집(아나야)은 중주와 네 모서리에 통나무를 굴립해 세우는데, 이때 기둥은 부패 및 충해에 치명적이어서 이것을 피하기 위해서 토나키 섬에서는 나무를 1~3년간 바다에 침전시키기도 한다. 이 구조의 민가로는 큰 것은 없고, 대부분 취사공간을 가진 단실공간이었다. 이후, 대륙으로부터 고도의 목조기술이 전파되면서 기둥을 초석 위에 세우는 목조건물(누차자)이 나타났다. 이것은 기둥의 구멍에 인방재를 넣어 건물의 뼈대를 고정시켜 건물전체의 균형을 유지하는 것이다. 그래서 태풍에 건물이 흔들려도 풍압은 건물전체로 분산된다. 이러한 인방(貫, 누끼) 구조는 가마쿠라시대(12~13세기)의 사원건축에서부터 사용되었지만, 가대 · 가사제한령에 의해 일반민가에 보급된 것은 19세기 말 이후이다.[21]

고도의 목조기술의 영향이 미미했던 관계로, 류큐 민가의 구조

---

20) 노무라 다카부미, 앞의 책, pp.135~144
21) 일본민속건축학회, 앞의 책, p.323

방식은 한 개의 기둥이 있는 '중주(中柱)구조'에서 경사부재가 마룻대를 지탱하는 '합장(扠首, 사스)구조'[22]로 발전하게 된다. 중주구조는 중앙에 둥글고 큰 통나무 기둥을 세워 짧은 마룻대를 지탱하고, 네 모퉁이에 구조물의 뼈대가 되는 기둥을 세우고 그 주변으로 툇기둥과 처마기둥을 부가한다. 이러한 중주구조는 점차 중주의 길이가 짧아져 마룻대까지 도달하지 않고 들보 위에 2개의 동자기둥을 세우고 경사부재를 八자형으로 교차하여 마룻대를 지탱하는 합장구조로 이행하게 된다. 이로 인해 중주로 집중되는 하중은 동자기둥·툇기둥·처마기둥으로 분산되어 지붕하중과 풍하중을 견딜 수 있는 구조가 된다. 그리고 중주와 같이 크고 긴 부재의 사용은 줄어들고 대신 가는 부재를 중첩해서 이용 가능하게 되었다. 이 때 중앙의 중주는 마룻대까지 연결은 되지 않으나 여전히 중주라고 불리는 상징성은 유지되었다.[23]

외벽은 아마미 섬 이남에서는 짚이나 가는 대나무로 엮어 짠 망을 사용하였다. 이러한 벽들은 그늘을 제공하고, 비로부터 내부를 보호하며, 습한 지역에서도 공기가 유통이 잘 되는 이점이 있다. 한편 강한 바람에 대비하여 아마미 섬부터 오키나와에 걸쳐서 토방 주위나 작업장의 외벽을 돌로 쌓기도 한다. 일부 민가는 네 모서리를 돌벽으로 쌓았는데, 처마 끝까지 높게 쌓아 지붕의 고정하중과 풍하중을 감당하였다. 이 돌벽으로 둘러싸인 처마칸은 우천 시 통로, 농기구나 물건을 보관하는 장소로도 유용하였다.[24]

---

22) 합장(扠首, 사스)구조는 경사부재가 八자형으로 교차하여 마룻대를 지탱하는 형태를 띠고 있다. 이것은 트러스 구조로서 들보가 받는 휨모멘트를 줄이고 인장력을 집중시킨다는 점에서 목재의 특성을 살린 뛰어난 구조이다.
23) 노무라 다카부미, 앞의 책, p.193
24) 정혜영, 앞의 책, pp.53~54

바람이 심하고 매년 태풍이 부는 오키나와에서 지붕은 완만한 기울기를 이루고, 처마와 차양은 깊게 하였다. 넓은 지붕에는 새(茅)로 지붕을 덮고 띠줄를 격자형으로 이었는데 붉은 기와가 보급된 이후에는 암기와와 수기와를 맞물려 놓고 다시 회반죽을 발라 바람을 잘 견디도록 하였다.

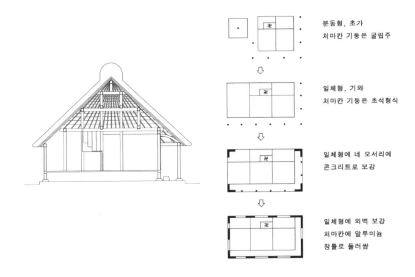

그림42. 류큐 민가의 구조 개념도

그림43. 류큐 민가의 구조변화
(출처: 武者英二, 1971)

분동형, 초가
처마칸 기둥은 굴립주

일체형, 기와
처마칸 기둥은 초석형식

일체형에 네 모서리에
콘크리트로 보강

일체형에 외벽 보강
처마칸에 알루미늄
창틀로 둘러쌈

| 문헌 | 내용 |
|---|---|
| 자산<br>(1422~1439) | 류큐왕조의 쇼하시(尚巴志, 1422~1439) 시대에 중국의 사신으로 온 자산(紫山)은 류큐의 주거에 관해서 '소거혈처(巢居穴處)에 백성이 산다'라고 기록하여 동굴(혹은 움집)을 예부터 이용하였음을 알 수 있다. |
| 『명사(明史)』<br>(1430) | 오키나와 민가는 일반적으로 빈약하고 오래된 움집(穴居)이었다. |
| 「만국진량의 종<br>(万國津梁之鐘)」<br>(1458) | 류큐국은 남해에 있는 좋은 땅으로, 삼한(三韓, 조선)의 빼어난 점을 모두 취하고, 대명(大明, 중국), 일역(日城, 일본)과는 떨어질 수 없는 관계에 있었다. 류큐는 이 한가운데 솟아난 낙원(蓬萊島)이다. 선박을 운행하여 만국의 가교로서, 외국의 산물과 보물이 온 나라에 넘친다. |
| 신숙주<br>『해동제국기』<br>유구국기<br>(1471) | 국도에는 석성(石城)이 있다. (…) 국왕은 누대(樓臺)에서 살며 다른 나라 사신에게 연회를 베풀 때는 가루(假樓)를 설치하여 놓고 그들과 상대한다. |
| | 땅은 좁고 인구는 많기 때문에 바다에 배를 타고 다니며 장사하는 것으로 직업을 삼았다. 서쪽으로는 남만 및 중국과 통하고, 동쪽으로는 일본 및 우리나라와 통하고 있다. 일본과 남만의 상선들도 국도의 해포(海浦)에 모여들며 그 나라 사람들은 해포 주변에 점포를 설치하고 서로 교역을 한다. |
| 『진간사록<br>(陳侃史錄)』<br>(1543) | 부귀한 집 두세 채가 기와지붕이고, 대부분은 풀로 잇는 띠지붕이다. 바람이 불면 흔들린다. |
| 『명종실록』<br>(1546) | 조선 명종 1년(1546) 제주도 사람 12명의 표류 보고에 의하면, "유구지방은 항상 따스하고 춥지 않다. (…) 농사는 정월에 씨앗을 심어 5월에 수확하고 6월에 심어 10월에 수확한다. 10월 이후에는 토란을 그 전지에 심어서 연말에 캐는데, 토란은 우리나라에서 심는 것과 같으나 맛이 향긋하여 익히지 않아도 목구멍을 찌르지 않았다. 밭곡식도 1년에 두 번 수확한다. 11월의 기후가 우리나라의 3~4월과 같아서 본래 빙설이 없다." |

| | |
|---|---|
| 『조선왕조<br>실록』 | 미야코 섬 주변의 주거는 첫째, 주거는 큰 것과 작은 것이 있고, 후자는 단칸 주거(一間住居)로 창은 없고 출입구에는 문짝이 없고 벽은 대나무벽이다. 그리고 대부분 집 앞에 따로 고창(高倉)을 두어 벼를 쌓아 두었다. 둘째, 구조는 굴립주로, 기둥은 홈을 뚫고, 홈 가운데 보와 도리를 건 후에 새끼줄로 묶었다. 그리고 지붕은 초가로 전면의 처마는 높고, 후면은 지면까지 연장되어 있다. 셋째, 침상은 나무로 만든 좌대로 이불과 요는 없고 포석을 깔아 사용한다. 넷째, 땅을 파서 작은 우물을 만들고 물을 길을 때는 바가지와 병을 쓴다. |
| 문순득<br>『표해록』<br>(1803) | 유구의 집은 거의 네모지고 반듯한 편이다. 온돌은 없고 벽과 바닥은 모두 판자로 되어 있는데 가난한 사람은 대를 엮어서 만들기도 한다. 겉은 모두 벽으로 되어 있고 전면은 모두 통해 있다. 부자는 간혹 문을 설치하는데 한면 전부를 두짝문으로 하고 판자로 만든다. 빛을 받아들일 때는 이것을 열 뿐이다. 곳집은 없고, 방안의 한 구석에 따로 꾸민다. 밖에는 별채가 있어 손님을 접대한다. 담장을 두르고 문짝은 세우지 않는다. 지붕에는 기와를 덮고 풀을 올리는데, 혹 기와 없이 풀만 올리기도 한다. 관사 또한 밖에 담장이 있으나, 비록 국도(國都)라도 성곽은 없다. |

# 3. 류큐 민가의 변모

## 1) 류큐 남부의 분동형 민가

• 센리큐 C씨가 주택(1909년)
: 오키나와 현 이리오모테 섬 센리큐(沖繩縣 西表島 干立)

이리오모테 섬에 세워진 주택으로 넓은 방형의 대지에 류큐 석회암의 담이 둘러져 있고 입구에는 차면담(힌푼)이 있다. 남면하여 동쪽에 몸채(오모테)와 서쪽에 별동형 부엌(토구라)이 세워진 분동형 주거이다. 그 주위에 석조의 돼지뒷간(후루), 축사, 창고, 우물이 있다. 대지 내에는 후쿠기(福木), 파파야 등 여러 나무가 심어져 있다.

몸채(우후야)는 규모 3칸 × 2.5칸이고 사면에 3척의 퇴가 있고, 바닥은 고상이며 전면과 우측에는 차양칸을 둔 우진각형의 초가이다. 평면은 전열의 1번좌 · 2번좌(거주공간)와 후열의 수장공간(우라자)으로 구획되어 있다. 1번좌에 불단과 장식벽감(도코노마)이 설치되어 있다. 1번좌와 2번좌의 경계에 있는 기둥은 건물 전체의 하중을 지지하지는 않지만 중주라고 부르고 있다. 별동형 부엌(토구라)은 2.5칸 × 2칸의 규모로 중주구조이다. 중주를 경계로 토방과 고상이 구획되어 있는데, 토방에는 화덕과 설걸이대가 있고 고상은 대나무 바

닥으로, 식사 장소로 사용되었다.[25]

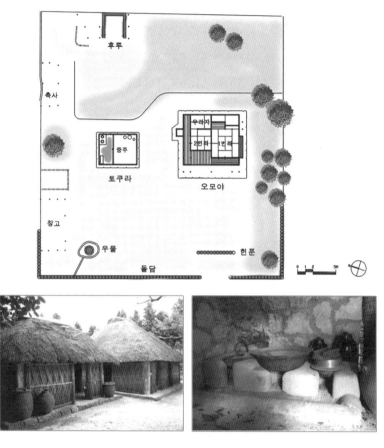

그림44. 이리오모테 섬 C씨가 주택 평면도와 전경
(도면출처: 野村孝文, 1961, 재작성, 사진출처: 오키나와 해양엑스포공원)

---

25) 노무라 다카부미, 앞의 책, p.35

## 2) 류큐 중부의 열쇠형과 우진각형 민가

• 오키나와 요시모토가 주택(吉本家 住宅, 20세기 초, 마을지정문화재)
: 오키나와 현 하마히가시마(沖繩縣 浜比嘉島 勝連町字比嘉 941)

복잡한 골목길을 통과해 다다른 요시모토가 주택은 20세기 초에
세워진 단층의 붉은 기와집이다. 대지에는 류큐 석회암으로 쌓은
두꺼운 돌담이 둘러져 있고, 입구에는 석조의 차면담(힌푼)이 세

그림45. 오키나와 요시모토가 주택 평면도와 전경

워져 있다. 몸채는 대지의 중앙에 위치하고, 남동측에는 자연석을 이용해 꾸민 정원(石庭)이 있으며, 북측에는 돼지뒷간(후루), 북동측에는 채소밭(이타이)이 있다.

열쇠형의 몸채는 부엌과 수장공간(우라자)을 증축했지만, 전체적으로 류큐의 전통건축양식이 잘 남아 있다. 몸채(오모테)의 1번좌에는 장식벽감(도코노마), 2번좌에는 불단이 있고, 그 사이에 중주가 세워져 있어 집의 중심을 상징한다. 그 전면에는 툇마루와 차양칸을 두어 강한 햇빛을 차단한다.

한편 집에는 여러 가신(家神)을 모셨는데 부엌에는 화신, 돼지뒷간(후루)에는 후루신, 수장공간(우라자)에는 난도가미(納戶神)를 모셨다. 이 가신들은 서쪽과 후열에 위치한 반면, 신단과 불단은 동쪽과 전열에 위치하고 있다. 또 신앙상의 문-차면담(힌푼)-불단이 대지의 중축선상에 놓여있다.


• 오키나와 야부의 쿠고가 주택
(屋部의 久護家 住宅, 1906년, 현지정문화재)
: 오키나와 현 나고 시 야부(沖縄縣 名護市 字屋部 175)

야부의 쿠고가 주택은 '쿠고(久護)' 마을 지주(豪農)의 집이다. 방형의 넓은 대지에 돌담과 후쿠기의 방풍림이 둘러져 있고, 중앙보다 약간 동쪽으로 치우쳐 몸채(우후야)가 위치하고 그 동측에 연못과 정원을 꾸몄다.

이 주택은 「본가신축지시일기(本家新築之時日記)」 보청장(普請帳)에 의해 알려졌다. 당초 대지에는 현존하는 몸채(1906년), 차면담(힌푼), 우물 외에 은거소(아사기), 돼지뒷간(후루), 축사, 창고가 배치되어 있었지만 1946년에 파괴되었다. 그리고 1951년 몸채 서쪽에 별동형 부엌(토구라)을 없애고 3번좌를 증축하여 열쇠형에서 우진각형이 되었으며, 1969년에 대지 주위의 돌담을 콘크리트 블록으로 교체했고, 1973년에 초가지붕을 중국풍의 붉은 기와로 교체하는 등 류큐 민가의 변화과정을 잘 보여준다고 한다. 전체 배치형식, 넓은 간잡이와 천장의 높이, 사면으로 깊게 두른 처마 등에서 지방 지주건물의 특징이 잘 남아 있다.[26]

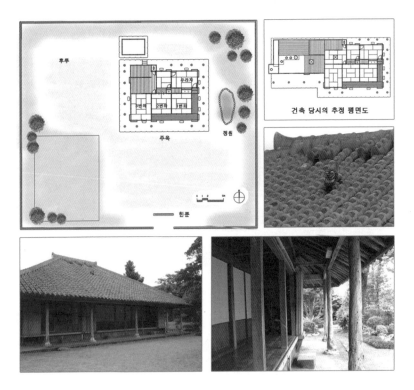

그림46. 오키나와 야부의 쿠고가 주택 평면도와 전경

---

26) 일본건축학회, 앞의 책, p.394

- 오키나와 나카무라가 주택(中村家 住宅, 19세기 초, 국가지정문화재)
 : 오키나와 현 나카가미 군 나카구스쿠손(沖繩縣 中頭郡 中城村 字大城 106)

18세기 중기에 세워진 나카무라가 주택은 류큐 지주(豪農)의 집으로 관광명소 중 하나이다. 넓은 대지는 남면한 경사지를 깎아서 구성했는데, 전면에는 류큐 석회암을 정교하게 쌓은 돌담과 차면담(힌푼)이 있고, 담 주위에는 후쿠기를 심어 바람을 막았다. 몸채, 은거소(아사기), 고창, 헛간, 돼지뒷간(후루)의 5동의 건물이 돌마당 주위에 배치되어 있다. 악령을 막는다는 돌담과 정교하게 자른 돌로 만든 돼지뒷간 그리고 지붕 위의 시사는 류큐의 특색을 잘 드러내고 있다.[27]

몸채는 거주공간(우후야)과 취사공간(토구라)으로 구성되어 있다. 원래는 별동으로 그 사이에 홈통이 걸려 있었는데 한 동의 우진각형으로 변화하였고, 지붕도 메이지 중기에 초가에서 붉은 기와로 바뀌었다. 평면의 전열에는 동측부터 1번좌인 접객실(客間), 2번좌인 가족실(佛間), 3번좌인 거실(居間)이 있고 후열에는 여러 실의 수장공간(우라자)이 있어 침실과 산실로 사용하였다. 1번좌에는 장식벽감(도코노마), 2번좌에는 불단, 3번좌에는 신단이 놓여 있고, 그 전면에는 툇마루와 차양칸이 있다. 1번좌에 면한 동쪽 경사지에 정원이 꾸며져 있다. 부엌에는 솥을 받치는 3개의 돌이 있어 이를 화신으로 모시고 1일과 15일에 제사를 지내고, 지붕이 낮은 곳에는 물건 두는 장소로 사용하였다.

그 외, 남동쪽에 위치한 은거소(아사기)는 몸채와 같은 양식으로 관직에서 은퇴한 사람이나 미망인의 은거소와 손님의 숙박장소로

---

27) 일본건축학회, 앞의 책, p.391

사용하였다. 중정에 있는 곡창은 2층으로 마루 아랫부분이 판벽인데 이것은 원형에서 진화된 형식이라고 한다. 서쪽에 있는 헛간은 아래층은 가축우리, 위층은 저장공간이다. 북서쪽에 있는 돼지우리 겸 변소(후루)는 아치형 석조로 3칸으로 구획되어 있는데, 과거에는 전체에 맞배지붕이 걸려 있었다고 한다.[28]

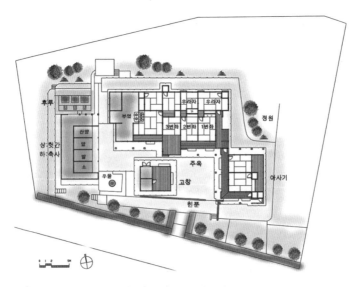

그림47. 오키나와 나카무라가 주택 평면도와 전경

---

28) 노무라 다카부미, 앞의 책, p.52

### 3) 류큐 북부의 곡창

• 아마미 섬 곡창(奄美大島 群倉)
: 오사카부 도요나카시 일본민가집락박물관(大阪府 豊中市 日本民家集落博物館)

아마미 섬의 곡창으로 멀리 오사카 근교의 일본민가집락박물관에 이건된 것이다. 류큐지역에 분포하는 곡물 창고는 고상식으로 4개 (혹은 6개, 9개)의 둥근기둥 위에 마룻바닥을 짜고 초가(藁葺) 지붕을

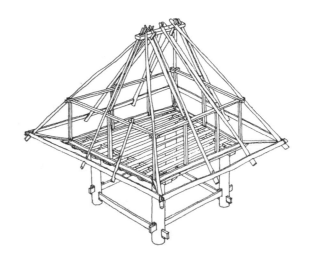

그림48. 아마미 섬 곡창 가구도와 전경
(도면 출처: 野村孝文, 1961)

덮었다. 그런데 아마미 섬(요론섬 제외)과 도카라 섬에 분포하는 아마미형 곡창은, 오키나와형 곡창에 비해 지붕의 구배가 급하고 벽의 경사는 거의 수직에 가까우며 또 기둥의 단면은 굵은 정방형에 가까운 점 등이 특색이다.

옛날에는 마을 외곽이나 논밭 근처에 마을 공동의 여러 개의 군창(群倉, 부리구라)을 두었지만, 나중에 생산성과 경제성이 향상되면서 가구별로 주택 내에 곡창을 짓기 시작했다. 그늘이 지는 곡창 아랫부분은 식사나 휴식을 취하고 어린이들이 노는 장소로 사용되었다.

# 제6장

# 타이완 동부의
# 주문화

# 1. 타이완의 문화

## 1) 타이완의 지리와 풍토

동중국해 남쪽에 위치한 타이완은 중국대륙의 동남해안으로부터 160km 떨어진 곳에 있는 섬으로, 타이완 본섬 외에 펑후제도(澎湖諸島), 란위도(蘭嶼島) 등 크고 작은 79개 섬으로 이루어져 있다. 타이완 본섬은 고구마 혹은 나뭇잎 모양으로 남북 약 370km, 동서 약 140km, 면적 약 36,000km²의 큰 섬이다. 지형은 대부분이 산악지대로 구성되어 전체 면적의 64%가 100m 이상의 산지이며 경작가능 면적은 24%에 불과하다. 특히 중앙산맥은 평균고도가 3,000m에 달하며 최고봉인 위산(玉山)은 3,997m로 높다.

기후는 여름이 길고 무덥고 겨울이 짧고 습하다. 본섬 중앙으로 북회귀선이 지나가고 있어서 이를 기준으로 북부는 온대습윤 기후, 남부는 열대 기후로 나눌 수 있다. 북부와 남부는 온도 차이는 크지 않으나 우기와 건기가 반대로 찾아오고, 중부와 서부는 높은 산 때문에 기온의 변화가 심하다. 평지와 산꼭대기 사이에는 열대·온대·한대의 세 가지 기후가 나타난다. 연평균 기온은 22~24℃, 평균 강수량은 2,580mm에 이른다. 계절풍은 강도와 발생시기가 다른데 10~3월에 매우 강한 동북풍이 불고, 5~9월에 서남풍의 영향을 받

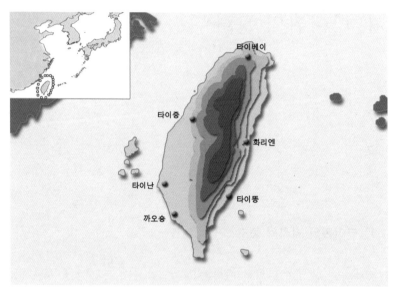

그림49. 타이완 주문화권

는다. 그리고 태풍이 자주 지나는 길목에 있어 동해안은 태풍의 피해가 심하고 환태평양 지진대에 위치하기 때문에 화산이 많고 지진이 자주 발생한다.

산악지대가 많은 관계로 상록 활엽수인 녹나무를 비롯하여 온대 침엽수인 측백나무, 삼나무, 전나무 등이 많이 생산되어 건축 재료로 사용되었고, 더불어 대나무와 석재도 이용되었다.

## 2) 타이완 민가의 형성요인

### 역사

타이완의 역사는 16세기까지 오랜 원주민시대를 거쳐, 17세기 초 유럽식민시대 및 정성공(鄭成功)을 필두로 한 청(淸)왕조 통치시대, 20세기 초 일제강점기를 거쳐 오늘날 중화민국에 이르고 있다.

타이완 원주민의 기원에 대해서는 학계에서 다양한 주장이 제기되고 있으나 아직까지 정설은 없다. 약 7,000년에서 약 400년 전까지 말레이·인도네시아 등 각지에서 오스트로네시아계 이주민들이 대거 유입되었다. 이들 이주민들은 해안지역에 정착해 살면서 어로·수렵·원시농경에 의존했으며 부족 간 전쟁과 머리사냥을 벌였다.[1] 1624년 네덜란드가 펑후제도와 타이난(台南)을 점령한 데 이어, 1626년에는 스페인이 지룽(基隆)·단수이(淡水)를 점거하였다. 하지만 당시 유럽인은 타이완의 일부 지역을 지배했을 뿐이고, 대부분은 원주민의 영토였다. 타이완에서 네덜란드를 몰아낸 것은 1662년 명(明)나라 유신 정성공(鄭成功)이다. 이후 정씨왕조 시기 22년, 청(淸)나라 통치 시기 212년이 이어졌다. 청나라는 1683년 펑후를 점령하고 타이완을 중국의 푸젠 성(福建省)에 예속시킨 뒤 1부 3현을 설치하면서 점차 그 통치범위를 확대해갔다. 18세기 후반부터는 푸젠 성과 광둥 성에서 한족(漢族)이 본격적으로 이주하면서 개척이 빠르게 진행되었다. 그리고 1895년 청일전쟁의 결과 타이완은 일본에 할양되어 51년간 식민지배를 받게 되었다. 이후 오늘의 중화민국에 이르렀다.

타이완의 주인이었던 원주민은 한족에게 밀려 현재는 전체 인구의 2%를 차지하는 약 53만 명으로 줄었다. 이들은 크게 중국대륙에

---

1) 고대 중국의 진·한(秦·漢)에서는 타이완을 동곤(東鯤), 삼국시대에는 이주(夷州)라고 불렀다. 230년 중국이 타이완을 최초로 경영하였다는 기록이 있고 707년 수(隋)에서 리우차우(流求)를 복속시켰다. 당(唐) 이후 송(宋) 때까지 중국 연해에서 많은 사람들이 타이완으로 이주하였다. 원(元) 초기에 중국은 해외진출을 적극적으로 추진하여 1360년 펑후에 순검사(巡檢司)를 설치하고 푸젠 성(福建省) 둥안 현(同安縣)에 예속시켰다. 그리고 중국에서는 타이완과 류큐제도의 호칭을 대류큐, 소류큐, 류큐 등으로 불러서 현재의 타이완과 오키나와가 연관성을 가지고 있었음을 알 수 있다.

서 건너온 부류와 인도네시아 · 필리핀 등의 동남아에서 건너온 부류로 구분할 수 있다. 이중 동남아시아계 원주민은 동남아시아 및 남태평양에 널리 분포하는 오스트로네시안(南島語族)으로 분류된다. 17세기 이후 이주해 온 한족의 거주지와 경작지가 점차 확대되면서, 원래 해안이나 평야지역에 거주하던 원주민들은 쫓겨나 산악지역과 동쪽 해안가로 밀려났다. 그에 따라 한족의 문화를 받아들여 한화(漢化)한 평지 원주민인 '숙번(熟番), 평포족(平埔族)'과 산지 원주민인 '생번(生番), 고산족(高山族)'²⁾으로 구분하고 있다. 고유문화를 유지하고 있는 고산족의 인구는 약 36만 명으로 일반적으로 9개 부족으로 분류하는데, 중앙산맥의 산지에 6족이 동부의 협곡지대에 3족이 생활하고 있다. 이에는 타이야족(泰雅族, Ataya), 싸이사족(賽夏族, Saisiyat), 부눙족(布農族, Bunun), 쩌우족(鄒族, Tsou), 루카이족(魯凱族, Rukai), 파이완족(排灣族, Paiwan), 아미족(阿美族, Amis), 베이난족(卑南族, Puyuma), 야미족(雅美族, 달오족, Tao) 등이 있다.

그래서 타이완 문화는 원주민의 남양문화와 한족의 중국문화를 바탕으로 서양문화와 일본문화가 공존하는 다원적 양상을 띤다.

### 종교

타이완 원주민은 대부분 영혼의 존재를 믿어서 애니미즘과 정령숭배의 전통이 있고, 그중에서도 조상영혼을 가장 숭배하였다. 사람

---

2) 타이완 정부에서는 1994년부터 고산족들의 요구에 따라 '고산족'이란 용어 대신 '타이완 원주민' '원주민족' 등으로 부르고 있다. 산지(山地)에 산다는 뜻에서 고산족을 다른 말로 '산지동포' '산지원주민' '산포(山胞)' 등으로 부르기도 한다. 다만, 중국대륙에서는 기존에 부르던 것처럼 '고산족'이란 말을 계속 사용하고 있다. 학자에 따라서는 타이완 원주민의 구분을 평포족과 고산족을 합해서 14개 부족으로 구분하기도 한다.

이 죽은 후 그 영혼이 자손에게 복과 화를 가져온다고 믿었던 이들은 매년 제사를 통해 조상에게 비호를 기원하였다. 장례방식으로는 나장(裸葬), 거적말이 장례, 독에 넣어 묻기, 석판에 앉혀서 묻기, 나무관에 넣어 묻기 등이 있다.

원주민은 사(社)를 마을 단위로 하는데, 대개 사의 우두머리는 생산 활동의 지도자인 동시에 종교 활동의 주최자였다. 타이야족, 싸이사족, 야미족은 영혼의 관념만 있을 뿐 신의 존재는 인정하지 않았다. 쩌우족과 부눙족은 온갖 사물과 현상마다 각기 그것을 지배하는 신이 있다고 믿어 창조신과 영혼의 관념을 혼합하였으나, 아직 신령을 인격화시키는 단계까지는 이르지 못하였다. 파이완족, 루카이족, 베이난족, 아미족은 모두 다신적 경향을 지닌 부족으로 그들은 이미 신령을 계통화, 인격화하였으며 심지어 신상을 조각하기도 하였다. 특히 파이완족과 루카이족의 창조신화에 의하면, 그들 조상은 다이아몬드형 머리를 한 독성이 강한 백보사(百步蛇)에서 나왔다고 한다. 그 뱀은 조상을 상징하기에 건축뿐만 아니라 일상용품에서도 흔히 볼 수 있다.[3]

그리고 불을 숭배하여 집에서는 언제나 불씨를 꺼뜨리지 않고 잘 보존해야 한다. 다만 제사 때나 불상사를 당했을 때 불을 다른 곳에 가져가야 한다. 병자는 불과 함께 있으면 안 된다고 여긴다.

현재 원주민 사회에는 전문적인 성직자는 없고, 다만 무속적인 방법을 장악한 여무당인 '쌍(向)'이 있을 뿐이다. 여무당이 흔히 쓰는 수단은 주술이다. 원주민의 각 부족은 중시 정도나 절차 차이는 있

---

3) 루카이족 추장의 집은 처마도리에 조각을 새기어 추장의 권위를 드러낸다. 조각의 주제는 머리사냥의 상징으로서 사람머리, 삼각형의 머리를 가진 백보사 등이다. 백보사는 '물리면 백보 걷기 전에 죽는다'는 독사로 그들의 조상을 상징한다.

지만 생명의 탄생, 성장, 결혼, 장례 등 인간사의 모든 과정마다 그에 걸맞은 예속을 지니고 있다. 제의의 목적은 신령 혹은 조령에게 수렵, 어로, 농경의 풍성한 수확을 기구하는 것으로 현실 경제생활과 밀접한 관계를 갖는다. 비교적 널리 알려진 명절은 야미족의 비어제(飛魚祭), 싸이사족의 위령제(慰靈祭), 아미족의 풍년제, 파종제, 수확제 그리고 파이완족의 오년제(五年祭) 등이 있다.[4]

### 가족제도

타이완 원주민은 자신들의 문자가 없어서 특별한 기록을 남기지 못하여 그들에 관련된 자료는 매우 한정적이다. 여러 자료를 종합해 보면 한화(漢化)한 평포족은 모계사회로 자유연애 풍조를 가지고 있었다. 그래서 추장이 아닌 장로회를 통해서 부락사무를 처리하였다.[5] 한편 고유문화를 유지한 고산족의 사회조직은 모계사회, 쌍계사회, 부계사회, 계급사회 등 여러 유형이 공존하고 있다.

아미족과 베이난족은 장로회의, 두목지도, 연령계급 및 대가족의 모계사회(母系社會)로, 모계상속·데릴사위제도·여성가장제가 두드러진다. 아미족 사회에서 가장 기초적인 친족단체는 한 집에 사는 가족으로, 재산과 가계의 계승이 모녀상속으로 이루어진다. 각 가정마다 통상적으로 가장 연장의 여성이 가장의 역할을 맡는데 여가장은 태양(cidar)으로 칭하며 가족사무, 특히 가족재산에 대해 매

---

4) 신극정(辛克靖), 『中國小數民族建築艺术圖集』, 中國建築工業出版社, 2001, p.228
5) 신극정, 앞의 책, 2001, p.28 : 평포족은 혼인제도와 가계계승에 모계사회적인 요소가 많이 남아 있으나 일반적인 부락 공공사무는 남자들에 의해 처리되었다. 추장제가 아닌 12명으로 구성된 장로회의가 최고 권력기구로, 임무는 부락대회가 참고할 수 있도록 의견을 제공하고 금기를 깬 부락민을 징벌하여 부락의 질서를 유지하는 것이다.

우 강력한 권한을 행사한다. 결혼은 남자가 여자집에 들어가 사는 데릴사위제가 대부분이며, 일반적으로 남자가 하위의 지위를 차지한다.[6] 그러나 부락에서 행해지는 제전의식 혹은 대외활동은 남자의 나이에 따라 그 계급이 청년조, 장년조, 노년조 등 9등급으로 나누어지고, 청년조가 부락의 노농작업인 수렵 · 어로 · 항해 등을 담당하였다.

타이야족은 쌍계사회(雙系社會)로 혈연을 기초로 한 친족조직은 느슨한 편이나 부락공동으로 종교의식에 참여하는 각종 단체가 활성화된 부족이다. 부락의 가장 기초적인 단위는 지연단체로, 1명의 추장과 2~3명의 부추장에 의해 통솔된다. 이러한 친족과 지연단체 이외에 제단, 공렵단, 공생단과 같은 독특한 의식단체가 존재하였다. 싸이사족, 부눙족, 쩌우족은 부락 내에 완전한 씨족 조직계통이 존재하는 부계사회(父系社會)이다. 부락의 정치 · 경제 · 종교활동 등의 공공사무는 모두 씨족 족장회의에서 결정되었다.

파이완족과 루카이족은 귀족 · 무사 · 평민의 3개 계급으로 구성된 계급사회(階級社會)로 특수한 사회조직을 이루고 있다. 파이완족의 가계계승은 남녀를 불문하고 장자 우선이고, 혼인은 촌락내혼(村落內婚) 경향이 뚜렷하고, 일반적으로 데릴사위제도보다 신부가 시집으로 들어가는 경향이 많다. 이에 비해 루카이족의 가계계승은 장

---

6) 수도우 겐이치, 『모계사회의 남성과 여성』, 김미영 편역, 민속원, 1998, p.15 : 타이완 아미족의 사위는 아내와 처가의 여성들이 늦잠을 자면 자신이 아침밥을 짓는다. 그리고 낮 동안에는 논밭 일을 하고 저녁 늦게야 집으로 돌아온다. 저녁을 먹을 때도 맛있는 음식에는 젓가락을 대지 않고 대충 식사를 끝내고 나서 다시 밤일을 하러 간다. 이렇게 온종일 일에 쫓기다 보면 자식과 함께 지낼 시간도 거의 없다. 아이를 버릇 들이는 일은 아내가 하며, 아이가 잘못을 저질렀을 때 벌하는 사람은 아이의 외삼촌(어머니의 남형제)이다. 뿐만 아니라 남편은 처남들에게도 항상 저자세이다.

남 우선이고, 귀족출신의 세습 추장만이 토지소유 및 수확에 관한 최고의 권한을 가진다.

그리고 란위도의 야미족 사회는 씨족이나 계급이 존재하지 않으며 가장 중요한 사회조직은 경제생활과 밀접한 어단(魚團)조직이다. 거주지 및 토지소유권, 생산과 관련된 기관은 부계적이고 혈연관계를 따지는 방법은 쌍계적이다. 부락의 행정(村政)은 노인이나 가장들의 비공개 회의(衆議)에 의해 결정되며, 추장은 따로 존재하지 않는다. 이는 란위도라는 섬에 집단거주하며 어로를 통해 생계를 유지해야 하는 부족의 특성을 반영한 것이다.

### 마을구성

타이완 원주민은 부족에 따라 다양한 마을을 구성하였다. 북부의 타이야족은 일반적으로 해발 1,000m 이상의 산허리나 계곡에 마을이 위치하고 산촌형식을 취한다. 20호가 한 취락을 이루는 경우가 많으며, 집의 정면은 낮은 곳을 향해 있다. 이는 강한 바람과 장마의 홍수를 방지하면서도 방어에 용이하기 때문이다. 경작지는 취락의 부근에 위치하거나 1~2시간 정도 떨어진 곳에 있다. 중부의 부눙족은 용맹한 종족으로 대가족제도로 가족의 규모가 크다. 해발 3,000m 이상에 위치하는 마을은 집촌은 없고 산촌형식을 하고, 돌담을 주위에 둘렀다. 남부의 루카이족과 파이완족은 밭농사나 화전을 주로하고 수렵을 겸하며, 다른 부족과의 교전을 피하기 위해 험한 곳에 주거지를 세우는 경우가 많아 취락은 평균 해발 1,500m에 분포한다. 건축 재료인 흑회색의 돌은 주위 밀림의 짙은 녹색이 조화되어 아름다운 분위기를 연출한다. 동부해안의 아미족은 경작생활을 효과적으로 하기 위해서 취락민의 인구수가 많은데 평균 500명 정도로, 작은 것은 200~300명 큰 것은 1,000명 이상이다.

평지에 커다란 밀집촌락을 형성하였으며 마을 사이에 대립 반목이 있었다. 란위도의 야미족 취락은 일반적으로 집촌형식으로 해안에 면한 산 구릉지에 위치하여 모두 바다를 향한다(背山臨海). 각 취락 주위에는 넓은 타로밭이 둘러싸고 있어서 각종 식물을 재배하였다.

일부 취락에는 남태평양에 속하는 남도민족의 특색인 남자집회소가 있다. 이것은 미혼청년 또는 상처한 남성들의 숙박소로 이용하거나, 취락의 행정을 상담·결정하거나, 전투·제사에 관한 중요사항을 주재하는 사무소로 쓰였다. 그리고 몇몇 부족의 취락에는 수렵시대의 흔적으로 머리사냥에서 얻은 해골 또는 수골 등을 보관하는 해골집 등이 있다.

### 3) 타이완과 교류

타이완은 오랫동안 아시아의 대륙문화와 태평양의 해양문화가 서로 만나는 교차점이었다. 그래서 타이완 원주민도 북부와 중부 산악지대의 각 부족은 대륙계통으로 동부와 평지의 각 부족은 환태평양에 퍼져 있는 남도계통으로 구분하기도 한다.

타이완 원주민은 약 7,000~400년 전에 말레이·인도네시아 등 각지에서 여러 시기에 걸쳐 이주해 와서 형성되었다. 그리고 중국 본토와 가장 가까운 거리는 160km로 기원전 2500년부터 중국의 신석기인이 타이완으로 건너왔다. 즉 선사시대부터 어떤 방법으로든 원거리 해상 이동이 시작된 셈이다. 이 바탕 위에 17세기 이후 본격적인 한족의 이주가 이루어져 오늘날 타이완인을 구성하였다.

타이완은 우리나라와도 빈번한 표류·표착이 있었다. 1653년 네덜란드인 하멜은 타이완을 출발하여 일본으로 가던 도중 폭풍을 만나 제주도에 표류하였고, 그가 남긴『하멜표류기』를 통해 조선이 서양에 알려지게 되었다. 그리고 1729년 아전 송완(宋完)은 타이완 창화 현(彰化縣)에 표류했다가 돌아와 표류기를 남겼다.

그림50. 타이완의 베이난족 집회소 : 남자집회소는 미혼 청년 또는 상처하거나 이혼한 남성들이 숙박소로 이용하거나, 취락의 행정을 상담·결정하거나, 전투·제사에 관한 중요사항을 주재하는 사무소로 쓰였다

# 2. 남양문화가 뚜렷한 타이완 민가

## 1) 타이완 민가의 분포 및 배치

타이완 원주민은 여러 시기를 거쳐 다양한 경로로 들어와서 그들이 사는 주택형식은 다양한데, 지역별로 크게 북부 · 중부 · 남부 산악지대, 동부해안, 란위도로 살펴보았다. 이들 주택은 공통적으로 남방적 성격이 강하게 나타난다.

### 북부 산악지대의 타이야족과 싸이사족

타이완 원주민 중 두 번째로 큰 부족인 타이야족(泰雅族, 120개 부락, 인구 8만 4,000명)은 화전과 수렵을 위주로 하며 머리사냥과 문신을 하는 습속이 있고 조령(祖靈)을 숭배한다. 대부분 해발 1,000m 이상의 험준한 산세와 산을 등지고 강을 끼고 있는 곳에 모여 산다. 이들은 중앙산맥을 중심으로 난터우(南投), 동해안의 화렌(花蓮)을 잇는 북부 산악지대에 넓게 퍼져 있어서, 주택형식은 지역 조건과 재료를 반영하여 크게 중부 · 서부 · 동부 · 북부의 네 가지로 나뉜다. 중부에 분포하는 수혈식의 귀틀집이 주류지만, 서부 · 동부 · 북부에 분포하는 지상식의 대나무집도 예부터 있던 형식이다. 타이야족의 주택구성은 공통적으로 주옥과 곡창, 돼지우리, 닭장, 뼈시렁(獸骨架), 해골집으로 이루어진다. 그리고 마을은 사방으로 빽빽한 대나무 숲에 둘러싸이고 입구에는 마을을 보호하고 멀리 바라볼 수 있는 망루를 세웠다. 망루는 높이가 10m에 이르는데, 긴 통나무를 X형으로 만들고 그 위에 벽 없이 대나무 바닥을 만들고 맞배초가를 얹었다.

싸이사족(賽夏族)은 원주민 중 인구가 가장 적은 부족으로 3∼5개의 씨족이 모여 한 취락을 형성한다. 아리산(阿里山)과 오봉산(五峰山) 일대의 해발 500∼1500m에 거주하는데, 주택은 북부 타이야족과 유사한 대나무집으로 실 사이를 명확히 분할하기 위해 칸막이를 두었다.

### 중부 산악지대의 부눙족과 쩌우족

중부 산악지대인 해발 500∼3000m에 거주하는 부눙족(布農族)은 원래 서부평원에 거주하였는데 한족과 평포족의 침입을 피하여 새로운 사냥터와 경작지를 찾아 이곳으로 이동하였다고 한다. 높은 산에서 밭을 경작하고 사냥을 하므로 많은 노동력을 필요로 하기 때문에 대부분 3대의 일가가 함께 사는 부계대가족을 이룬다. 그래서 전통주택은 규모가 크고, 파이완족과 유사한 석판옥(石板屋)으로 주옥(主屋)과 축사로 구성된다. 주옥에는 창문이 없는데 벌레와 맹수 및 적들의 침입을 방지하기 위해서라고 한다. 부눙족은 죽은 가족을 집에 묻는데, 이는 비록 죽었지만 영원히 가족으로 함께한다는 의미를 담고 있다.

쩌우족(鄒族)은 위산(玉山) 서쪽 해발 500∼1,500m에 분포하는데 부락 내의 인구밀도는 높다. 부락의 중심에는 부락민의 행정, 신앙, 문화활동의 중심인 집회소(구바)와 광장이 위치하고, 집회소 뒤에는 각 가족의 친가(종가)가 있고, 그 뒤쪽에 일반 집들이 자리한다. 주택은 둥근 방형의 평면에 타원형 초가로 덮었는데, 부풀어 오른 형상이 거북이 모양이다.

## 남부 산악지대의 루카이족과 파이완족

남부 산악지대(屛東縣 또는 高雄縣)에 사는 루카이족(魯凱族)은 광의의 파이완족의 일파이다. 사회구조는 귀족·무사·평민의 계급사회로, 귀족출신의 세습추장만이 집 주출입구의 상인방에 뱀, 사슴, 사람머리를 조각한 것을 걸 수 있다. 널찍한 돌을 이용해 지붕을 덮은 석판옥은 목조와 석조의 혼합구조이다. 특히 인체척을 사용하여 모든 건축은 낮고, 처마높이는 머리에 닿고, 바닥은 한 단(약 50cm) 아래로 들어가는 반수혈식이다. 지금은 대부분의 집이 층고가 높아지고 수혈도 없어져서 출입이 수월해졌다.

파이완족(排灣族, 160개 부락, 인구 6만 3000명)은 아미족, 타이야족과 함께 고산족의 3대 종족이다. 이들 사회는 루카이족과 동일하게 세습추장제와 계급사회로, 추장과의 계보에 따라 귀족 내에서도 위계가 정해진다. 파이완족의 건축은 공통적으로 주택(주옥, 곡창, 축사)과 사령대로 구성되는데, 광범위하게 퍼져 살기 때문에 주택형식은 거주지에 따라 북부형, 서부형, 남부형, 중부형으로 다양하다. 북부형은 인접한 루카이족과 유사한 석판옥이다. 편암을 쌓은 벽체에 석판 지붕인 것은 동일하지만, 입구가 거실 측에 있고 앞마당에 정자(凉台, 양대)를 설치하고 전면 벽에 나무는 돌을 지지하는 기둥인 것이 다른 점이다. 서부형은 측입형으로 전실과 후실로 구분되고 지붕이 거북이 등딱지 모양의 귀갑형(龜甲型)이다. 외벽은 돌로 쌓고 내부의 가구구조는 목조이고 지붕은 초가이다. 남부 동해안의 집은 한족(漢族)의 영향으로 맞배초가에 벽은 흙벽돌로 만든 것이 많다. 중부형은 앞마당이 있는 측입형 민가로 반수혈이다. 지붕은 편지붕의 초가로 대나무로 고정되어 있고, 장방형의 실내에는 화덕과 침상, 곡창 등이 있다.

## 동부해안의 아미족

타이완 원주민 중에서 인구수가 가장 많은 아미족(阿美族, 23개 향진, 인구 13만 명)은 북으로는 화롄에서 남으로는 타이둥(台東)까지 대략 북위 24° 이남 22° 이북의 동부해안과 협곡에 분포하는데, 대부분 평지에 생활을 하고 있다. 이들은 모계사회로 화전농경에 주로 종사한다. 전설에 의하면, 그들의 선조는 남쪽 해양에서 와서 동쪽 란위도에 도달하여 잠시 머물다가 후에 바다를 건너 타이완의 동해안에 이르렀다고 한다.

아미족 건축은 주택(주옥, 독립주방, 공작실, 곡창, 축사, 해골집)과 집회소로 구성된다. 기둥은 대부분 판상형 목재이고, 벽은 보편적으로 볏짚을 사용하고 지붕은 초가를 얹었다. 실내의 칸막이벽은 대나무를 그대로 사용하거나 세밀하게 엮었다. 문은 단문이거나 양문의 두 종류로, 수혈식 회전축이 있다. 지역별로 북부 아미족은 단실정입식(單室正入式), 남부 아미족 복실측입식(複室側入式)이고, 중부 아미족은 두 가지 형식이 혼합되었다. 단실정입식은 입구가 지면에 있고 기타시설은 고상에 있다. 크기차가 없는 4~5척의 돌을 둔 화로는 실내의 좌우 양측에 설치되고 외벽 측과 그 위쪽에 물건들을 걸어두었다. 복실측입식은 흙바닥으로 출입하고, 일부는 주방으로 사용하고 3개의 큰 돌을 세운 화덕을 설치하였다. 판재 위는 침실로 칸막이벽을 두기도 한다.

그리고 각 사(社)에는 두 곳 이상의 집회소를 두었다. 과거에는 집회장소 및 망루였고, 이후에는 집회, 숙박, 공동작업장으로 사용되었다. 북부 아미족의 집회소는 바닥 전체에 마루를 설치하고 중앙에 화로는 두고 사면이 뚫려 있다. 남부 아미족의 집회소는 전면 외에 삼면에 벽을 세우고 바닥에 마루를 깔고, 흙바닥의 중앙에는 화덕을 설치하였다.

### 란위도의 야미족

타이완 본도의 동남쪽 해상에 위치한 란위도의 야미족(雅美族)은 오랫동안 타종족의 영향이 적어서 남양 색채가 가장 농후하다.[7] 이들은 필리핀 최북단의 바탄(Batan)제도에서 도래했다고 하는데 서로의 생활습속과 언어가 비슷한 점이 많다. 반어반농(半漁半農)을 주업으로 주식은 타로감자이고 부식은 생선이다. 란위도는 산호초에 둘러싸인 화산섬으로 기온은 높고 다습하고 태풍이 항시 도달하는 곳이다. 그래서 주택은 주위의 지세에 맞게 수평적으로 지어진 특수한 경관을 이룬다. 이는 란위도의 강한 바닷바람과 태풍의 힘을 순화하고, 지진과 여름 더위에 대비하기 위해서이다.[8] 집구성은 주옥, 공작실, 정자(凉台, 양대), 산실[9] 및 곡창, 선창으로 이루어진다. 주요배치는 반수혈의 주옥은 중앙에 위치하고 산실과 공작실은 측면, 고상식

---

7) 야미족은 고유의 태음력을 가지고 일년 중 특정 시일에 여러 가지 다양한 생산적인 활동과 종교적인 의식을 행한다. 그리고 그들은 칼과 창을 가지고 있지만 이것은 의식용으로 다른 고산족처럼 머리사냥의 풍습은 없고, 촌락 간에 싸우는 일도 전쟁으로 이르지 않고 일종의 투석전 정도로 끝낸다. 또 그들은 바다에 둘러싸여 삶을 유지하기에 조선기술이 뛰어나 선박의 결구도 견고하다. '타타라'라는 배는 뱃머리가 위로 휘어져 조형적으로 뛰어나고 외축에 백·흑·홍색을 활용한 꽃무늬·기하학 문양으로 아름답게 꾸몄다.

8) 후지시마 가이지로(藤島亥治郎),『臺灣原味建築』, 李易蓉 譯, 原民文化, 2000, p.70

9) 김광언,『한국의 집지킴이』, 다락방, 2000, p.125 : 충청남도 도서지역(외연도·녹도·고대도·원산도·장고도·안면도·대난지도 및 서산군 부석면 창리)과 전라북도 일부 섬(어청도)에는 아이를 낳는 해막(解幕)이 따로 있었다. 집에서 아이를 낳으면 부정을 타서 고기가 잡히지 않는다고 여긴 까닭이다.

의 양대와 곡창은 전면에 위치한다. 곡창은 물속에 위치한 것도 있어서 배를 타고 가서 이용하였다. 원주민에게 가축은 재산이며 부의 상징으로, 축사는 대부분 몸채에 인접하고 돼지, 소, 닭, 오리를 길렀다. 돌담을 두룬 큰 돼지우리는 여러 집이 공동으로 사용하고 그중 일부는 나무울타리를 사용하며 상부에 초가로 덮었다. 배를 보관하는 선창[10]은 해안에서 멀지 않은 경사지에 위치하는데, 벽체는 돌로 만들고 지붕은 초가이다.

그림51. 타이완 원주민의 분포

그림52. 타이완 민가
(대나무집, 초가집, 석판옥)

---

10) 수도우 젠이치, 앞의 책, 1998, p.49 : 미크로네시아에는 집들이 늘어 서 있는 해변에 맞배지붕을 한 큰 건물은 카누가옥인 '우트'이다. 카누가옥은 카누를 넣어둘 뿐만 아니라, 남자들의 집회장이나 작업장 혹은 독신남성이나 다른 섬에서 온 남자 손님들이 머무는 숙박소이기도 하다.

<표12> 타이완 원주민의 주거구성

| 분포지역 | 원주민 | 인구수('94) | 가족제도 | 해발높이 | 구분 | 바닥형식 | 건축재료 | 평면구성 | 출입 | 실내곡창 | 전정 | 특수건축 | 마을시설 |
|---|---|---|---|---|---|---|---|---|---|---|---|---|---|
| 북부산악 | 타이야족 | 84,849 | 쌍계 | 1,000m 이상 | 서부 | 지상식 | 木 | 단실 | 측문 | · | · | · | 망루 |
| | | | | | 중부 | 수혈식 | 木,石 | 단실 | 측문 | · | · | · | |
| | | | | | 동부 | 지상식 | 竹 | 단실 | 정문 | · | · | · | |
| | | | | | 북부 | 지상식 | 竹 | 복실 | 정/측 | · | · | · | |
| | 싸이사족 | 4,602 | 부계 | 1,000m 이하 | · | 지상식 | 竹 | 복실 | 정/측 | · | · | · | 망루 |
| 중부산악 | 부눙족 | 39,656 | 부계 | 3,000m 이상 | · | 수혈식 | 石 | 단실 | 정문 | ○ | ○ | · | · |
| | 쩌우족 | 6,240 | 부계 | 평균1000m | · | 지상식 | 木,竹 | 단실 | 측문 | · | · | · | 집회소 |
| 남부산악 | 루카이족 | 10,212 | 계급 | 평균1,500m | · | 수혈식 | 石 | 단실 | 정문 | ○ | ○ | · | |
| | 파이완족 | 63,627 | 계급 | 평균1,500m | 북부 | 지상식 | 竹,木 | 단실 | 정문 | ○ | ○ | 해골집 | 사령대 |
| | | | | | 중부 | 수혈식 | 木,石 | 단실 | 정문 | ○ | ○ | · | |
| | | | | | 남부 | 지상식 | 土 | 복실 | 정문 | ○ | ○ | · | |
| | | | | | 서부 | 지상식 | 木,石 | 복실 | 측문 | | ○ | · | |
| | | | | | 동부 | 지상식 | 木,石 | 단실 | 정문 | ○ | ○ | · | |
| 동부해안 | 베이난족 | 9,654 | 모계 | 해안평지 | · | 지상식 | 木,竹 | · | · | · | · | · | 집회소 |
| | 아미족 | 130,268 | 모계 | 해안평지 | 북부 | 고상식 | 木,竹 | 단실 | 정문 | · | · | 독립주방 | 집회소 |
| | | | | | 남부 | 고상식 | 木,竹 | 복실 | 측문 | · | · | 독립주방 | |
| 란위도 | 야미족 | 4,945 | 부계·쌍계 | 해변가구릉 | · | 수혈식 | 木,石 | 복실 | 정문 | ○ | ○ | 양대,산실,선창 | · |

## 2) 타이완 민가의 평면구성

타이완 원주민의 민가는 그들의 부족 수만큼이나 다양하여 바닥 높이, 건축 재료, 평면형식도 다종다양하다. 첫째, 주택은 바닥 높이에 따라 고상식, 지상식, 수혈식으로 구분할 수 있다. 고상식 주거는 벼농사를 짓는 중국 남부 및 동남아시아의 보편적인 주거형식으로 타이완 민가의 대표형식이기도 하다. 17~18세기 기록에 의하면 서부 평지에 거주했던 평포족은 높은 기둥 위에 건축된 고상식에서 생활했고, 원주민의 다수를 차지하는 동부해안의 아미족도 고상식에 거주한다. 그리고 지면을 바닥으로 사용하는 지상식 주거도 넓게 분포하는데 쩌우족, 싸이사족, 아미족, 베이난족, 파이완족의 일부는 지상식으로 지었다. 한편 타이완의 수혈식 주거는 2계열이 있다. 하나는 북부 산악지대의 타이야족 주거는 2m 달하는 심수혈이고, 남부 산악지대의 부눙족, 루카이족, 파이완족의 주거는 바닥면을 50cm 정도 판 반수혈로 고산지대의 한랭한 기후를 막는 보온 효과가 있다. 다른 하나는 란위도의 야미족 주거로 대지 전체를 깊게 파는 수혈식으로 멀리서 보면 지붕밖에 보이지 않는데, 이것은 보온보다는 방풍이 주목적이었다.

그렇지만 부족에 따라서는 고상식, 지상식, 수혈식이 공존하기도 한다. 란위도 야미족의 주옥은 수혈식으로 태풍과 지진을 견디는 이점이 있지만 여름에는 통풍이 나빠서, 고상의 정자(양대)를 설치해 주옥의 단점을 보완하였다. 여러 동의 건물로 계절의 변화에 대처하는 주거방식의 사례이다. 한편 곡창은 기능상의 이유로 원주민들 대부분이 고상식으로 만들었다.

둘째, 중요 건축 재료로 대나무, 목재, 석재가 사용되었다. 그에 따라 집은 나무, 대나무, 띠 등의 식물재료가 중심이 되는 대나무집과 초가집, 얇게 분리되는 점판암을 지붕, 벽, 바닥에 사용한 석판옥으로 구분된다. 북부 고산에 거주하는 타이야족, 싸이사족, 쩌우족은 대나무 · 나무 · 풀 등을 이용하여 대나무집을 지었고, 중부 및 남부 산간지대에 거주하는 부눙족, 루카이족, 파이완족은 한 면이 비스듬한 형태로 얇은 돌판으로 지붕을 덮은 석판옥을 지었다. 한편 한족의 영향을 받은 초가집도 세웠다.

셋째, 평면형식에 따라 크게 단실과 복실로 구분된다. 대부분의 원주민 주거는 내부에 화덕을 가진 장방형의 단실이 원형이다. 그런데 점차 생활의 편의를 위해서 전면부는 거주공간 후면부는 수장공간으로 영역을 구분하고, 한족의 영향으로 일부 칸막이를 세우기도 하였다. 한편 야미족, 싸이사족, 파이완족, 아미족 등은 실이 전후로 분리된 복실을 구성하였다.[11] 파이완족의 서부형인 귀갑형 민가는 측입형으로 전실과 후실로 이분되고, 란위도 야미족의 주옥은 툇마루 · 전실 · 후실이 병렬로 삼분되는데 이것은 바람에 대비한 구성이다.

### 3) 타이완 민가의 구조와 조형미

타이완 원주민이 세운 민가의 구조방식은 크게 목조와 석조로 이분된다. 대다수를 차지하는 목조는 식물재료를 많이 사용하는 오스트로네시아계 제 민족의 주거와 연결되고, 석조는 이와는 다른 특이한 존재이다. 그리고 이들의 경계지역에는 내부는 목조이고 외부는 돌로 쌓은 혼합구조도 나타난다.

타이완의 대표적인 집은 목조의 '대나무집'이다. 굵은 대나무 혹

---

11) 일본민속건축학회, 앞의 책, pp.330~331

은 원목으로 기둥과 보의 뼈대를 만들고, 벽은 얇은 대나무로 세우고, 지붕도 대나무로 평평하게 만드는데 비와 더위를 막기 위해 2중으로 엮었다. 건축 재료를 고정시키는 데는 나무못 외에도 등나무 줄기를 묶어서 사용하였다. 이러한 대나무집은 재료를 구하기가 쉽고, 제작이 편하고, 여름에 시원한 이점이 있다. 더불어 벽체를 짚이나 판재로 구성한 '초가집'과 '귀틀집'도 세웠다.

한편, 석조에 속하는 '석판옥'은 고산지역에 분포하는 독특한 사례이다. 조영 과정을 살펴보면, 채석장에서 편암을 채취하여 정, 쐐기, 망치 등의 도구를 이용해 석판을 만들고 주택공사 현장으로 이동시킨다. 먼저 주택의 측벽과 뒷벽을 편암활석을 두께 70cm 정도로 쌓고, 실내 바닥에 큰 판의 석판을 깔고, 중앙에 조상을 상징하는 조령주를 세우고, 실내공간인 침상과 화덕 등을 구획한다. 창과 대문을 설치한 전면벽은 작은 석판을 병렬로 세우고, 상부의 처마도리에 구멍을 뚫고 외부에서 버팀벽을 넣어 지지한다. 마지막으로 양측 벽에 큰 도리를 걸치고, 도리 위에 개판을 깐 후에 석판을 다시 덮어 지붕을 완성한다. 내부에서는 천장이 없어서 가구구조가 훤히 보인다. 이 집은 벽상부의 도리, 개판은 나무이고 그 이외는 전부 돌로 만든 것이다.[12]

그 외 독특한 사례인 란위도의 '반수혈식 주거'는 태풍과 아열대 기후에 대비하기 위해 땅을 1~2m 넘게 파지만 주옥의 하측이 이웃집보다 높은 위치에 있다. 거실 주위에는 목판으로 두르고 목판 위에 도안을 새기고, 실내에 양각, 어간, 패물 등이 걸려 있다. 집은 겉치레가 없고, 단지 출입 구멍이 있다. 주옥의 크기와 출입문의 개수(2~4

---

12) 陳雨嵐, 『臺灣的原住民』, 遠足文化, 2004, pp.155~157

개)는 거주인의 사회적·경제적 지위를 반영한다. 후실의 중앙에 굴립주인 친주(親柱, tomoku)가 있는데 발자형상의 두꺼운 판주이다.[13]

　타이완 민가의 특색 중 하나는 기둥이 판상형인 것이다. 실내에 독립해서 세워진 기둥은 특별한 의미가 더해져 장식을 새겼다. 파이완족이나 야미족 주거의 기둥에는 조상을 상징하는 인물상이나 파치상을 조각하였다. 이것은 동남아시아와 오세아니아의 각지에 퍼져 있는 것으로, 고대 일본에도 사용되었다.

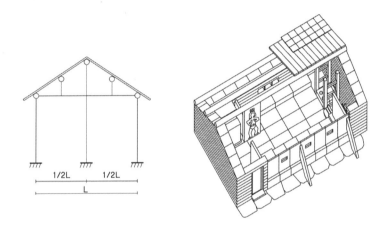

그림53. 타이완 민가의 구조 개념도와 석판옥

---

13) 이건랑(李乾朗), 『臺灣古建築 圖解事典』, 遠流, 2003, p.226

<표13> 고문헌에 나타난 타이완 민가

| 문헌 | 내용 |
|---|---|
| 이수광 『지봉유설 (芝峰類說)』 1614 | 이 섬사람들은 건장하여 활을 쏘면 200보에 이르며 다투기를 좋아하여 곧잘 칼로 사람의 목을 베어간다. |
| 『번사채풍도 (番社采風圖)』 1722 | 수애(守隘) : 대만 각 현의 원주민(番民) 가운데 생번(生番) 부근에 거주하는 부락은 대나무와 나무를 베어 울타리를 만들고, 통사(通事)와 부락 두목(土目)이 매일 표창과 활로 무장한 원주민 장정(番丁)을 파견하여 생번의 출몰을 방비하였다. |
| | 사슴사냥(捕鹿) : 담방청(淡防廳)의 대갑(大甲), 후롱(後壟), 중항(中港), 죽참(竹塹), 소리(宵裡) 등 부락(社)의 숙번(熟番)들은 늦가을에서 초겨울이 되면 부락마다 무리를 지어 사슴사냥에 나서는데 이를 출초(出草)라 부른다. |
| | 고기잡이(捕魚) : 모든 읍(諸邑) 목가류만(目加溜灣)과 치각괵(哆咯嘓) 등 부락(社)의 장정이 표창과 화살로 물가에서 고기를 잡으니 이를 포어(捕魚)란 한다. |
| 송완(宋完) 『표류기』 1729 | 8일 동안 표류하다가 타이완에 이르니, 길은 모두 바다를 끼고 밭 사이로 나 있었다. 들판은 비옥하여 한구석도 모래밭과 자갈땅이 없었다. 길 왼쪽에는 큰 산이 一자로 하늘까지 걸쳐 있었다. 날씨는 따뜻했고, 땅에서 올라오는 기운은 습기가 많았다. 여염집은 모두 2층의 다락집으로 지었다. 네 계절 언제나 다락 위에서 산다. 방은 모두 갈대와 대나무로 시렁을 짰다. |

# 3. 타이완 민가의 여러 모습

## 1) 북부 산악지대의 민가

• 타이야족의 귀틀집
: 위츠샹 다란춘 진텐샹 구족문화촌(魚池鄉 大林村 金天巷 45)

타이중(台中) 구족문화촌(九族文化村)에 있는 집으로 타이야족의 중부형인 귀틀집(薪積式)이다. 정면의 출입구로 들어가면 실내는 장방형으로 노면보다 1~2m 낮은 반수혈이고 처마높이도 1.5m로 낮아서, 선사시대 움집의 모습을 많이 간직하고 있다. 기둥은 노송나무와 소나무 등의 원목을 흙바닥에 조밀하게 세우고 벽은 통나무를 가로로 쌓았다. 지붕은 맞배지붕으로 돌로 덮었는데, 다른 집은 계피나무 껍질로 덮기도 한다. 외부의 기단에는 빗물을 방지하기 위해 주위에 흙더미를 이용해 담의 허리 부분을 만들고 돌을 둘러 세웠다.

실내는 단실(單室)로 네 모서리에 높이 40~50cm의 침상이 놓여 있다. 침상은 널판 혹은 대나무로 만든 것으로 가족들이 그곳에서 함께 잔다. 침상 사이에는 2개의 화덕이 있는데, 그 위치는 마을에 따라 다르다. 일반적으로 곡창은 실내에 두는데 이 집은 별동으로 설치하였다. 외부에 놓인 곡창은 바닥높이 1m의 고상식으로, 기둥다리 위에는 곡식 보호를 위해 돌로 된 쥐방지판(鼠返)을 만들었다.

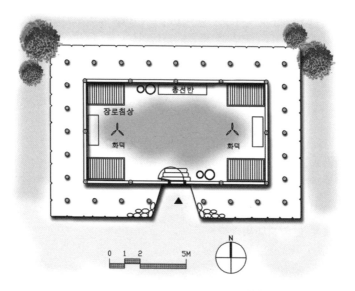

그림54. 타이야족 귀틀집 평면도와 전경

• 샤이사족의 대나무집

: 위츠샹 다란춘 진톈샹 구족문화촌(魚池鄕 大林村 金天巷 45)

이 집은 샤이사족의 동하사(東河社)에 있던 지상식의 대나무집을 구
족문화촌에 재현한 것이다. 굵은 원목으로 기둥과 보의 뼈대를 만들고
등나무 줄기로 결구하였다. 벽과 지붕은 모두 대나무로 만들었는데, 벽
은 대나무를 세로로 세웠고 지붕은 비와 더위를 막기 위해 2중으로 엮

었다. 창은 대나무로 된 들창이고, 대문은 굵은 나무로 만든 판문이다.

샤이샤족 주택은 인접한 타이야족 북부형과 거의 유사한데, 다른 원주민의 단실형과는 달리 한족의 영향을 많이 받아서 칸막이를 두어 실분화가 명확하고 침상의 면적이 크다. 또 대부분의 원주민 주택에서 취사 및 난방을 겸하는 화덕이 실내의 중심에 자리하는 데 반해, 샤이샤족은 한화(漢化)가 빨라서 부뚜막이 취사공간에 독립되어 있다. 그리고 출입방식은 한족의 영향을 받은 정입(正入)방식이

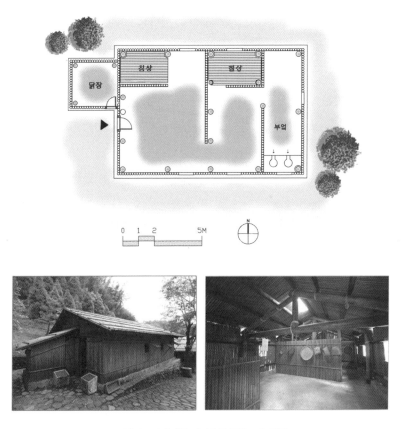

그림55. 샤이샤족 대나무집 평면도와 전경

있는데 이 집은 측입(側入)방식이다. 입구를 들어가면 정중앙에 거실이 위치하고 뒤쪽 좌우에 침상이 놓이고 제일 안쪽에 부엌이 위치하여, 단실에서 칸분화한 양상을 보여준다.

## 2) 남부 산악지대의 민가

- 루카이족의 석판옥
  : 위츠상 다란춘 진톈샹 구족문화촌(魚池鄉 大林村 金天巷 45)

구족문화촌에 세워져 있는 독특한 모양의 석판옥은 루카이족 다납사(多納社) 귀족의 집이다. 주옥과 공작실로 구성되는데, 주옥은 3면을 70cm 두께의 편암 활석으로 쌓고 전면만 얇게 절리된 석판을 세우고 그 앞에 버팀벽으로 받쳤다. 지붕은 맞배지붕으로 긴 도리 위에 널찍한 석판을 덮었다. 집 전체에 사용된 돌은 흑회색으로 아름다운데, 여름에는 시원하고 겨울에는 따뜻하다고 한다.

실내의 전면은 침상과 다용도실인 거주공간이고, 후면은 곡식과 장작을 보관하는 수장공간이다. 침상은 낮은 고상으로 출입구 쪽은 남자침상 안쪽은 여자침상으로 버들 등을 깔아 사용한다. 중앙 바닥에는 상당히 큰 석판을 깔았고, 신발은 입구에서 벗고 실내에는 모두 맨발로 다닌다. 내부의 한구석에 있는 부엌에는 장작을 태우는 부뚜막과 개수대가 있다. 그 옆은 돼지우리로 위쪽에 나뭇가지를 얹어 변소로 사용한다.

그리고 실내 중앙에 세워진 장방형의 조주(祖柱)에는 사람 문양이 새겨져 있고 그곳에서 여러 제례가 이루어졌다. 과거에는 바닥 아래에 석관이 있어서 가족의 시체를 묻었다고 한다. 이처럼 조상을 상징하는 중심기둥을 기하학적 문양으로 장식하는 것은 북태평양의 미크로네시아에 퍼져 있는 말레이·폴리네시아 문화이다.

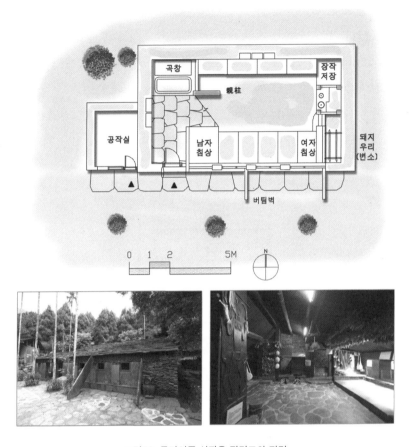

곡창

親柱

장작
저장

공작실

남자
침상

여자
침상

돼지
우리
(변소)

버팀벽

0 1 2    5M    N

그림56. 루카이족 석판옥 평면도와 전경

• 파이완족의 귀갑형 민가

: 위츠상 다란춘 진텐샹 구족문화촌(魚池鄕 大林村 金天巷 45)

파이완족의 주택은 대부분 루카이족과 같은 석판옥인데, 서부쪽
에는 귀갑형 민가가 분포한다. 이 주택은 서부 내문사(內文社)에 지
어진 귀갑형 민가를 구족문화촌에 재현한 것이다. 가구구조는 외벽
은 돌로 쌓은 석조이고 내부는 나무로 된 목조이다. 외벽은 측벽과

뒷벽은 둥근 활석으로 쌓고, 전면벽은 넓고 평평한 반석과 판벽으로 만들었다. 실내에는 두꺼운 기둥을 세우고, 벽의 양측과 후실 주위에 두께 6cm, 길이 60~100cm의 보를 놓고 그 외에 부재도 모두 고상으로 천장 전체를 둥글게 하고 초가로 덮었다.

평면은 전실과 후실로 구분된 측입형(複室側入式)이다. 전면에 출입구는 좌우 2개소가 있는데 1개는 크고 개방적이다. 전실은 거실로

그림57. 파이완족 귀갑형 민가 평면도와 전경
(도면 출처 : 千千岩助太郎, 1960, 재작성)

양쪽에 폭넓은 의자가 있어서, 그곳은 손님의 침상으로도 사용한다. 후실은 침실을 겸한 주방으로, 화덕에 가까운 침상은 여성용이고 그 맞은편은 남성용이다. 제일 안쪽에 위치한 곡창은 벽면에서 약 1m 간격으로 띠워 기둥을 세운 고상식으로 얇은 판으로 둘러져 있다.[14]

### 3) 동부 해안지대 민가

- 아미족의 고상식 주택
: 위츠상 다란춘 진텐샹 구족문화촌(魚池鄉 大林村 金天巷 45)

타이중 구족문화촌에 세워져 있는 북부 아미족인 태파랑사(太巴塱社)의 주택으로 주옥과 독립주방, 축사(돼지우리)로 구성되어 있다. 주옥은 단실정입식(單室正入式)으로 대나무 바닥이 50~60cm 높여진 고상식이다. 기둥은 판상형 목재이고, 외벽은 판재와 대나무이고, 지붕은 두께 50cm의 얇은 맞배초가이다. 판문이 달려 있는 주출입구는 중앙부에 위치하여 작은 나무계단을 통해 출입한다. 처마간에는 녹나무의 원기둥이 초석 위에 서 있고, 상단을 凹자형으로 깎고 도리를 놓고 그 아래에 구멍을 뚫어 결구하였다.

아미족은 대가족제로 주택의 규모가 커서 실내에 화로 2개를 설치한 집이 많은데 이 집은 1개만 설치하였다. 출입구에 근접한 전면부는 가족의 거주공간이고 후면부는 수장공간으로 사용한다. 동선을 중심으로 동쪽은 여성공간 서쪽은 남성공간으로 사용하고 취침할 때에는 중앙에서 잔다. 그리고 실내에 3개의 큰 돌을 세운 화로는 간단한 취사 · 난방 · 작업과 휴식 등 가족의 단란이 이루어지는

---

14) 藤島亥治郞, 앞의 책, 2000, p.107

그림58. 아미족 고상식 주택 평면도와 전경

중심 장소이다. 그리고 전면의 처마 간에는 비바람이 들이치지 않게
대나무 벽을 설치하여 농산물을 저장하거나 농기구를 비치하였다.

그리고 문헌에 의하면 취사가 이루어지는 독립주방의 결구는 주
옥의 방식과 동일하며, 실내는 흙바닥으로 화덕 및 선반, 구석에 농
기구를 설치하였다고 한다.[15]

15) 川島宙次,『稻作と高床の國, アジアの民家』, 相模書房, 1989, p.196

## 4) 란위도 민가

• 야미족의 반수혈식 주택
: 위츠상 다란춘 진텐샹 구족문화촌(魚池鄉 大林村 金天巷 45)

타이중 구족문화촌에 세워져 있는 야미족의 집으로, 주옥(主屋)을 중심으로 공작실, 정자(凉台, 양대), 산실, 곡창, 선창으로 구성되어 있다.

대지는 땅을 2m 깊이로 파서 흙으로 쌓고 주변의 담과 계단에는 모두 자갈로 균일하게 쌓았다. 주옥의 평면은 병렬로 분리되어 툇마루·전실·후실이 3단의 계단 형태를 이루고 있다. 바닥은 후실의 일부만 흙바닥이고 나머지는 모두 두꺼운 판재를 깔았는데, 고상식은 아니고 자갈 위에 장선을 깐 구조이다. 협소한 앞마당에 면한 툇마루는 개방되어 비교적 거주성이 좋다. 외벽은 판벽으로 2~4개의 작은 출입구가 있고 비바람이 불 때는 빈지문(雨戶)을 달아 폐쇄한다. 전실은 아이들의 침실로 양단에 물건을 넣은 상자를 두고, 후실과의 경계벽에는 양뼈나 멧돼지뼈 등으로 장식하였다. 후실의 앞쪽은 부부의 침실이고 뒤쪽은 흙바닥에 화덕이 있는데, 그 중앙에 굴립주인 친주(親柱)가 서 있다. 이곳은 천장이 낮고 광선이 어둡고 신비로워서 절기시 의례장소로 사용된다. 섬사람은 서로 사이가 좋아 밤에도 문을 잠그지 않지만, 집이 혈거(穴居)여서 어둡고 눅눅하다.

그래서 사면으로 바람이 통하는 부속채인 양대를 꼭 둔다. 양대는 보통 4개(혹은 6개)의 원목기둥에 6~7척 높이에 판재를 깐 고상식으로, 주위에 난간을 두르고, 지붕에는 짚을 덮어 태양열을 막는다. 평소에는 노인이나 어린이가 휴식을 취하거나 바다를 조망하고, 때때로 친구를 접대하고 집회장소로 활용된다.

독립된 작업공간인 공작실은 측입형의 단실로 입구 전면에는 방풍벽이 있는데, 채광과 통풍이 양호하여 더운 계절에는 침실로도 사용된다. 바닥은 판재를 깔았는데, 바닥 아래는 작업물을 저장하고, 지붕 밑에는 선반을 설치해 어구·용기 등을 걸어놓는다. 그리고 산실은 산모가 초산 시에 사용하고 출산 후에는 신혼부부가 분가하기 전까지 사용하는 임시 거주처이다. 산실은 깊이 1m의 수혈식으로 화덕이 있고, 건물외관은 판벽과 초가지붕이다. 곡물을 저장하는 곡창은 고상식으로 4개의 기둥 위에 곡형인 3~4척의 쥐방지판을 설치하고, 벽과 지붕은 볏짚으로 덮었다.[16]

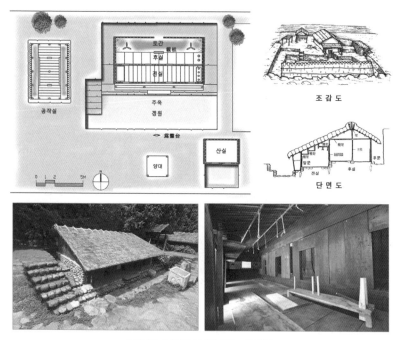

그림59. 야미족 주택 평면도와 전경
(도면출처: 藤島亥治郞, 1948)

16) 川島宙次, 앞의 책, p.184

# 제7장

# 동중국해 문화권의 민가 특성

# 1. 별동형 취사공간, 불과 민가

## 1) 불의 사용과 주택구조

인류의 건축문화와 불의 사용방법은 불가분의 관계를 가진다. 주요구(住要求)가 적었던 원시시대에도 북방에서는 따뜻함을 남방에서는 서늘함을 유지하는 문제가 중요하게 대두되었다. 추운 지역에서는 온기를 유지하기 위해 가능하면 한 지붕 안에서 모든 행위를 수용하려 하였고, 고온다습한 지역에서는 불에서 나오는 열기는 쾌적한 주거환경에 방해가 되므로 취사공간을 분리하거나 배연을 적극 고려하였다.[1]

### 분동형 주거

전 세계의 주거를 불의 사용공간을 기준으로 구분하면, 몸채 내에 취사공간이 구성된 일체형(一體型) 주거와 몸채와 취사공간이 별동인 분동형(分棟型 혹은 多棟型) 주거로 나눌 수 있다. 분동형은 동남아

---

1) 윤일이, 앞의 논문, 1995, pp.8~9

시아 및 태평양제도에 넓게 분포한다. 이것은 열대 및 아열대성 기후에서 불의 열기를 제거하여, 건물 간의 환기를 좋게 하기 때문이다. 일례로 인도네시아의 발리 민가(Bali)는 토담과 돌담을 두룬 출입구로 들어가면, 작은 집들이 많이 세워져 있다. 안마당을 중심으로 거실, 고상의 창고, 개방된 침실동, 폐쇄적인 신혼집 등이 있고 남쪽에 개방된 부엌이 위치한다. 그리고 필리핀 최북단의 바탄 섬(Batan)은 돌집으로 유명한데, 크게 몸채와 부엌채로 구성되어 있다. 돌집의 형성에 관해서는 18세기 후반 스페인 식민지의 영향이라고 하지만, 평면구성은 고유한 주생활의 반영이라고 볼 수 있다. 이러한 분동형 주거는 동남아시아 및 남태평양에서 동중국해 연안까지 분포하여 쿠로시오 해류를 따라 전파된 것으로 보인다.

동중국해에 접한 지역은 고온다습한 곳으로 태풍과 계절풍의 영향이 강하다. 그래서 큰 동 대신에 작은 동을 여러 개 세우는 분동형이 두드러진다. 이것은 잦은 태풍과 흰개미로 큰 나무가 적었고, 아열대성 기후로 겨울에도 건물 간의 환기를 좋게 하고, 태풍 시 큰 집보다는 작은 집이 유지관리에 편리하기 때문이다. 그리고 불을 많이 사용하는 부엌을 몸채와 분리하여 화재에 대비하면서 열과 연기에 의한 거주성 저하를 피하려 하였다.

타이완 원주민의 민가는 부족별로 차이가 크지만 해안가와 평지에는 대부분 분동형이 분포한다. 동부해안에 거주하는 아미족은 고상식의 주옥과 지상식의 독립주방을 구성하였다.

류큐 민가는 주거공간인 몸채(우후야)와 취사공간인 별동형 부엌(토구라)이 분리된 것이 원형이다. 일본 본토에서는 근세 후기 생활양식의 변화로 이러한 분동형이 감소하지만, 류큐에서는 분동형이 근대까지도 흔하게 지어졌고 분동형을 없앤 지역에서도 취사공간을 거주부에서 돌출시켜서 분동형의 흔적을 가진 것이 적지 않다.

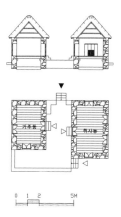

그림60. 분동형 주거
(인도네시아 발리 민가, 필리핀 바탄 섬 민가)

규슈 연해부 민가는 거주공간인 몸채(오모테)와 취사공간인 부엌채(나카에)가 완전히 분리된 것은 없지만, 두 동이 연결된 이동조(二자형)가 남부지역에 분포한다. 두 동의 연결방법은 복도(廊下)로 연결하는 것과 처마가 인접한 곳에 홈통을 둔 것이 있다. 평면에서는 고상과 토방이 나뉘지만 구분이 어렵고, 외부에서 보면 확실히 이동조임을 알 수 있다. 구마모토 현의 이동조 및 사가 현에 분포하는 ㄷ자형·ㅁ자형 주택도 이 계보에 속한다.

제주도 민가는 강풍과 화재를 의식해 장방형으로 길게 만드는 것보다 별동으로 분산 배치하는 경향이 있다. 또 겹집을 기본으로 분할식 평면을 구성하기에 공간 확대 시에는 새로운 집을 짓지 않으면 안 되었다. 그래서 한 울담 안에 초가집이 외거리집에서 두거리집·세거리집·네거리집으로 발전한다. 그중에서 두거리집이 일반형인데 제주도 동남부에는 안거리와 정지거리를 구성하였다.

이러한 분동형이 동중국해 문화권에 정착할 수 있었던 것은 극단적인 기후환경에 따라 여름집과 겨울집을 따로 구성하고, 반농반어의 생활환경에 따라 해변·농지·산지에 다양한 주택형식이 요구되었던 것에 기인하는 것으로 보인다.[2]

### 별동형 부엌

서늘함을 유지하기 위해서 동중국해 지역에서는 불을 사용하는 부엌을 몸채와 분리해 별동으로 지었다. 이러한 별동형 부엌은 동남아시아 및 미크로네시아, 멜라네시아, 폴리네시아 등 열대지방과 타이완 일부와 류큐, 규슈 남부 그리고 제주도까지 넓게 분포한다. 그러나 동중국해 문화권의 별동형 부엌은 풍우에 대비하여 벽체를 세워, 지붕만 있는 동남아 및 남태평양 지역과는 차이를 가진다.

별동형 부엌은 취사공간이자 가족의 식사·단란공간, 야간과 우천시에 작업장·건조장·수장공간으로도 이용되었다. 초기에는 작은 규모에 굴립된 중주를 세운 간단한 구조로, 흙바닥의 일부에 짚이나 판재 등을 깔고 생활하였다. 벽의 재료는 짚, 대나무, 판재 혹은 다공질의 석재로 지역별로 다양하지만 강풍에 대비해 폐쇄적인 것은 동일하다. 지붕은 초가로 굴뚝을 따로 설치하지 않았는데 취사시에 발생하는 연기는 오히려 벌레를 막고 목재를 건조시키는데 유용하였다.

---

2) 『신당서』에 '용삭초(661년)… 제주도는 여름에는 초가에 살고 겨울에는 움집에서 산다', 『남사록』(1601)에 '오소포라는 포구에는 보작이들의 집이 10여 호가 있는데 그들은 겨울과 봄에는 와서 살다가 여름에는 떠나간다', 『탐라지』(1653)에 '지금은 한 촌락이 이루어져 겨울이면 오고 여름에는 떠나가는 일이 없어졌다'라고 하여 겨울에 적합한 토방과 여름에 적합한 고상의 집을 따로 짓다가 점차 하나의 집 안에 구성하였음을 알 수 있다.

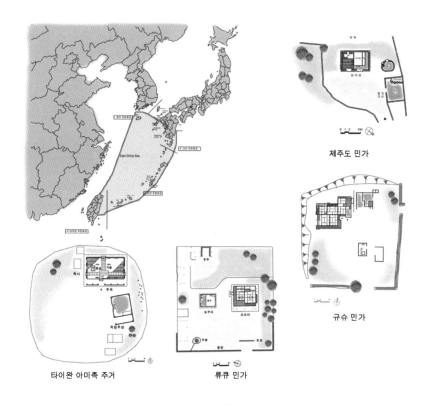

제주도 민가

규슈 민가

타이완 아미족 주거

류큐 민가

그림61. 동중국해 문화권의 별동형 부엌
(지도출처: 조원석, 1991 재작성)

　　그리고 실내에 설치된 화덕은 3개의 돌로 구성되었는데, 이곳에서 불은 취사 · 난방 · 조명의 기능적 역할 외에 신적인 존재로 숭배되었다. 즉, 화신(火神)은 솥을 받치는 3개의 돌을 신체(神體)로 삼으며 바다를 건너온 수평신이자 여신으로 인식하였다. 타이완의 아미족은 독립주방의 화덕에 3개의 큰 돌을 세웠고, 류큐에서는 바닷가에서 주어온 3개의 돌로 지면에 세모꼴로 화덕을 만들어 화신으로 섬겼다. 류큐에서 화신(히누칸)은 바다 건너 이상향(樂島, 니라이카나이)에서 온 여신이자 수평신으로 남방계 신앙이라고 한다. 그리고 제주도에서는 정지거리에 솥을 받치는 3개의 솥덕을 삼덕할망으로 섬겼다.[3] 그런데 제주도 일부에서는 화신과 조왕의 구분이 불명확하고, 규슈에서는 흙으로 만든 부뚜막 가까이에 있는 기둥에 조왕을 모시고 섬겼다. 즉, 남쪽에서 북쪽으로 갈수록 화신에 조왕의 성격이 더해지고 있다.[4]

규슈에서 별동형 부엌은 가고시마 현에서는 18세기 초, 미야자키 현에서는 19세기의 상류계층의 것이 남아 있고, 일반 농가에서도 이동조가 일부 남아 있다. 제주도에서 별동형 부엌인 '정지거리'가 주로 쿠로시오 해류가 흐르는 서귀 · 표선 · 성읍 · 우도 · 조천 등 동남부지역에 많이 분포한다.[5]

동중국해 문화권에서 이러한 별동형 부엌의 성립에 관해서 기능적으로 거주공간에서 열과 연기를 분리시키려는 의도도 있지만 예부터 불을 숭배해왔고 그 불을 잘 지키려는 신앙적 이유가 강하다

---

3) 김광언, 『한국의 주거민속지』, 민음사, 1988, p.152 : 제주도에서는 조왕을 삼덕할망이라 부른다. 삼덕은 솥을 받치는 세 개의 돌이다. 솥 받침돌은 솥덕이라고도 하며, 깨끗한 돌을 골라 쓴다. "어귓돌로 솥덕 안친다"는 속담은 이에서 왔다. 솥덕은 화신, 불신, 화덕장군, 화덕씨, 화신대장, 화덕진군, 화덕새 등으로 불린다. 화덕진군은 옥황의 남청문 밖에 사는 신으로, 인간세계의 불을 관장하러 왔다고 한다. 따라서 조왕은 솥을 고이는 솥덕인 셈이다. 제물을 모두 세 개씩 올리는 것도 솥덕이 세 개의 돌로 이루어졌기 때문이다.

4) 시모노 도시미(下野敏見), 『民俗學から原日本見る』, 吉川弘文館, 1999, p.214 : 오키나와와 아마미에서 제1신은 화신이고, 제2신은 위패를 모신다. 토가라에서는 제1신은 가신, 제2신은 화신, 제3신은 부처이다. 야마토(일본 본토)에서는 제1신은 부처, 제2신은 가신, 제3신은 조상신, 제4신은 화신이다. 류큐에서 야마토로 북상할수록 화신이 점점 후퇴하고 있다.

5) 장보웅, 앞의 책, 1981, p.157 : 솥에다 때는 연료의 열은 취사에만 쓰이고, 여열을 구들 아래로 들이지 않는 것은, 구들이 들어오기 이전의 솥걸이 형태라 생각되며, 3개의 솥덕에 솥을 걸고 사계절 취사하는 것은 남방문화요소의 하나라 생각된다. 이러한 솥걸이는 오키나와에 많았던 형태이다.

고 말해지고 있다.[6] 이를 통해, 흙바닥으로 된 별동형 부엌과 올망졸망한 3개의 돌을 받치는 솥걸이 형태, 그리고 화신의 신격은 동남아 도서부 및 남태평양 경로에서 전달된 남방문화와 관련성을 반영한다. 이때 화신의 신격은 불, 돌, 여성과 관련이 깊어 보인다(陽石複合文化).

## 2) 불의 사용과 동중국해 민가의 변용

동중국해권 민가는 아열대지만 바람이 강하고 고산지대가 많은 자연환경으로 인해 계절별·기능별에 따른 분동형 주거와 별동형 부엌이 특징이다. 그러나 한·중·일 본토의 영향으로 점차 변용의 과정을 거친다.

### 분동형 주거의 일체화

동중국해권 민가는 분동형 주거가 원형이었으나 근세 이후 생활양식의 변화, 건축기술의 발달, 가사제한 등으로 주문화권별로 다변화하고, 별동형 부엌은 기능의 편리를 위해 점차 몸채 내부에 구성된다.

타이완 원주민은 고형의 민가를 오래 유지하여 고산지대에서는 원초적인 일체형을, 동부해안에서는 분동형을 지었다. 이것은 타이완이 아열대 지역이지만 높은 고산지대가 많아 수직적으로는 아

---

6) 윤일이, 앞의 논문, 1995, 재인용 : 노무라 다카부미(野村孝文)는 일본 난세이 제도에서 분동형 형성을 불씨 받는 데와 연기로 인한 오염·화재·습기를 없애는 데 용이한 물리적 성질로 설명한다. 그러나 민속학에서는 불은 그 물리적 기능보다는 인간의 길흉(吉凶)에 직접적인 관계를 하는 존재로 인간의 생활양식을 강하게 규정하고, 또 불은 정화요소(淨化要素)로 신성시하기에 분동형이 성립한다고 설명한다.

열대 · 온대 · 아한대가 공존하는 기후적인 이유와 타이완 원주민
이 한족으로부터 분리되어 고유의 주거문화를 잘 유지한 것에 기
인한다.

한편 류큐 민가는 몸채(우후야)와 별동형 부엌(토구라)이 분동형
→열쇠형→우진각형으로 일체화되었다. 변화과정을 살펴보면, 수
혈의 한 동에서, 지상식의 분동으로 변화하고, 몸채와 부엌채의
처마가 접하고 구조가 일체화되는 열쇠형이 되고, 결과적으로 한
동의 우진각형으로 변모한다. 이는 제도상의 문제(건축법규의 제
한), 구법상의 문제(목조가구 기술과 태풍과의 관계), 재료의 확보(지
역에서 좋은 재료의 산출), 기능상의 편리성(거주상의 편리성과 방재상
의 대응), 경제성의 문제(건축투자의 제한), 신앙상의 이유(몸채-남성
공간 · 양의 공간 · 선조 · 불단, 부엌채-여성공간 · 음의 공간 · 불의 신) 때
문이라고 한다.[7]

규슈 연해부 민가는 남쪽에서 북상하면서 몸채(오모테)와 부엌채
(나카에)로 이루어진 분동형이 점차 연결되어 일체형으로 집중화되
었다. 가고시마 현 주택은 2동이 어긋난 분동형식으로 그 사이에 홈
통을 가설해놓았고, 구마모토 현에는 2동이 병렬된 일체형을 이룬
다. 아리아케 해 연안의 사가 현에 있는 곱은자집과 ㄷ자형도 분동
형식이 한 동으로 된 것이라고 한다. ㄷ자형 민가의 발생과 변천에
관해서는, 이러한 민가는 대부분 도리간을 2칸에서 최대 2.5칸으로,
바람에 대한 영향을 적게 하고 부재를 절약하고, 막부 말기의 엄격
함 건축규제에 의해 건상(鍵狀)에 부속채가 증설한 것이 유력한 발생
이유라고 한다. 특히 ㄷ자형이 ㅁ자형의 지붕이 되기도 하는데, 이것

7) 윤일이, 「남방문화 전래에 따른 동중국해권 민가의 비교연구」, 대한건축학회논문
집, 제26권 제3호, 2010.03, p.108

은 중앙에 집중된 우수를 옥내에 걸쳐진 홈통으로 외부에 배수하는 특이한 형태이다. 몸채와 부엌채의 고유 성격은 최대한 유지하면서 공존한다. 일본 본토의 무사주택은 기러기형(雁形)으로 채들이 연결 되는데, 본토에 가까울수록 민가는 기러기형을 하고 있어서 상류층 의 영향을 받은 것으로 보인다.

제주도 민가에서도 별동의 정지거리는 점차 없어지고 안거리에 정지를 구성하였다. 제주 민가는 해양과 대륙 양방면으로부터 수용 된 두 문화형질이 도서라는 지리적 이점으로 비교적 원형이 잘 보존 되었다. 그러나 조선 후기를 기점으로 점차 한반도의 영향이 커져서, 민가는 크게 남동부와 북서부로 차이가 발생한다. 한반도와 가깝고 바람이 강한 제주 북서부에는 안·밖거리 二자형 배치가 많고, 제주 목과 대정현의 안거리는 4칸집이 많고 정지에 작은구들을 들였다. 그에 비해서 쿠로시오 해류가 지나가는 제주 남동부에서는 안·밖 거리는 ㄱ자형 배치를 선호하였고, 별동인 정지거리가 많고, 정의현 의 안거리는 대부분 3칸집이고 정지는 통간형을 이루는 등 남양특 성이 강하다. 그리고 네거리집과 이문간을 설치한 집은 제주목·대 정현·정의현의 세 읍성에 많아서 유교문화의 영향을 받은 상류계 층의 주택으로 보인다.

### 화덕과 화로의 분리

동중국해 지역에서 취사공간(부엌)이 흙바닥인 것과는 달리 거주 공간(몸채)은 고상식으로 지었다. 제주도를 포함한 그 이남 지역은 기후가 온난하여 난방시설이 크게 발달하지 않았는데, 지상의 화덕 외에 다만 고상에 화로(火爐)를 설치하였다.

타이완 원주민은 취사용 화덕을 지속적으로 사용하였다. 일부 규 모가 큰 집에서는 2개의 화덕을 두어 취사와 난방을 분리하거나, 아미족은 고상의 주옥에 화로를 따로 설치하였다. 류큐 민가에도 별도의 난방시설이 없었는데, 일부 주택에 이동 가능한 이로리(爐)를 설치하였다. 이때 화덕은 조리용이고, 이로리는 노인의 난방과 차를 끓이는 용도이다.[8] 그리고 규슈 민가에서는 고상마루인 응접실(히로마나 데이)에 이로리를 설치하여 난방을 하였다. 수세기 동안 일본에서는 나무를 목탄으로 가공하여 마루에 놓인 이로리나 이동 가능한 화로(火鉢, 히바치)에서 그것을 태웠다. 목탄은 연기를 적게 발생하면서 연소되기 때문에 굴뚝이 구성되지 않았다. 제주도 민가에서는 정지에 솥덕이 놓이고 상방에 이동식의 봉덕(또는 부섭)을 두었는데 일부는 붙박이로 설치하였다. 겨울철에는 천장에다 철사를 걸고 무쇠 냄비를 매달고 물을 끓였으며, 부녀와 유아는 구들에서 자고 성인 남성들은 상방에서 옷을 입은 채로 봉덕(화로) 옆에서 잤다고 한다.

고상에 설치된 화로는 조명·난방·건조·간단한 조리용으로 이를 중심으로 가족 단란이 이루어졌다. 제주도에서는 화로 옆에서 길쌈, 베틀로 옷감 짜기, 바느질, 새를 사용하는 작업, 혼상제 때 음식을 장만하는 일 등을 했다. 그리고 제주도와 일본에서는 화덕·화로와 같이 불이 있는 장소는 타계(他界)와 통하는 특별한 장소로 인식해서, 그곳에서 연초의례(年初儀禮)를 행하고 농작물의 풍작 등을 기원하였다.

동중국해 문화권 민가의 화덕에서 화로가 분리되면서 부엌(지상)

---

8) 조원석,『火の使い方から見た民家構法の形成に關する硏究』, 동경대학교 박사학위 논문, 1991, p.21 : 다동형(多棟型)이 기본인 하치조 섬(八丈島)에서 일상생활의 조리는 밖의 간(間) 이로리에서 하지만 장례식 때에는 노천 밖에 화덕을 창고 밑에 설치해 조리한다.

의 다양한 기능들이 마루(고상)로 옮겨갔고, 화신의 신격도 분리되어 지상보다는 고상의 화신을 더 상위로 섬겼다. 고상의 화신에는 천상을 오르내리는 조왕(竈王)의 신격이 더해졌는데, 마루에 화로가 설치되는 경우는 아시아 남부의 고상식 주거에서 아직도 나타나고 있다. 이를 통해 고상식 주거와 화로 그리고 천상을 오르내리는 화신(조왕)의 신격은 동남아 대륙 및 중국 남부의 벼농사 문화와의 관련성을 드러낸다.[9] 그리고 화덕과 화로의 분리과정을 통해 이 지역에 지상식이 먼저 자리 잡고 고상식이 추후에 정착된 것을 살펴볼 수 있다.

### 온돌과 다다미의 수용

동중국해 문화권 민가의 바닥은 오랫동안 토상(흙바닥)과 고상(마루)이 공존하였는데, 17세기 이후 온돌과 다다미가 수용되었다.

타이완 원주민은 증가하는 한족을 피해 산악지대와 동부해안으로 옮겨가 그들의 주거문화를 계속 유지할 수 있었다. 북부 산악지대의 타이야족은 흙바닥에 대나무 침상을 놓고 생활하고(입식), 남부 산악지대의 루카이족과 파이완족도 석판암 혹은 흙바닥(입식, 좌식), 동부해안의 아미족은 고상의 대나무(좌식)로 바닥재료가 다양하였다. 그런데 1,800년 말의 식민정책과 뒤이은 개방정책으로 일부 다다미를

---

9) 남근우, 앞의 책, 2005 : 중국 윈난 성과 쓰촨 성의 소수민족들은 부엌에 조왕을 모시는데 여신으로 받든다. 어룬춘족은 조왕을 '노부인', 허저족은 '불가어머니', 만주족은 '붉은 옷을 입은 노부인' 등으로 불러, 이러한 관념은 모계사회의 잔재로 여겨진다. 이들은 특별한 조왕상 없이 제사를 지내는데, 납서족과 장족 일부는 타오르는 태양을 상징하는 불꽃 모양의 그림을 부엌에 붙여 불의 신으로 여긴다. 장족들은 부엌 한쪽에 벽감을 설치하고 조왕이 음식을 향음하도록 한다. 그 밖에 소수민족들은 화덕 자체를 화신이 깃든 신성한 공간으로 여긴다.

깔았다(흙바닥, 돌바닥, 마루). 류큐에서는 명치 중기까지 80%에 이르는 주거에서 흙바닥에 짚이나 띠를 깔고 그 위에 자리를 펴고 생활하였다. 이후 고상부분에 마루나 다다미를 깔았다. 그리고 규슈에서는 원래 흙바닥과 고상의 마루로 구성되었는데, 일본 본토의 영향으로 다다미가 도입되었다. 다다미는 17세기 중엽에 부유한 농민이나 상인들의 주거에 보급되기 시작했으며, 일반 서민의 경우는 19세기 이후에 보급되었다(흙바닥+마루+다다미). 제주도 민가는 상방이 원래는 흙바닥으로 토좌생활(土座生活)을 하다가 후에 마루로 변화하는 남방적 특성을 나타낸다. 이후 한반도로부터 온돌이 16세기에 도입되고 18세기에 확산되면서 북방적 특성이 결합되었다. 그래서 제주도 민가는 한반도 민가에 비해 정지와 상방·구들의 높이차가 적고, 취사와 난방이 분리되고, 연료도 말똥을 사용하여 온도전달에 차이를 가진다(흙바닥+마루+온돌).

이를 통해 온돌과 다다미 도입 이전 동중국해권 민가의 평면구성이 유사하였고 공통적으로 좌식생활을 하였음을 알 수 있다. 그리고 타이완은 화덕과 화로, 류큐는 화덕·이로리, 규슈는 부뚜막·이로리, 제주도는 화덕·봉덕·온돌이 있어서 북쪽으로 갈수록 난방시설이 확충되어갔다.

또, 제주도에서는 구들에서 유교식 의례가 행해지고, 류큐와 규슈에서는 다다미가 깔린 곳에 신단(神棚)과 불단이 설치되었다. 기존의 가신과 화신(조왕)보다 유교의 조상신과 불교의 부처의 신격을 높게 인식하여 주택평면의 동쪽과 전면에 위치시키고, 무속의례는 여성이 주관하는 것에 비해 유교와 불교의례는 남성이 주관하였다.[10] 가

---

10) 윤일이·尾道建二,「동중국해권 민가의 聖域에 관한 연구」, 문화재 제43권 제2호, 2010, p.75

장 늦게 수용된 온돌과 다다미는 고상에 설치되고 전면에 위치하여 권위공간으로 인식하였음을 알 수 있다.

### 동중국해권 민가의 복합성

문화현상이라는 것은 어떤 특정의 지역을 중심으로 해서 전파되지만, 전파된 문화는 시대가 지나면 전파된 것 위에 중첩된다. 따라서 가장 오래된 문화가 전파되어 기층에 잔존하는 동시에, 누적된 문화가 각지의 사정에 따라 복합화되고 독자의 문화를 구축하게 된다.

동중국해권 민가의 형성과정을 불의 사용방법에 따라 크게 3개의 문화층으로 구분할 수 있다. 기층(基層)은 흙바닥으로 된 별동형 부엌을 구성하고 거기에 3개의 돌로 된 화덕을 설치하고, 그 화덕을 신체로 삼는 화신은 바다를 건너온 여신으로 인식하는 등 동남아 도서부와 남태평양 경로에서 쿠로시오 해류를 따라 전달된 어로 및 근재농경문화와 관련성을 드러낸다. 중층(中層)은 고상식의 몸채를 구성하고 거기에 난방·조명용의 화로를 설치하고, 고상의 화로에는 화신에 천상을 오르내리는 조왕의 신격이 더해져, 중국 남부와 동남아 대륙부의 경로에서 전달된 벼농사 문화와의 관련성을 반영한다. 표층(表層)은 17세기 이후 고상부분에 온돌과 다다미 등이 전래되고 그곳에 유·불(儒·佛) 관련 시설이 놓이고 의례가 행해져, 북방 및 한·중·일 본토 문화의 영향이 커졌음을 알 수 있다.

이를 통해, 동중국해 문화권 민가는 선사시대부터 오랫동안 남방적 요소를 바탕으로 하여 배치와 평면이 유사하였는데, 17세기 이후 한·중·일 본토의 영향이 커지면서 제주도는 한국화, 규슈는 일본화, 류큐는 일본화·중국화, 타이완은 중국화 등으로 다변화한 것으로 보인다.

<표14> 동중국해 문화권 민가의 복합성

| 구분 | | 민가구성 | | | 가신<br>(家神) | 문화 | 경로 |
|---|---|---|---|---|---|---|---|
| | | 바닥<br>높이 | 바닥<br>재료 | 불사용 | | | |
| 기층 | 남방<br>문화 | 지상식 | 흙바닥 | 화덕 | 화신<br>(火神) | 근재농경문화 | 동남아 도서부<br>및 남태평양 |
| 중층 | 남방<br>문화 | 고상식 | 마루 | 화로 | 조왕<br>(竈王) | 벼농사<br>문화 | 동남아 대륙부<br>및 중국 남부 |
| 표층 | 북방<br>문화 | (고상식) | 온돌·<br>다다미 | 온돌<br>– | 유·불<br>(儒·佛) | 한·중·일<br>본토문화 | 동북아시아 |

# 2. 바람이 통하는 돌담, 바람과 민가

## 1) 바람과 주택구조

동중국해 연안·도서지역은 아열대지만 계절풍과 태풍의 영향이 커서, 이곳의 민가는 통풍과 방풍이 동시에 요구되었다. 그래서 수직적으로는 풍압의 총량을 낮추기 위해서 대지와 건물의 높이를 낮게 하고, 지붕은 바람이 쉽게 지나가도록 유선형이나 우진각형을 취하고, 통풍을 위해서 바닥은 낮은 고상식으로 구성하였다. 수평적으로는 강한 바람에 대비하여 불규칙한 모양의 대지에 돌담과 방풍림을 두르고, 건물의 외피(外被)를 튼튼히 하고, 평면은 겹집의 동심원 구성을 하였다.

### (1) 수직적 요소

#### 오목한 대지

한랭한 기후에 대비해 대지의 따뜻함을 이용하는 수혈식 주거가 북방계통이라고 한다면, 바람을 이용하여 서늘함을 추구하는 고상식 주거는 남방계통이라고 할 수 있다. 그런데 동중국해권에는 아열대임에도 불구하고 대지의 지면을 낮게 한 주택을 많이 지었다. 이곳에서 수혈식 주거는 일부 고산지대에서 추위를 해결(타이완 고산지대)하려는 목적도 있지만 대부분은 평지에서 바람 해결(제주도, 규슈, 류큐, 타이완 해안과 평지)이 주목적이었다.

　타이완 란위도에서는 대지 전체를 깊이 1～2m로 파고 주옥을 세워서 태풍과 지진에 대비하였다. 류큐에서는 대부분 지면을 조금 판 장방형 대지를 조성하였다. 그리고 계곡에 위치해서 강한 바람이 부는 토나키 섬(渡名喜島)과 아구니 섬(粟國島)에서는 대지의 배면을 파서 지반면을 낮게 하여 건물을 세워서, 강풍이 건물에 직접 오더라도 지붕 위를 통과해 가도록 하였다. 규슈에서는 낮은 대지를 선정

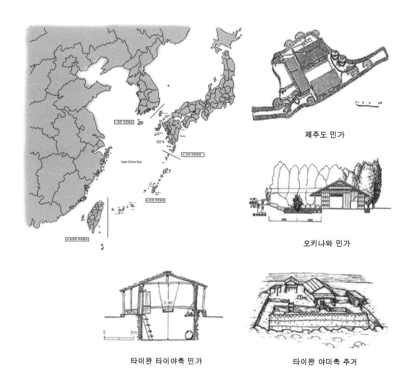

제주도 민가

오키나와 민가

타이완 타이야족 민가　　　타이완 야미족 주거

그림62. 동중국해 문화권의 수혈식 민가

해서 주위에 대나무 숲의 방풍림을 조성하였다. 그리고 제주도에서는 신당이 산정(山頂)이 아니라 오목하고 에워싸여진 곳에 위치하고 집자리 역시 주위의 지형보다 오목한 곳을 선택하여 바람을 해결하였다.

화산지대인 동중국해 지역은 선사시대부터 추위와 태풍에 대비하여 동굴이나 바위그늘을 활용한 경험은 땅을 파는 행태로 이어져, 대지의 지면을 낮게 하거나 굴집과 같은 돌집을 조영한 것으로 보인다.

### 낮은 고상식 건축

동중국해 문화권 민가는 서늘함을 유지하기 위해서 자연적인 통풍을 최대한 이용할 수 있는 주택의 위치와 방향, 다공성의 열을 흡수하지 않는 재료뿐만 아니라, 서늘한 미풍을 보다 잘 이용할 수 있는 고상식 건축을 지었다.

고상식 건축은 목재 또는 대나무로 만든 기둥 위에 높은 마루구조를 만든 것으로 중국 남부나 동남아시아의 고온, 다습, 다우(多雨) 지역에 적합한 형식이다. 고상식은 땅으로부터 떨어져 있어서 통풍이 잘되고 습기를 피할 수 있어서 쾌적하고 위생적이며, 외적이나 사나운 짐승과 쥐 같은 해로운 동물들로부터 보호된다. 또 범람으로 평지가 물에 찰 때를 대비할 수 있고, 이것에 종교적 세계관이 더해졌다. 중국 서남부지역인 귀주(貴州), 광시(廣西), 윈난(雲南) 등에 분포하는 고상식 주거는 상층부분에는 가족들이 생활하고 하층부분은 축사와 창고로 사용한다.[11] 그리고 동남아 내륙의 고상식은 바닥높

---

11) 윤장섭, 『중국의 건축』, 서울대학교 출판부, 1999, p.334

이가 3~4m에 이르는 것도 있다.

타이완 원주민의 일부 건물이 고상식이고, 제주도, 규슈, 류큐에서도 주거내에 고상식을 지었다. 타이완 아미족의 주옥은 대나무 바닥이 약 50cm로 낮지만, 곡식을 저장하는 곡창은 바닥높이가 1m 내외이고, 양대·집회소·망루 등은 더 높게 지었다. 규슈와 류큐의 민가는 크게 토방과 고상으로 구성되는데, 고상은 높이 30~50cm로 바닥에는 마루와 다다미를 깔았다. 더불어 제주도 민가도 오랫동안 흙바닥에서 생활하다 이후 상방에 마루를 깔았는데 높이는 약 25cm로 낮다.

즉, 동중국해권 민가는 더위를 해결하기 위해 중국 남부와 동남아시아 경로로 전래된 고상식 건축을 지었다. 그렇지만 태풍의 통과길이어서 민가의 기단, 마룻바닥, 처마, 지붕의 높이가 전반적으로 낮은 것이 특징이다.

### 유선형 지붕

동중국해 문화권의 민가는 지붕 면적이 벽체보다 큰 남방적인 특성을 띠는데, 바람의 영향을 최소화하기 위해서 지붕 형태는 둥근 유선형이나 우진각형으로 지었다.

제주도 민가는 우진각 지붕틀에다 새(茅)를 두껍게 덮어 낮은 돔(Dome) 모양이다. 논농사가 거의 없어서 지붕을 덮은 재료는 짚이 아닌 새였다. 새는 볏짚에 비해 방수성이 뛰어나고 가벼워서 비가 많이 오는 제주에서 초가를 잇는 좋은 재료였다. 『제주읍지』「풍속조」에 '새이엉은 엮지 않고 지붕 위에다 펴서 쌓고 물기에 강한 노가리나무 등의 긴 나무를 옆으로 얽어서 그것을 눌렀고 기와집은 거의 없다'[12]고 하였는데, 이러한 장목을 횡결한 새지붕은 1970년대까지 중산간지대에서 볼 수 있었다고 한다. 최근에는 간단(새보다 짧은 풀)을 꼬아서 만든 굵은 줄을 그물처럼 떠서 지붕을 덮는다. 그리고 각 단줄의 끝부분은 처마 끝으로 돌아가며 고정시켜놓은 거왕(굵은 대나무)에 잡아매어 바람이 불어도 뜨지 않게 하였다.[13]

일본 민가는 맞배지붕이 많지만, 규슈 남부에서는 대부분 우진각지붕이다. 맞배지붕의 구조는 간단하지만 태풍이 잦은 지역에서는 측면에 풍압을 받아 파괴가 쉽기 때문에 적게 지어졌다. 태풍에 대비하여 근세 초기 일본에서는 나무지붕널에 종종 돌을 올려놓았고,[14] 쓰시마 섬에서는 지붕 전체가 돌로 된 창고도 있다. 류큐 민가는 우진각지붕이 많고, 짚이 바람에 날리는 것을 막으려고 제주도처럼 지붕을 굵은 줄로 그물과 같이 얽어매었다. 일부 집에서는 말목(末木)을 드문드문 굵은 줄에 꿰어 지붕 전체를 눌러 폭풍을 방지하였다. 그러나 19세기에 중국풍의 붉은 기와가 전래되면서 외관이 변화하였다. 타이완 민가는 바람이 쉽게 통과하도록 처마가 긴 맞배지붕, 편지붕 혹은 유선형으로 지었고, 지붕재료는 대나무, 볏짚, 나무껍질, 석판 등을 사용하였다. 특히 란위도 야미족의 주옥은 대지를 주위 지형보다 낮게 하여서 멀리서 보면 지붕만 보이는 특수한 취락

---

12) 『濟州邑誌』, 「風俗條」風土錄人居皆茅茨 不編鋪積屋上 以長木橫結壓之 瓦屋絶少.

13) 장보웅, 앞의 책, 1981, p.224 : 제주의 초가지붕은 1~2년에 한 번씩 덮은 위에 다시 덮어 상마루선이 완만하고 부드러운 선을 이루게 된다. 지붕을 이는 시기는 대개 10~12월 초까지다. 지붕을 일 때는 날짜를 택일(擇日)하는데, 천화일(天火日)을 피했다. 천화일이란 자, 오, 묘, 유(子, 午, 卯, 酉) 일을 말한다.

14) 신숙주의 『해동제국기』 일본국기(日本國記)에 '사람들의 집은 나무판자로 지붕을 덮었고 오직 천황이나 국왕이 거처하는 곳이나 사원에만 기와를 썼다'고 하여, 근세 초기 일본에서는 나무지붕널이었고 바람에 날리지 못하도록 그 위에 종종 돌을 올려놓았음을 알 수 있다.

경관을 이룬다.

동중국해 문화권 민가의 지붕은 둥근 유선형이나 마룻대가 짧은 우진각형의 초가가 기본형이다. 그런데 한·중·일 본토의 영향으로 상류주택을 중심으로 기와를 덮기 시작하였다. 이때 바람에 대비해 우진각 지붕틀에 암기와와 수기와를 얹고 흰 석회를 두껍게 발라서 제주도와 류큐의 지붕모습이 상당히 유사하다.

## (2) 수평적 요소

### 바람이 통하는 돌담

동중국해 문화권에서는 강한 바람의 풍속을 줄이기 위해서 마을에는 꼬불꼬불한 골목길을 만들고 집 주위에는 돌담을 쌓았다. 이때 돌담이 경계표시, 풍속완화, 성스러운 경계의 역할을 하는 것은 동일하다. 그렇지만 제주도에는 무른 다공질의 검은 현무암, 류큐에서는 잿빛의 산호석회석, 타이완에는 검은 절리판을 사용하여 다양한 분위기를 연출하였다. 그리고 출입구에 위치하는 제주도의 올레와 류큐의 차면담(힌푼)은 형태는 다르나 공통적으로 시선 차단과 바람 세기를 줄이는 효과가 있다.

제주도에서는 검은빛 다공질(多孔質) 현무암으로 집 주위에는 울담, 밭의 경계에는 밭담, 목축장의 잣담, 바다 속 원담, 무덤가 산담 등을 쌓았다. 얼기설기 쌓은 돌담은 평균높이 1.65m로 효과적으로 풍속을 줄여 안정한 주거공간을 조성하고, 강풍이 자주 부는 방향에는 겹으로 쌓기도 하였다. 그리고 출입구의 긴 '올레'는 안거리의 정면을 빗기도록 하여, 시선 차단은 물론 풍속을 완화시키는 기능을 하였다. 그래서 제주도에는 올레가 길어야 부자가 된다는 속설이 지금도 전승된다. 강풍에 쉽게 무너지고 썩는 주택의 대문을 대신해 3

개의 통나무를 가로 걸친 '정낭'을 설치하였다. 때때로 성읍에는 이 문간이라 하여 부속채에다 문을 덧붙여 달았다.

돌담(石垣)의 기원에 관해서『당회요』「탐라국조」(661)에는 '둥그렇게 돌담을 둘러쌓고 지붕을 이었다'[15]는 기록이 있어 울담은 상당히 오래전부터 쌓았고,『동국여지승람』「풍속조」에 '1234년(고종21) 김구 판관 때부터 돌을 이용해 돌담을 쌓음으로써 토지소유의 명확한 경계를 삼았다'[16]고 하여 경지 주위의 밭담은 13세기부터 시작된 것으로 보인다. 제주도에서 담은 경계 표시의 기능 외에 우마의 출입방지, 경지에서 나오는 경석의 처리장 또 건조시 바람에 의해서 토양이 날리는 것을 억제하는 역할을 하였고, 무덤과 본향당의 담처럼 성스러운 경계의 역할도 하였다.

류큐에서는 바람을 막으려고 마을길을 꺾고 돌담이나 밭담을 쌓았다. 민가는 지상의 낮은 위치에 돌담을 세우는데, 산호초의 암괴를 두께 40~50cm, 높이 150~170cm의 거친돌로 쌓았다. 돌담 내측에는 흙을 두고, 높이 45~50cm 정도의 내돌담으로 2중담을 만들었다. 바닷가에 굴러다니는 크고 작은 돌들을 주위와 담을 쌓는데 듬성듬성 대충 쌓아올린 것 같지만 산호이끼의 마찰력으로 웬만한 태풍에는 끄떡없다고 한다. 그리고 주거내 따로 대문을 설치하지 않고 대신 가로 180~270cm, 세로 150~180cm의 석회석담(혹은 판담, 죽담)인 차면담(힌푼)을 두는데 이는 시선 차단과 방풍의 효과도 겸한다. 류큐에서 돌담은 악령을 막는 역할을 한다고 믿어서 군사시설뿐만 아니라 부족장 숙소, 고대의 원주민의 주거유적과 묘, 또 신앙의

---

15) 唐會要』,「耽羅國條」: 其屋宇爲圓牆 以草蓋之.
16)『東國輿地勝覽』, 地多亂石 乾燥素無水田 唯甦麥豆粟生之 厥田古無彊畔 强暴之家
日以蠶食 百姓苦之 金坵爲判官 問民疾苦 聚石簡垣爲界 民多便之.

대상인 숲, 암산(岩山) 등에도 경우에 따라서는 구스크(城)를 쌓았다. 한편 규슈의 쓰시마 민가는 높이 180cm 두께 90cm의 두꺼운 돌담을 쌓아 강풍에 대비하였다.

### 큰 키의 방풍림

동중국해 문화권 민가의 주위에는 돌담과 더불어 방풍림을 조성하였다. 집터의 사방을 빼곡하게 둘러싼 수목은 주거내 풍속을 줄일 뿐만 아니라 더위와 추위를 완화시키는 역할도 하였다.

제주도에서는 안거리 뒤쪽인 '안뒤(뒤뜰)'에 담을 높게 쌓고 이곳에 동백나무, 감나무 등을 심어 뒤에서 불어오는 바람을 막았다. 그리고 과원 주위에도 대나무를 심었다. 제주도 민가의 마당은 그늘하나 없는 양(陽)의 공간이고, 안뒤는 상록수를 심어 그늘진 음(陰)의 공간으로 바람이 없는 무더운 여름이라도 상방의 앞뒷문을 열면 공기의 유속이 빨라져 시원한 바람을 느낄 수 있다.

규슈에서는 집 주위에 마키, 삼나무, 대나무를 심는 것이 일반적이다. 토나키 섬에서는 집터를 도로보다 1m 정도 낮게 만들고 주위에 후쿠기(福木)를 심었고, 성곽도시인 지란(知覽)에서는 낮은 돌담을 쌓고 그 위에 마키 등을 심은 생울타리를 구성하였다. 동남서도에서는 들판에 쌓은 돌담과 용나무(榕樹)의 조합을 볼 수 있다. 류큐에서는 돌담 내부에 바람에 강한 용나무나 후쿠기를 심었고, 집터의 동쪽에 연못을 둔 정원을 구성하여 몸채에서 실내 환기가 동서방향으로 이루어진다.

### 이중의 외피

방풍과 통풍을 해결하기 위해 동중국해 문화권 민가는 외벽을 구조벽과 의장벽으로 분리하였다. 이때 개구부는 다양한 개폐가 가능하도록 하였고, 개구부의 빗물 처리를 위해서 벽과 창문을 보호할 이중(二重)의 외피를 설치하였다. 이것은 실내 환경을 양호하게 조절해줄 뿐 아니라 벽과 창문의 내구성을 키우기 위해서도 대단히 유효하다.[17]

제주도 민가는 장방형의 네 모서리는 돌로 쌓고 그 사이는 나무로 된 빈지문을 설치하였다. 외벽 모서리는 둥글려져 있는데, 이는 직사각형에 비해 반원형은 통과하는 바람이 공기의 교란운동을 일으키지 않아 주택에서 바람의 구조적·온도적 영향을 감소시키기 때문이다. 그리고 개방된 곳에는 방→난간(툇마루)→기단과 같이 이중의 완충공간을 두어 뙤약볕과 비바람을 막았다. 또 지붕의 처마 끝에는 새를 엎어서 만든 풍채(風遮)를 설치하여, 보통 때는 채양처럼 들어올려놓지만 비바람이 세차면 수직으로 내려서 집의 벽이나 문들이 풍우에 덜 젖도록 하였다.[18] 풍채시설은 바람이 센 북서부지역에 더 많이 설치되었다.

규슈 민가의 구조는 목구조이지만, 일부는 기둥 바깥에 두꺼운 토벽을 쌓는 이중구조이다. 또 태풍과 집중호우로부터 집을 보호하기 위해 토벽이나 판벽에 대나무 벽을 부가하기도 하였다. 내외부 사이에 툇마루와 차양칸을 두어 실내 면적을 크게 하는 효과 외에 비와 일교차로부터 건물을 보호하며 내부환경을 조절하였다. 이곳의 집은 본토에 비해 폐쇄적이어서 실내가 어두웠는데, 점차 건축기술의 발달로 개방적으로 변화하였다.

---

17) 조성기, 앞의 책, 2006, p.375
18) 아모스 라포포트, 『주거의 형태와 문화』, 이규목 역, 열화당, 1985, p.144 : 멜라네시아인들은 벽체를 낮추거나 올리거나 다른 위치로 움직여서 바람을 막거나 통하게 했다. 그리고 덥고 습한 지역에서는 긴 처마나 베란다가 비가 올 때에도 창문을 열고 환기를 할 수 있게 하여 중요한 기후적 형태 수정요소가 된다.

류큐 민가도 네 귀퉁이를 석조로 쌓아 강한 우각부를 조성하여 내력벽 역할을 하게 하고, 비가 많이 오기 때문에 개방된 부분에는 빈지문을 설치하였다. 실내에서 외부로는 방→툇마루(緣)→차양(庇)으로 완충공간을 두어 강한 햇빛과 비바람에 대비하였다. 몸채의 주위로 폭 3~4척(尺), 높이 6~7척의 낮은 처마공간을 만들었다. 이곳은 여름의 강한 일사와 비를 막을 뿐만 아니라, 우천 시에는 곡물의 건조장소이며 농작업 공간, 낮에 편히 쉬는 장소이면서 손님의 접객장소이자 실내로 들어가는 현관의 역할도 겸한다.

### 겹집 구성

동중국해 문화권 민가의 평면은 중주(中柱)를 세운 정방형(田字)에 가까운 겹집(양통집)이 원형이다. 이 평면은 원시시대 움집에 기원을 두는데, 아열대 지역임에도 불구하고 겹집구조로 정착하는 것은 강풍에 유리하기 때문이다. 공간 확대 시에는 중주를 중심으로 종횡분할되고, 퇴칸과 차양칸을 두어 동심원상으로 확장된다. 대부분 전열은 거주공간 후열은 수장공간으로 사용된다. 이러한 겹집의 분포를 살펴보면 쿠로시오 해류를 따라 전파된 것으로 생각된다.

제주도 민가는 한국의 가장 남쪽에 있지만 홑집이 아닌 겹집을 이루고, 구성방식도 한반도 민가가 결합방식인데 비해서 분할방식이다. 한쪽에 정지가 자리하고 다른 쪽에 구들과 고팡이 위치하며, 집이 더 커지는 경우는 상방이 들어서는 종분할 단계로 들어간다. 그리고 전후로 난간(툇마루)이 더해진 7량집으로 한반도의 5량집과는 전혀 다르다.

규슈 민가의 평면은 전자형(田字型)이 대부분으로, 동일본의 홑집인 히로마형(廣間型)과는 다르다. 그리고 건축법상 보칸이 2~3칸으로 제한되어, 채간의 연결에 따라 독특한 二자형, ㄷ자형, ㅁ자형 주

택이 형성되었다. 이러한 건물은 보간이 좁고 부재가 짧으며 지붕틀
이 꺾여서 구조적으로 강하고 지붕도 낮아서 풍압을 덜 받고, 또한
고도의 건축기술이 필요하지 않은 이점이 있다.

류큐 민가는 중주 중심의 정방형 평면이 확대될 경우 먼저 앞뒤로
분할된 뒤에, 다시 간수가 늘어나는 종분할이 이루어진다. 이때 사람
이 거주하는 1 · 2번좌는 전열에, 물건을 두는 수장공간(우라자)은 후
열에 위치한다. 여기에 사방으로 툇마루와 차양칸이 둘러져 전체적
으로 7량집, 9량집을 이룬다.

타이완 원주민의 민가는 소규모인 관계로 단실 주거가 많지만, 야
미족 · 싸이사족 · 파이완족 · 아미족의 일부는 복실 주거를 지었다.
파이완족의 초가누갑형 민가는 전실과 후실로 이분되고, 란위도의
야미족 몸채는 툇마루 · 전실 · 후실이 나뉜 3단의 계단형태로 강한
바람에 대비하였다. 그리고 일부 민가는 맞배지붕의 처마를 길게 하
여 전후퇴를 확장하여, 후퇴는 실내공간으로 전퇴는 반외부공간으
로 사용하였다.

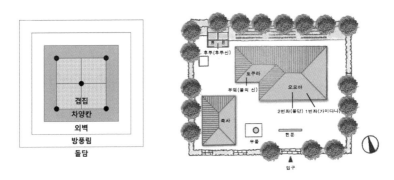

그림63. 동중국해권 민가의 동심원 구성

## 2) 동중국해 문화권의 석조문화

### (1) 동중국해권 민가의 구조와 조형미

#### 동아시아 건축의 구조

전 세계 전통건축의 구조방식은 크게 동양의 목조와 서양의 석조로 대분된다. 동아시아에서 나타나는 목조를 남북축으로 세분하여 보면, 동남아 도서부(오스트로네시아 어족)는 경사재 중심의 합장식(扠首式) 구조, 중국 남부지역은 수직재 중심의 천두식(穿斗式) 구조, 중국 북부지역 · 한국 · 일본은 가로재 중심의 대량식(擡梁式) 구조가 성행하였다. 이러한 구조 차이로 남쪽에서 북쪽으로 갈수록 건물의 규모도 크고 고도의 건축기술이 적용되었다.

동북아시아 전통건축의 목구조는 중국계 대량식이 주류이다. 기둥을 세우고 보를 걸고 보 위에 동자기둥을 세워 종보를 받치고 종보와 도리 위에 서까래를 걸치는 형식이다. 부재 간의 결구는 이음과 맞춤으로 하고 벽체는 원래 흙벽을 쌓았다.

한편, 동남아시아 전통건축은 복잡한 종교 · 민족 · 문화적 양상을 띠고 인도와 중국의 영향도 크게 받아 하나로 정의하기 어렵다. 그렇지만 도서부에 넓게 분포하는 오스트로네시아어족의 주택을 살펴보면, 八자형(합장식)으로 조합된 2개의 목재를 2조로 지면 위에 교차해놓고 양방향으로 당겨 세우는 간단한 형식이다. 이들은 건축기술이 크게 발달하지 않아 주택이 확대될 경우 큰 동 대신에 작은 동을 여러 개 세웠다. 주구조체는 나무로 하고, 2차적인 재료로 대나무나 풀 등의 식물재료를 사용하였다. 대나무는 주변에서 쉽게 구할 수 있고, 원하는 길이와 가공이 편하고, 또 작은 원형의 단면은 구조적으로 유리하여 기둥, 바닥, 지붕에까지 사용되었다. 그렇지만 대나무는 큰 규모를 지을 수 없고 결구부분을 식물줄기로 엮어야 하는 한계가 있었다.

### 동중국해권 민가의 구조형식

동중국해 연안·도서지역은 동북아와 동남아의 영향이 공존하는 곳이지만 습도, 충해, 태풍, 도서지역이라는 점들 때문에 좋은 목재가 적었고 건축기술이 크게 발달하지 않았다. 그래서 내부는 중주를 세운 목조로 하고 외부는 석조로 벽체로 구성한 혼합구조가 형성되었다.[19]

•중주구조: 동중국해권 민가의 가구구조는 중앙의 기둥으로 짧은 마룻대를 받치는 중주구조가 기본형이다. 이 구조는 소규모에서는 큰 무리가 없지만 규모가 커지면 기둥과 서까래가 받는 상부하중과 바람의 영향이 커진다. 그래서 지붕틀을 삼각형 결구를 많이 이용한 합장구조(트러스 구조)를 구성하여, 연약한 가구재에도 불구하고 상당한 지붕무게와 강한 세기의 풍하중을 견디도록 하였다.

타이완 원주민 민가는 작은 규모로, 중주가 세워진 고식의 구조를 유지하였다. 류큐의 오래된 민가는 중주와 네 모서리에 통나무를 굴립해 세우고 벽은 짚이나 가는 대나무로 엮어 짠 망으로 구성하였다. 이후 큰 규모에서는 가는 굵기의 기둥과 보가 경사재와 삼각형

---

19) 동중국해 지역에서 섬기는 태양신은 조상신이자 화신으로 돌을 신체로 하고 있다. 제주도 무속에서는 가문수호신인 조상신을 아예 '일월조상(日月祖上)'이라고 부름으로써 일월과 조상을 동격으로 보았다. 그리고 원삼국시대의 일부 신라의 무덤과 동네 및 가옥방위에서 정남향이 가장 이상적인 향으로 선택되고 있음도 태양숭배의 또 다른 모습으로 간주되기도 한다. 류큐에서도 태양숭배 신앙이 있어서 동쪽을 신이 출입하는 방위로 존중하고 역으로 서쪽을 기피한다. 타이완 파이완족은 시조전설에 등장하는 태양신과 백보사를 조상신으로 숭배하였다.

결구를 한 합장구조로 7량가, 9량가를 이루었다. 제주도의 외기둥집
은 실내 중심에 외기둥을 묻고 기둥 위에 짧은 마룻대를 걸쳐 놓고
그 위에 서까래를 얹어 지붕을 만들었다. 이후 큰 규모에서는 가는
부재로 전후퇴를 구성하여 한반도 집에 비해 규모가 작은데도 2고
주 7량가를 이룬다.

가구구조가 발달하면서 생활의 편의를 위해 기둥을 옮기거나 없
애는 이주법(移柱法)과 감주법(減柱法)이 적용되었다. 이때 중주는 위
치가 주택의 중심에서 벗어나더라도 조상을 의미하는 상징성은 유
지되었다. 타이완에서는 조주(祖柱)로, 규슈와 류큐에서는 대흑주(大
黑柱)로 중시하였다.

• 목조 · 석조의 혼합구조: 동중국해 지역에서 가는 목재의 결구만
으로는 강한 태풍과 계절풍을 견디기가 어렵다. 그래서 주변에 널려
있고 다공질로 가볍고 물러 가공이 쉬운 석재를 건축 재료로 사용하
였다.

초기 주택이나 소규모 주택에서는 벽체 전체를 석재로 쌓았다. 제
주도와 류큐에서는 규모가 작은 주택은 벽체 전체를 돌로 쌓아 폐쇄
적인데, 고문헌에서 언급된 겨울의 굴집은 이러한 형태였던 것으로
보인다. 타이완의 석판옥은 벽체뿐만 아니라 바닥 · 지붕까지도 석
재를 사용하였다.

한편 중규모 이상의 주택에서는 벽체 일부를 석재로 구성하였다.
주택의 규모가 커지면서 바람에 취약한 외벽의 네 모서리를 석재로
쌓고, 나머지의 개구부에는 창호를 구성하여 통풍을 해결하였다. 제
주도 민가는 외벽의 네 모서리를 돌로 쌓고 그 사이에 개방된 곳에
는 나무로 된 빈지문을 설치하여 구조벽과 의장벽을 분리하였다. 류
큐 민가는 네 모퉁이에 석재 기둥을 세우고 벽체는 식물을 엮었는
데, 이후 네 모서리에 돌벽을 세워 긴 처마를 지탱하고 벽체는 판재

로 변하였다. 타이완 파이완족의 귀갑형 민가는 3면은 돌로 두껍게 쌓고, 전면은 얇은 판장벽에 출입구를 두어 통풍과 채광을 해결하였다.

이를 통해 동중국해권 민가의 가구구조는 중주구조를 기본으로 하고, 바람을 견디기 위해 석재를 사용한 혼합구조가 성행하였다. 이것은 과거 여름(건기)에는 초가에서 겨울(우기)에는 굴집에서 생활하다 점차 하나의 집을 구성했다는 기록을 통해 목조와 석조의 상이한 구조체계가 결합된 결과로 생각된다.

## (2) 동중국해 문화권 민가의 석조신앙

### 석조구성

동중국해 문화권 민가에서 석재를 많이 사용한 것은 강한 비바람으로부터 집을 보호하려는 기능적 목적이 크지만, 돌을 숭배하는 신앙과의 관련성도 엿보인다. 동중국해권에서는 성역을 표시하거나 악령을 막고 신의 신체로 섬기기 위해 돌로 담, 벽, 화덕을 만들었다.

• 돌담: 돌 신앙의 기능 중에는 마을 경계에 자연석, 환석, 음양석 등을 세워서 밖으로부터의 악령을 방지하는 방재기능이 있다. 류큐에서 돌담은 악령을 막는 역할을 한다고 믿어 전투의 방어물뿐만 아니라 부족장 숙소, 고대의 원주민의 주거유적과 묘, 또 신앙의 대상인 숲, 암산(岩山) 등도 경우에 따라서는 구스크(城)를 쌓았다. 주택의 담, 힌푼(차면담), 후루(돼지뒷간) 등에도 가공이 쉬운 산호석을 사용하였다. 제주도에서는 집 외에 신당 및 무덤에도 돌담을 둘러 신성과 영원성에 대한 의식이 있었음을 알 수 있다.

돌담을 쌓는 것은 동일하지만, 제주도에는 검은 현무암, 류큐에서는 잿빛의 산호석회석, 타이완에는 검은 절리판을 사용하여 다양한 취락 경관을 연출하였다.

• 돌벽: 돌은 항구성과 견고성을 가진 관계로 종교건축이나 권위자집의 건축 재료로 사용되었다.[20] 제주도 마을마다 있는 신당(神堂)은 마을의 수호신인 당신이 상주하는 신성공간으로 주요부분인 담, 제단, 궤, 궤집 등은 대부분 돌로 구성된다. 류큐의 전통 신을 모시는 신전에는 기둥을 석재로 세운 것이 있다. 타이완 부농족은 목조의 정자(凉台, 양대)가 아닌 석조인 석판옥 안에 좁쌀신과 조상의 시신을 모셨다.

이러한 성역을 표시하는 특성은 일반 주택에도 보급되었는데, 제주도 민가는 대부분 외벽을 돌로 쌓았고, 류큐 민가 중 일부는 네모서리 기둥이나 벽을 석재로 세웠다. 규슈의 쓰시마 민가는 담, 지붕, 마당 등을 돌로 구성하고 창고인 이시야(石屋)는 돌로 지붕을 덮어 화재와 바람에 대비하였다. 타이완 중남부 산악지대에 거주하는 부농족, 파이완, 루카이족은 얇게 잘리는 점판암을 주택의 지붕·벽·바닥·담 등에 사용하였다. 란위도 야미족의 반수혈 주거는 자갈을 이용해 측벽을 쌓았다. 이러한 돌집의 분포는 동중국해권뿐만 아니라 한반도 남부(낙안읍성 민가 등), 필리핀 북부(바탄 섬 민가 등), 중국 남동부(온주 민가 등) 등에도 확장되고 있다.

• 화덕: 동중국해 지역에는 조상의 영혼이나 신령 등의 영적인 존재가 강림하여 돌에 깃들인다는 애니미즘적 신앙이 퍼져 있다. 특히 바다에서 주어온 3개의 돌로 화덕을 만들고 이를 화신(火神)의 신체

---

20) 아모스 라포포트, 앞의 책, p.153 : 남양제도에서는 추장의 집, 카누보관소, 사원은 돌로 짓고 주택은 나무로 짓는다.

로 섬겼다. 화신은 바다 건너 낙토(樂土)에서 온 수평신이자, 태양신(여신), 조상신으로 여겼다.

화신은 불의 진화를 관장할 뿐만 아니라 농작, 가족, 가축의 수호신, 부와 생명을 관장하는 다양한 신격을 갖는다. 즉 불은 태양·조상을 의미하고 음식·농경·여성으로 연결되는 것을 볼 수 있다. 그래서 이곳에는 예부터 불을 숭배해왔고 그 불을 잘 지키려는 신앙이 강하다. 그로 인해 동중국해권 민가는 화신을 따로 모신 별동형 부엌이 분포하는 것이 큰 특징이다.

### 동중국해의 석조문화

동중국해 문화권 민가는 극단적인 기후조건을 해결하고자 수혈식·지상식·고상식이 공존하고 건축 재료도 풀·목재 외에 석재를 혼용하였다. 동중국해 지역은 높은 습도, 충해, 도서지역으로 인한 조풍(潮風)의 영향, 태풍이 통과길이라는 점들 때문에 좋은 목재가 적었다. 반면 화산활동으로 인한 동굴이나 바위그늘이 발달되어 제주도와 류큐에서는 이곳을 주거로 사용하였던 경험과 현무암과 석회암 등은 물러서 가공하기 수월하였기 때문에 석재를 많이 이용하였다. 그래서 동중국해권 민가는 강풍에 대비해 많은 돌을 사용하여 동북아·동남아와는 차별화되는 석조문화권(石造文化圈)을 이루었다.

제주도는 수렵·채집 및 어로생활이 영위되던 신석기시대까지는 동굴과 바위그늘을 거처로 사용하였으며, 그 후 목재기술이 등장하여 움집이 출현한 시기에도 일부 계절에는 동굴을 거처로 이용하였다. 그리고 오래전부터 주택에서는 구멍이 숭숭 뚫린 현무암을 이용해 외벽, 울담, 통시 등을 세웠다. 13세기에는 밭담을 만들어 경계를 확실히 하였고[21], 해안을 따라 환해장성도 빙 둘러 쌓았고, 15세기에는 왜구 방어를 위해 3읍성과 9진성의 성벽을 돌로 쌓았다. 정의성은 5일 만[22]에 대정성은 한 달 만에 축성하여 석조 기술이 상당히 뛰어났음을 알 수 있다. 이처럼 검은 돌담은 산야나 마을, 해안 어디에서도 볼 수 있는 제주 특유의 경관이 됐다. 제주도의 현무암은 지천에 깔려 있고 무르고 가벼워 가공이 쉽고 바람이 통하는 이점이 있었다. 주택의 외벽은 다듬지 않은 큰 돌을 쌓고 짚을 섞어 반죽해놓은 진흙을 채우며 난층(亂層)으로 아랫부분을 두껍게 쌓아 올렸다. 이는 제주에서 나는 흙은 화산회토(뜬땅)이기 때문에 응집력이 약해, 돌을 의지해 흙을 채워놓는다. 내부는 나무와 대를 이용하여 벽을 만들어 흙을 발라 기둥, 귀틀, 보, 보짓, 내도리, 중보, 중마루, 상마루 등 뼈대를 나무로 만들었다. 그리고 제주의 건축 재료가 목재에서 석재로 많이 바뀌기도 하였다. 고온 다습하고 비가 많이 와서 땅속에 박아 둔 대문역할을 하는 정주목의 밑둥이 쉽게 썩어 1~2년마다 교체해야 해서 정주석으로 변했고, 기둥이 쉽게 썩어 아랫부분을 40~50cm의 돌기둥으로 교체하기도 했다.

류큐는 가공이 쉬운 산호석이 많아서 주택의 담, 차면담(힌푼), 후루(돼지뒷간) 및 외벽 등에 돌을 사용하였다. 아마미제도에서 오키나와제도에 걸쳐 보이는 돌담은 태풍으로부터 집을 보호하기 위한 것이고, 출입구에 있는 차면담(힌푼)은 프라이버시 확보뿐만 아니라 풍

---

21)『東國輿地勝覽』,「濟州牧 風俗條」: 地多亂石 乾燥素無水田 唯麰麥豆粟生之 厥田 古無彊畔 强暴之家 日以蠶食 百姓苦之 金坵爲判官 問民疾苦 聚石簡垣爲界 民多 便之.

22) 李元鎭,『耽羅誌』, 旌義縣 城郭條, 裏樞記 : …其城基二千五百二十尺 高十三尺也 始于癸卯正月初九日 訖于十三日 功甚神矣.

속을 완화시키는 기능도 하였다. 그 외 성곽, 문, 다리, 무덤 등에 우수한 석조건축을 많이 세웠다. 특히 류큐인들은 석성의 축조에 능숙하여 아지(按司)시대인 11~12세기부터 시작하여, 14세기 삼산(三山)시대에는 금귀인성(今歸仁城), 슈리성(首里城), 오사토성(大里城)을 축성하였고, 15세기에는 자키미성(座喜味城), 나카구스쿠성(中城城), 남산의 도미구스쿠(豊見城) 등도 세웠다. 그리고 규슈의 쓰시마 민가는 담, 지붕, 마당 등을 돌로 구성하고, 돌지붕 창고(石屋)는 화재와 바람에 대비하여 돌로 지붕을 덮었다.

타이완에서는 중남부지역에 거주하는 부눙족, 파이완족, 루카이족은 얇게 잘리는 점판암을 주택의 지붕, 벽, 바닥, 담 등에 사용하였다. 흑회색의 석판은 겨울에는 따뜻하고 여름에는 시원하여 쾌적한 거주환경을 조성하였고, 밀림 속에서 적의 눈에 쉽게 띄지 않는 이점도 있었다. 이 검고 시원한 점판암은 타이완만의 독특한 촌락 분위기를 연출하였다. 란위도 야미족의 반수혈 주거는 자갈을 이용해 측벽과 담을 쌓아서, 태풍과 지진에도 잘 견디었다.

그리고 돼지우리와 변소가 미분리된 제주도의 통시는 현무암을 거칠게 쌓은 고상식이고, 류큐의 돼지뒷간(후루)은 다듬은 석회석을 아치구조로 만들었고, 필리핀의 돌로 쌓은 돼지뒷간도 제주도와 거의 유사한 형태이다.

그 외 제주도에서는 거대한 돌덩이를 깎아 만든 돌하르방을 마을 입구나 성문 앞에 세워 마을의 수호신으로 대접했고, 동자석을 무덤에 만들어 영혼의 문을 지키게 했다. 돌하르방은 벙거지를 눌러쓰고, 긴 귀가 달려 있고 두 손은 가슴에 놓여 있다. 이와 같은 모습은 타이완 동해안 지역에 독석(獨石, menhir), 인도네시아 발리의 석상에도 나타나고, 멀리 폴리네시아의 끝섬인 이스트(Easter I.)의 모아이에서도 모자를 쓰고 긴 귀를 가지고 손이 배 위에 놓여 있어 관련성이 궁금해진다.[23] 동중국해 문화권에서는 상류층일수록 다듬은 돌을 사용하고, 현대로 오면서 철근콘크리트 구조를 쉽게 받아들이는 특성으로 이어졌다.

그림64. 동중국해 문화권의 석조문화
(제주도 민가, 규슈 쓰시마 민가, 류큐 민가, 타이완 루카이족 민가)

---

23) 우리나라 남부지방에 많이 분포하는 입석의 기능은 지석묘 사회에서는 죽은 자를 추모 · 상징한 것으로 묘비와 같은 성격을 가졌고, 농경단계에 들어가면 풍요신의 기능을 가졌으며, 역사시대에 들어가면서 마을의 입구에 위치하여 수호신의 기능을 갖게 되었다고 한다.

# 3. 수평적 공간구성, 여성과 민가

## 1) 동중국해 문화권의 여성

동중국해 문화권에서는 땅에서 솟아나거나 바다를 건너온 많은 신을 섬겼고, 척박한 자연환경을 극복하기 위해서 반농반어, 반농반채의 이중적 생계구조를 유지하였다. 남자들은 대부분 산과 바다로 오랫동안 집을 떠나 있어 가정 내에서 농사를 짓는 여성들의 역할이 중요하였다. 그래서 가족구조도 모계·쌍계·부계사회가 공존하고, 재산의 균분상속과 제사의 분할상속 등이 이루어져 연령계제제 특성이 나타난다. 주택구성도 종적위계와 남녀구분보다는 기능적 편리를 중시한 수평적 구성을 이루었다.

### (1) 신화와 여성

#### 수평신과 여신

동중국해 지역은 바다로 둘러싸이고 매년 태풍이 지나가는 열악한 자연환경으로 많은 신을 의지하는 신앙이 자리 잡았다. 신라와 가야, 제주도를 비롯한 동중국해 지역에는 지중용출신화(地中湧出神話), 해상도래신화(海上渡來神話), 난생신화(卵生神話) 등 남방계 신화가 분포하고, 신화 속의 주인공으로 여신(女神)이 등장하는 사례가 많다.

제주도 삼성신화에서는 세공주가 벽랑국에서 목함을 타고 표류해 왔고, 송당의 금백조 여신, 내왓당의 천자또마누라, 한수리의 영등당과 우도의 영등할망당 등이 바다에서 도래한 신들이다. 또한 칠성본풀이, 토산당본풀이, 차귀당본풀이 등에 등장하는 뱀은 바다 건너 남방에서 왔다고 한다. 사방이 바다로 둘러싸인 류큐에서는 죽은 자가 신이 되어 이르게 되는 저승의 세계가 수평선 너머에 존재한다고 믿고 그곳을 이상향(니라이카나이)이라고 불러왔다. 인간세상의 근원적 행복과 풍요는 모두 이상향으로부터 신들의 내방을 통해 얻어진다고 생각되었는데, 그들이 섬기는 화신은 바다 건너에서 온 여신이다. 그리고 일본에서 어민들이 섬기는 에비스(恵比寿), 중국 남부 해안지방과 타이완에서 섬기는 마쭈(媽祖, 960년 탄생이라 전한다)도 항해안전과 순산을 관장하는 여신이라고 한다.

특히 제주도의 여신들은 직능 면에서 천지개벽과 마을의 성립·분리·확산에 참가하고, 산육, 운명, 치병, 농경과 풍요, 수복도 관장하며, 집안과 마을을 보호하는 역할도 한다. 실제 여성들의 생활처럼, 여신들은 남신들보다 훨씬 다양하고 더 중요한 역할을 맡고 있다. 제주도 방언 중 할망은 여성성과 성숙, 노숙의 의미와 함께 신적인 기능을 간직하고 있다.

### 여성사제

동중국해 문화권에서는 고대로부터 공동체 차원에서 이루어지는 제사나 의례의 사제 노릇은 대부분 여성이 담당하여왔다. 그런데 근세 이후에 한·중·일 본토의 영향으로 남자들이 사제 노릇을 일부 맡아 이중체계를 취한다. 이러한 여성의 영적 우위를 통해, 과거에는 여성의 사회적 역할과 지위는 높았고 양성 간의 차별이 심하지 않았음을 알 수 있다.

한국의 『삼국유사』, 『삼국사기』를 보면, 신라시대에는 알영(關英) 계통의 여성이 시조묘(始祖廟)를 비롯한 국가제사의 사제였다. 1대 혁거세왕대부터 19대 눌지왕대까지 아노(阿老)계통의 왕비 또는 왕매(王妹)가 국가제를 주관했다. 이는 '생산'의 주체가 여성이라는 점과 관련된 농경문화적인 요소가 반영된 것으로 볼 수 있다. 그러나 이후 시조묘가 중국식의 신궁(神宮)으로 바뀌고 점차 유교적인 가부장권이 강화되면서, 국가제사의 제사장도 남성중심이 된 것이다. 그리고 한국 집지킴이의 세계는 철저하게 여성의 원리가 지배한다. 성주(城主)는 남성이지만 이를 맞는 제례의 주관자는 여성이고, 이 밖에 다른 지킴이들도 모두 여성이 받든다. 종제나 당산제의 주관자도 본래 여성이었으나, 조선시대에 남성에게 넘어갔다. 오늘날 제주도 떼배 젓기 대회의 심판자도 여성이다.[24]

일본에서도 고대에는 무녀(巫女)가 모든 제사를 주관하였다. 『삼국지』「위지동이전」 왜인조에는 '왜인 수장들은 원래 남왕(男王)을 세웠으나 나라가 다스려지지 않고 대란이 일어나, 귀도(鬼道) 즉 주술에 능한 무녀와 같은 성격을 가진 히미코(卑彌呼)가 야마타이국(邪馬台國)의 여왕으로 즉위함으로써 대란이 진정되었다'고 전한다. 그러나 외래종교의 전래와 사회상의 변화에 따라 무녀 중심의 무속은 일본 본토에서 점차 사라지고 본토에서 멀리 떨어진 오키나와 제도에서만 찾아볼 수 있게 되었다. 류큐왕국시대에 여성들은 남성형제를 보호하는 여신인 '오나리가미'이자, 마을의 우타키를 지키는 제

---

24) 김광언, 앞의 책, 1988, p.286

사장인 '노로'였다. 작은 동산이나 영험한 숲에 설치된 우타키에는 '노로'와 '츠카시' 등의 신녀들만 출입할 수 있었다. 이들은 농경의례를 중심으로 하는 다양한 연중행사와 제례 시 신들에게 풍작을 기원하였다. 그리고 국왕모가 실제 권력을 행사하고, 피난처에 여자가 도망가면 남편이 더 이상 추급할 수 없을 뿐만 아니라 먼 섬으로 귀양가는 처벌을 받기 때문에 여자를 두려워한다는 점 등에서 여자의 활동이 활발하고 여권(女權)이 컸음을 알 수 있다.[25]

타이완의 원주민 사회에서는 전문적인 성직자는 없고, 다만 무속적인 방법을 장악한 여무당이 있었다. 이들이 흔히 쓰는 수단은 주술이었다. 파이완족의 무당은 대부분 여성으로, 가족 대대로 세습되었다. 이와 유사한 사례는 동북아시아가 아닌 인도네시아, 폴리네시아 등 태평양제도에서 많이 발견된다.

### (2) 가족제도와 여성

**이중적 생계구조**

동중국해 지역에서는 척박한 자연환경을 극복하기 위해서 반농반어, 반농반채의 이중적 생계구조를 유지하였다. 대부분의 남자들은 산과 바다로 오랫동안 집을 떠나 있어 가정 내에서 농사를 짓는 여성들의 역할이 중요하였다. 이처럼 노동의 성별 구분이 확실한 것은 남태평양 여러 섬의 주민생활과 공통된 내용이다. 그리고 쌀에는 정령이 있는 것으로 믿었고, 쌀의 재배를 신성한 작업의 하나로 생각

---

25) 하우봉 외, 앞의 책, p.295 : 류큐 신녀들은 국가와 촌락의 안녕, 풍요를 신들에게 기원하는 중요한 존재였으며, 쇼신왕(尙眞王, 재위 1477~1526)대에 여동생인 기꼬에오기미(聞得大君)를 정점으로 하는 신녀조직이 확립되었다.

했다. 다산(多産)을 기원하는 의미에서 생산의 기능이 있는 여성이 파종에서부터 수확까지 주로 담당하였다. 그래서 여성이 재산상속이나 이혼 후 재산분재 양육권에서도 많은 권리를 가지고 있는데 이것은 동남아시아 문화와 공통된 내용이다.

제주도는 화산회토에 바람이 많은 섬으로 다우지역에 속하지만 가뭄이 연례행사처럼 찾아와,[26] 산촌은 반농반목, 해촌은 반농반어를 유지하였다. 남자는 주로 어로에 종사하고 여자는 밭일과 연안에서 잠수하는 일을 하였다. 그리고 마을 단위의 공동목장과 공동어장에서 목축과 어업이 행해져서 일차적으로 혈연적 유대보다는 마을 구성원 간의 유대를 중시하였다.[27] 일례로 해녀사회는 농경사회처럼 촌수, 항렬, 나이 또는 신분 등의 귀속적 지위가아니라 해산물 채취능력에 따라 상군·중군·하군으로 나누어져 의사 결정과정에, 혹은 '불턱(잠시 몸을 덥히는 모닥불 자리)'의 윗자리 배정에 영향을 줄 정도로 성취적 지위를 존중하였다. 그래서 제주도에서는 공동체적 마을 당신앙의 성행, 장자 중심이 아닌 균분상속제, 제사분할상속, 부부중심의 가족제도, 노인생산력의 지속뿐만 아니라 공정하게 밭농사를 했던 협업노동체계, 능력에 따르는 해녀들의 작업모습, 계 등으로 한반도와는 상당한 차이를 가졌다.

오키나와 본도의 최북단에 위치한 구니가미(國頭) 촌의 주민은 논밭에 벼·밤·고구마를 심고, 촌락 전면에 있는 옅은 산호초 바다에

---

26) 송성대, 「제주인의 정신」, 『탐라순력』, 탐라문화보존회, p.25
27) 분산된 경제경영체계가 제주사람들로 하여금 단자우대 균분상속제로 가게 했다. 이것은 곧 부자간, 형제간의 독립된 생활을 의미한다. 제주도만이 갖는 신거은거제(新居隱居制)는 바다생활과도 관련 있지만 이렇게 해서 발생하기 시작했다.

서 물고기나 해초를 잡았으며, 뒤쪽의 깊은 산림에서 수렵이나 과실 채취를 하는 등 농경 · 어로 · 수렵 · 채취 등이 복합된 생산 활동을 하였다.

타이완 원주민은 여성 위주의 화전농업을 주로 하고 남성 위주의 수렵과 어로를 부분적으로 행하였다. 해안과 평야지대에 거주하는 아미족, 베이난족, 평포족은 농경 · 수렵 · 어로를 병행하였고, 고산지대의 부눙족, 싸이사족은 농경과 수렵을 주로 하였다. 동부해안의 아미족은 화전농업을 주로 하는데, 연령계급이 통상 청년조, 장년조, 노년조 등 9등급으로 나누어져 있어 청년조가 부락의 노농작업인 수렵 · 어로 · 항해 등을 담당하였다. 그리고 란위도의 야미족은 어로 위주인데, 남자는 고기를 잡고 여자는 농사와 가사와 육아를 담당하고 노인은 생선을 말리거나 선박공사에 참여하는 등 노동이 분업화되었다.

### 여성중심의 가족구조

동중국해 문화권의 가족구조는 부계제와 더불어 모계제 · 쌍계제가 공존하고 있다. 타이완에서는 모계 · 쌍계 · 부계 · 계급사회가 공존하고, 류큐는 모계사회를 바탕으로 17세기 이후 나하 · 수리를 중심으로 부계사회가 성립되었다. 규슈 남서부지역은 이에(家)의 관념이 비교적 약하거나 전혀 나타나지 않는 지역도 있어서 동족촌락보다는 연령계제제촌락(비동족촌락)이 많다. 제주도는 외부적으로는 부계사회이지만 내부적으로 여성중심의 가족구성을 이루고 있다. 사회인류학의 연구에 따르면, 동족촌락의 기본이 되는 가부장권적 지배문화는 대륙북방계에 원류를 두고 연령계제제의 뿌리는 남방계(오스트로네시아 종족)에 있다고 하는데, 동중국해 문화권에서는 남방

계 특성이 많이 남아 있다.[28]

동중국해 문화권에는 태평양 도서, 동남아시아, 중국 남부 소수민족의 사회처럼 모계사회가 나타난다. 타이완의 아미족 · 베이난족 · 평포족은 모계사회에 속한다. 재산과 가계의 계승이 모녀상속으로 이루어지고, 여가장은 가족사무 특히 가족재산에 대해 매우 강력한 권한을 행사한다. 그래서 아미족의 남자는 혼인 후 여자집에 들어와 사는 경우가 대부분이며, 이들의 지위는 가족 가운데 비교적 낮은 편에 속한다.[29]

쌍계사회에는 타이완의 타이야족 · 야미족과 류큐 사회가 속한다. 타이야족은 혈연을 기초로 한 친족조직은 느슨한 대신 종교의식에 참여하는 각종 단체가 활성화되었다. 친족과 지역단체 이외에 타이야족은 제단, 공렵단, 공생단과 같은 독특한 의식단체가 존재하였다. 란위도 야미족 사회는 씨족조직이나 계급조직이 존재하지 않으며, 가장 중요한 사회조직은 경제생활과 밀접한 관계를 가진 어단조직이다. 그리고 류큐의 친족제도는 쌍계적인 친척과 부계의 출계집단이 공존하고 있다. 쌍계친은 일정한 관계의 범위 안에 들어오는 친족에 대해서는 어머니 쪽과 아버지 쪽을 차별하지 않는다. 그래서 이들은 조상제사를 제외한 농사활동, 통과의례, 가옥신축 등을 포함하여 가정에서 협동작업을 필요로

---

28) 김미영, 앞의 책, pp.13~25
29) 수도우 겐이치, 앞의 책, 1998, p.21 : 미국의 인류학자 머독(Murdok)이 분석한 세계 563의 민족(집단) 중에서 부계사회는 223개, 쌍계사회는 199개, 모계사회 84개였다. 모계사회의 분포는 인도, 동남아시아, 오세아니아, 그리고 북남미로 넓게 분포하고 있다. 일반적으로 모계사회는 열대지방에 집중하는 경향을 보이고, 생업형태에서 보면 아프리카와 오세아니아처럼 감자류를 재배하는 근재농경민 사회에서 많이 나타나고 있다.

하는 거의 모든 영역에서 협동집단으로서 중요한 역할을 담당하고 있다.

부계사회는 제주도, 규슈 그리고 타이완의 싸이사족·부눙족·쩌우족이 속하지만 그 속사정은 조금 다르다. 제주도에서 친족관계는 유교적 부계중심으로, 남자가 친족사회의 중추로서 제사를 지내는 제관으로서 사회적 역할을 담당한다. 하지만 실제 생활면에서는 모(母)중심의 핵가족을 이루어, 가정 내 경제권과 책임은 대부분 여성이 담당하고 있다. 서일본인 규슈와 태평양 해안에는 이에(家)의 관념이 비교적 약하거나 전혀 나타나지 않는 연령계제제촌락이 많다. 이는 동족촌락과 달리 가격(家格)이 아니라 개인연령을 중심으로 마을생활을 영위하는 횡적결합의 수평적 연대라고 할 수 있다. 그리고 이에 관념이 미약한 탓에 집을 영속적으로 계승시키려는 관념도 별로 없어서, 아들은 혼인과 동시에 부모와 별거를 하는 은거분가제를 흔히 볼 수 있다. 타이완의 세 부족은 부락 내에는 완전한 부계씨족 조직계통이 존재하고, 부락의 정치·경제·종교활동의 기초로 부락의 공공사무는 모두 씨족 족장회의에 의해 결정된다.

## 2) 여성과 주택구조

### (1) 수평적 공간구성

동북아시아에서는 유교의 영향으로 남존여비(男尊女卑)의 상하질서가 공간구성에 나타나고, 인도와 동남아시아에서는 힌두나 이슬람의 영향으로 남녀영역이 명확히 분리된 파르다시스템(女性隔離)이 나타난다. 그에 비해 동중국해 문화권에서는 수평적 세계관이 가계계승과 가족구성 등에 영향을 미쳐 남녀가 섞여서 나란히 자는 등, 위계적 공간구성이나 복잡한 영역의 분리가 발견되지 않는 수평적 공간구성을 이룬다.

### 수평적 연대의 마을구성

동북아시아에는 가부장적 지배문화를 바탕으로 한 동족촌락이 넓게 분포하는데 반해, 동중국해 문화권에는 남방계에 뿌리를 둔 연령계제제촌락이 퍼져 있다. 즉, 전자의 마을은 부계계승을 바탕으로 종가와 지가가 종적위계를 구성하지만 후자는 쌍계나 모계계승에 기인하여 동등한 가격을 가진 주택들이 수평적 연대를 이룬다.

제주도는 전통적으로 균분상속 제도가 오랫동안 유지되었기 때문에 집성촌 대신 혼성촌락을 이루었고, 조상제사도 형제간에 돌아가면서 봉사하기에 사당은 존재하지 않는 등, 제주의 마을은 혈연공동체라기보다는 생산공동체이며 신앙공동체였다. 서일본인 규슈는 수직적인 동족촌락보다는 수평적 연대라고 할 수 있는 연령계제제촌락을 이룬다. 가격(家格)이 아니라 개인의 연령을 중심으로 마을생활을 영위하고, 집을 영속적으로 계승시키려는 관념도 별로 나타나지 않는다. 부모는 가장권을 물려주면서 자식과 별거 · 별재 · 별식(別居 · 別財 · 別食)의 형태를 취한다. 류큐에서는 사족(士族)들이 많이 사는 슈리나 나하가 있는 오키나와 본도에서는 중국의 영향으로 유교 원리에 따라서 가계계승과 재산상속은 부계적인 편향이 강하고 마을도 종적인 구성을 이룬다. 하지만 다른 지역은 아마미제도의 마을처럼 부모의 노후를 돌보는 자식은 아들딸 구별 없이 위패와 재산상속을 받아 가계를 계승하는 경향이 있다. 외동딸의 배우자가 그 집안의 계승자일 때에는 두 집안의 위패를 같이 모시는 경우도 있다. 이곳에서의 가계계승은 원리보다는 상황이 우선하는 것이다.[30] 타이완에서는 부족별로 다양하여 하나의 유형으로 통합하기는 어렵지만, 전통적인 혼례는 초췌혼(招贅婚)이라고 부르며 처가에 거주하는 형식이 주가 되며 때로는 처를 시댁에 데리고 오는 경우도 있다.

### 수평적 주택구성

동중국해 문화권 민가는 채(棟)가 분리될 때 세대별로 분리되고, 채 간에 규모, 구성, 재료에서 차이가 거의 없는 비위계성을 이룬다. 실내에서도 남녀가 섞여서 나란히 자는 등 남녀의 공간구분이 없거나 약하고 오히려 여성공간을 중심으로 한 수평적 구성을 이룬다.

타이완 동부해안에 분포하는 아미족은 단실주거로 동쪽은 여성공간 서쪽은 남성공간으로 사용하고 취침할 때에는 방 중앙에서 함께 잔다. 그렇지만 젊은 부부를 위해서는 별도의 칸막이를 설치하기도 하였다. 남부 산악지대의 파이완족은 주택의 전실은 거실이고 후실은 침실로 화덕 가까운 침상은 여성용이고 그 맞은편 것은 남성용이었다. 란위도의 야미족은 몸채의 전실은 자녀들이 후실은 부부가 사용하였고, 신혼부부는 따로 산실을 이용하였다.

류큐 민가의 평면은 중주를 가지는 단실주거에서 점차 종횡분할 되는데, 이때 전열인 1번좌와 2번좌는 거주공간 후열은 수장공간(우

---

30) 오키나와 본도에서는 장남의 가계계승을 원칙으로 하여 친족구조는 직계와 방계를 철저하게 구분하여 '야닌쥬'라는 가족범주에는 미혼이라도 가계를 계승할 장남 이외의 자식은 포함되지 않는다. 오키나와 본도에서는 문중이라는 부계출계집단이 조직되어 있는데, 아마미의 고미나토 마을에는 문중이 없고 부계로 계승되는 고(講)라는 조상제사집단이 존재하고 있다. 이 조상제사집단은 일상생활에서 의미 있는 친족집단은 아니고, 모야라는 공동조상묘와 연결시켜 조상신을 믿고 모이는 부계집단인 것이다. 가계는 후계자 1인에게만 계승되는 것과는 달리 이러한 조상제사집단은 모든 아들들을 구성원으로 한다.

라자)으로 사용하였다.

규슈에 분포하는 '히로마형' 평면에서는 실내 중심에 있는 거실(나카노마)이 가족침실·식사·단란·응대의 장소이고, 창고방(난도)은 부부침실과 수납공간이고, 접객실(자시키)은 행사 및 접객공간이었다. 그리고 '전자(田字)형'은 히로마형의 거실(나카노마)이 거실(다이도코로)과 응접실(데이)로 분리되어, 거실에서 가족의 식사·단란·작업이 이루어지고 응접실에서는 외부 손님의 응대·교제·행사가 행해졌다. 그리고 가족의 식사는 이로리가 있는 곳에서 이루어지는데, 토방의 부뚜막 근처에 여성이 앉고 그 맞은편인 입구 쪽으로 남성이 앉았다.

제주도 민가의 안거리와 밖거리는 남녀별이 아닌 세대별로 분리되었다. 결혼과 동시에 독립적인 채에 거주하고 그에 딸린 각각의 정지·고팡을 지님으로써 처음부터 별개의 경제권과 주부권을 획득하였다. 이처럼 생활공간의 독립과 경제적 독립은 대등한 인간관계를 가능케 하는 토대가 되었다. 주택공간 내 남존여비나 내외사상 등이 강하지 않았고 강력한 권위나 권력이 집중되지 않았다. 주거의 중심인 상방은 중앙에 위치하여 접객, 여름철의 취침, 식사 그리고 가족의 단란과 휴식, 조상의 제사 등 구심점을 이루었다. 이는 온난한 기후로 상방에서 보내는 시간이 많았고 권위나 형식보다는 실질과 합리성을 중시하는 수평적 인간관계에 근거한 가족구조 및 의식에서 비롯된 것으로 보인다. 상방에서 좌석배치는 경제권을 쥐고 있는 주부가 식량을 보관한 고팡문의 열쇠를 가지고 고팡문을 등지고 앉고, 남편은 외부와 통하는 상방의 호령창 근처인 '생깃(성주)말'에 앉았다.[31] 손님은 통상 상

---

31) 조성기, 앞의 책, 2006, p.304

방에서 맞이하는데 정지 쪽으로 앉았다. 큰구들은 부부·유아의 침실 또는 내객의 침실 그리고 제실·산실·기실(祭室·産室·忌室) 등으로 사용되었고, 작은구들에서는 미혼자녀가 생활하였다. 큰구들이 발달하지 않은 것을 여자의 외부활동이 잦은 것에 원인을 찾기도 한다.

이처럼 동중국해 문화권 민가는 단실공간에서 전(田)자형으로 종횡분할되는데, 전열은 거주공간 후열은 수장공간으로 사용하였다. 이때 성별에 따른 차별 없이 기능에 따라 공간이 분리되었다.

### (2) 주택구조의 이중체계

동중국해 문화권의 가족구성은 모계제·쌍계제·부계제가 공존하는데 전체적으로는 모계사회의 특성이 강한 연령계제제의 남방계 특성이 잔존한다. 유교의 남존여비 사상은 중국대륙에서 한반도와 일본열도에 전파되어 주택구성에 많은 영향을 끼쳤지만, 동중국해 지역에서는 상대적으로 영향이 미미했다.

그래서 이곳의 민가는 남녀공간의 구분이 약하며, 상하의 수직적 개념보다는 오히려 평등의 수평적 개념이 강하다. 공간분화도 기능의 편리를 위해 이루어진다. 가족의 식사·단란공간, 작업장·건조장·수장공간인 별동형 부엌은 여성공간이자 대체로 서쪽에 위치하는 공통점이 있다.[32] 이후 부엌은 몸채 내로 옮겨가고 여러 실로 분화되었다. 제주도의 정지에서 상방과 챗방, 규슈의 부엌채(나카에)에서 식사공간인 거실(다이도코로), 류큐의 별동형 부엌(토구라)에서 식

---

32) 『삼국지』「위지동이전」변진조(弁辰條) : 집에 부엌을 설치하는데 대부분 집의 서쪽에 위치한다.

사공간인 3번좌가 분리되는 등 상당히 유사한 평면구성과 분화과정을 보인다.

근세에 접어들면서 대륙북방계에 원류를 둔 가부장적 특성이 본토와 교류가 잦았던 상류계층 주택과 성읍이나 도시지역에 나타나기 시작한다. 그래서 동중국해권 민가에도 북방의 권위적·남성적 공간이 수용되고 기존 남방의 여성공간이 축소되는 이중적 체계를 이룬다. 제주도 민가에는 온돌이 수용되어 큰구들이 전열에 위치하고, 규슈와 류큐 민가에는 접객을 위해 다다미가 깔린 공간이 전열에 구성되면서 기존의 공간은 후열로 옮겨졌다.

제주도는 실제 생활면에서는 여성중심의 특히 모중심의 핵가족을 이루어, 가정 내 경제권과 책임은 대부분 여성이 담당하고 남성의 역할과 책임은 미비하다. 그러나 유교의 영향으로 남자는 친족사회의 중추로서 제사를 지내는 제관으로서 사회적 역할을 담당한다. 이는 제주도 본래의 가족제도 내에서 한반도의 유교적 특성이 수용된 것으로 보인다. 그리고 제주도 민가는 한반도의 영향을 받아 구들의 중요성이 커지면서 상대적으로 정지의 중요성이 줄어들어, 2칸에서 4칸으로 규모가 커질수록 정지의 비중이 1/2에서 1/4로 감소하고 있다.[33]

규슈를 포함한 서일본 지역은 이에(家)를 중시하는 가족구성의 특성이 약하고 연령에 따른 역할을 중시하였다. 그런데 17세기 중엽부터 규슈와 류큐에는 일본 본토의 안팎(表裏)의 개념이 도입되어 손님을 위한 전열과 가족을 위한 후열로 구분되었다. 17세기 후반에 류큐사회에 문중(門中)이 등장하였으며, 오키나와 본도의 슈리와 나하

33) 장보웅,『한국민가의 지역적 전개』, 보진재, 1996, p.242

지역에 거주하는 지배계층인 사족(士族)들을 중심으로 형성되었다. 문중과 같은 친족제도는 사회조직의 원리일 뿐만 아니라, 조상숭배, 재산 및 가계상속, 정치과정, 물질적인 기반 기술(특히 농업기술)의 발전 등과 같은 문화의 다양한 영역과 밀접한 관련이 있는 하나의 '문화복합'이다. 일본 본토에서는 찾아볼 수 없는 문중조직과 족보의 유래는 중국이나 한국과 유사하다. 타이완의 원주민은 한족을 피해 산으로 주거지를 옮겨가면서 부족별로 고유의 전통을 어느 정도 유지할 수 있었다.

즉, 동중국해 문화권 민가는 남방문화를 바탕으로 하여 유사한 점이 많았는데, 점차 제주도는 한국화, 규슈는 일본화, 류큐는 일본화·중국화, 타이완은 중국화하면서 다변화되어간다. 그중에서 상대적으로 독립된 문화가 강해서 중앙화가 늦었던 제주도와 류큐의 민가에서는 그 원형을 많이 유지한 것으로 보인다.

# 4. 바다를 건너온 여신을 모신 곳, 민가의 성역

### 1) 동중국해 문화권 민가와 성역(聖域)

동중국해 연안·도서지역에서는 정령숭배 및 조상숭배를 기반으로 한 토속신앙이 강하게 뿌리 내려, 이후 불교·유교가 수용되지만 그 영향은 미미하였다. 특히 이 지역에서는 동일한 신이라도 바다를 통해 시기를 달리해서 들어오기에 신격과 직능이 달라져 복잡하다. 그리고 동중국해 지역은 화산섬으로 토지가 척박해 생산성이 낮고 어로행위도 위험이 컸으며, 태풍과 지진 등의 자연재해가 빈번하여 신의 가호를 구하고자 집안 곳곳에 가신(家神)을 모셨다. 집의 내외부가 만나는 경계 및 중심에 모셔진 문신·문전신(中柱, 성주)은 조상신으로 인식하였고, 집 내부에 모셔진 부엌의 화신(조왕), 곡창의 곡령신, 측간의 측신은 여신으로 인식했다. 특히 여신인 화신(조왕)·곡령신·측신은 여성공간에 모시고 제사도 여성들이 주관하여, 불·농경·여성의 관련성을 보인다.

## (1) 땅에서 솟아난 조상신

### 정령숭배와 마을

동중국해권의 신앙은 공통적으로 모든 사물에 신령이 있다는 정령숭배와 조상숭배가 기본이다. 그래서 마을의 안녕을 위해 제주도에는 본향당(本鄕堂), 규슈에는 신사(神社), 류큐에는 우타키(御嶽)를 설치하였다.

제주도의 무속신앙은 산과 숲, 내와 못, 높은 언덕과 낮은 언덕, 물가와 평지, 나무와 돌 따위를 모두 신으로 섬겨 제사를 베푼다. 그리고 분산경지 경영과정에 형성된 혼성취락의 전통을 이어와서 사당(祠堂)은 존재하지 않고 대신 입촌시조 모두를 모셔 백조일계(百祖一孫) 사상을 견고히 하는 '본향당(本鄕堂)'이 있다. 삼성혈도 본향당이 유교화된 것에 불과하다.[34] 그래서 제주도 마을은 혈연공동체라기보다는 생업을 서로 돕는 생산공동체이며 동시에 마을의 안녕과 공동작업의 안전·번영을 기원하는 무속적 의례를 공유하는 신앙공동체였다. 1702년 이형상 목사가 신당 129곳을 불태웠지만, 2003년 현재 346개가 존재할 정도로 무속신앙은 지속되었다.

일본의 종교를 대표하는 신도(神道)는 바다, 우물, 바람, 나무, 산, 들, 새, 불, 곡식 등 모든 자연현상을 인격화하여 신으로 받든다. 그리고 죽은 조상도 신으로 모시는 조상숭배가 중시되어 마을마다 '신사'를 세웠다. 류큐에도 예로부터 우물, 바위, 숲 등에 무수한 신령

---

34) 제주도에서는 예전에는 삼성신에게 무속 의례를 행하였던 것으로 추측되는데, 조선 중종 때 목사 이수동(李壽童)이 삼성혈에 울타리를 두르고 비석과 홍살문(紅門)을 세워 세 신인의 후예로 하여금 제사 지내도록 한 이래, 오늘날까지 유교식 제법으로 제사를 지내고 있다.

이 있다고 믿는 다신론적 신앙의 전통이 있다. 작은 동산이나 영험한 숲 등에 조상신을 모시는 우타키를 설치하였고, 그 주변에 마을이 형성되었다.

타이완 원주민도 전통적으로 영혼숭배와 제사의식이 성행하였다. 영혼은 온 우주 만물에 충만하다고 생각하며 이러한 범신론적 관념은 토템신화와 토템예술 안에 그리고 복합적이고 장황한 제사의식 속에 표현되고 있다. 즉, 천지우주만물에 영이 있고, 자연계의 각종 현상 및 조상영이 있다고 생각했고 그들은 선악과 남녀의 구별이 있었다. 그래서 산, 강, 일월성신(日月星辰), 화초수목(花草樹木), 동물곤충, 농작물 등등 각 영적성격과 형태가 있다고 생각한다. 파이완족은 시조전설에 등장하는 태양신과 백보사를 숭배하였다. 그리고 야만적인 머리사냥을 하던 시기에는 해골·수골 등을 해골집에 보관하였다.

그림65. 동중국해 문화권의 신앙처
(제주도 신당, 규슈 신사, 류큐 우타키, 타이완 해골집)

### 담과 대문

전통사회에서는 마을의 이미지가 축소된 주택을 성역화하고자 하였다. 그래서 외부와 분리하기 위해 담을 둘렀고, 그 경계부인 대문은 집밖으로부터 들어오는 영적인 존재를 영접하는 제장이자 거꾸로 집안에서 밖으로 영적인 존재를 송출하는 최후의 공간으로서의 의미를 가진다. 동중국해권에서는 대부분을 돌담을 두르고, 대문이 따로 없는 대신에 제주도의 정주목에는 정주목신이 머물고 류큐에는 차면담(힌푼)이 악귀를 쫓는 역할을 한다고 믿었다.

그리고 대문에서 여러 제의가 행해졌는데, 때로는 문지방이 이를 대신하기도 하였다. 문지방에는 그 자신의 보호자인 수호신과 정령이 머물며, 이들은 적대적 인간, 악마, 역병의 세력들이 못 들어가게 막아준다고 믿었다. 그래서 수호신들을 위한 희생이 바쳐지는 곳은 문지방 위이고, 문지방을 통과하면서 절하기, 엎드리기, 경건하게 손을 대는 동작 등등 다양한 제식이 수반되었다.[35] 제주도는 상방 앞의 문을 대문이라고 지칭하고 이곳에 가내신 중에서 으뜸인 문전신을 모시고, 타이완의 루카이족 추장집의 출입구에는 조상을 상징하는 백보사 · 사람머리(조상의 像) · 태양 등을 새겨 장식하였다.

### 조상신과 중심주

주거에 있는 중심 기둥(中柱)을 섬기는 풍습은 전 세계에 분포한다. 단실에서 중심 기둥은 구조적 역할뿐만 아니라 하늘과 지상을 연결하는 우주목으로서 심리적 · 종교적으로 중요한 의미를 띤다. 타이완 민가에서는 중주를 판상형으로 만들고 인물상을 조각하여

---

35) 멀치아 엘리아데, 『성과 속』, 이동하 역, 학민사, 1993, p.23

조상신으로 섬기고, 류큐와 규슈 민가에서는 중주를 대흑주라 부르며 중시하고, 제주도에서는 상방 앞 기둥을 중시하여 이곳에 문전신을 모시고 제사를 드렸다. 이처럼 동중국해 지역에서는 중심주를 조상과 연계되어 가정을 존속시키는 데 중요한 요소로 보았다.

타이완 원주민은 사람이 죽은 후 그 영혼이 자손에게 복과 화를 가져온다고 믿어서 파이완족 · 루카이족은 주거 내의 조령주(祖靈柱)에 매년 제사를 지내며 조상의 비호를 기원하였다. 조상의 영혼은 초인간적인 힘이 있어 모든 것을 주재할 수 있으며 인간 세상의 길흉화복이 모두 그들과 관련되었다고 보고, 사회생활에서 물질생산이 중요하기에 제사 시간도 생산 계절과 그 주기에 따라 정해졌다. 그래서 이들은 사망자에 대하여 여러 가지 형식의 장례식을 치렀다. 일본 민가의 대흑주는 주택의 중심에 세워져 있는 굵은 기둥으로 정초에 이곳에 떡을 올린다든지, 집을 지을 때 기둥굽에 어떤 특별한 것을 묻는 등 기둥을 신성시하는 풍속이 있다. 제주도에서는 상방에 출입하는 문 옆의 기둥을 문전신(성주)으로 모시고 이곳에 문전제를 지낸다.[36] 제주 촌로들의 말에 따르면 기둥을 주춧돌 위에 세우는 것은 후세에 생긴 것이고 원래는 구덩이를 깊숙이 파고 '말쿠지둥'을 묻었고 나무질이 단단해서 좀처럼 썩지 않는 조롱나무를 사용하였다고 한다.

이들 중심 기둥은 처음에는 땅을 파서 세우는 굴립주였다가 점차 초석 위에 세웠다. 굴립주는 수혈의 흔적으로 태풍시 구조적 이점이

---

36) 아모스 라포포트, 앞의 책, p.152 : 대개의 원시문화와 농경문화에서는 건설은 중요한 의식적 · 종교적 측면을 갖고, 기술적 행위는 주술적 행위와 관련된다. 남양제도 · 일본 · 중국에서 흔히 보이는 건설과정 중 여러 단계에서 행해지는 의식을 통해서 관련을 갖는다.

있으며, 기둥굽에 특별한 것을 묻는 의례는 근재농경과 관련 있어 보인다. 그리고 타이완과 일본에서 세워진 판상형 기둥은 동남아시아 및 오세아니아 문화와 연결된다.

그림66. 동중국해 문화권의 중심주
(제주도 외기둥, 규슈 대흑주, 류큐 중주, 타이완 조령주)

## (2) 바다를 건너온 여신

동중국해 지역에서는 가신(家神) 중에서 부엌의 화신(조왕), 곡창의 곡령신, 측간의 측신은 여신으로 인식했고 사제도 주부였다. 불의 신을 모시던 신앙이 음식과 관련된 조왕으로 연결되며, 곡령신은 고대 농경사회의 풍요기원 대상으로 애초 여성신격이었다. 이를 중심으로 불 · 농경 · 여성과의 관련성을 살펴볼 수 있다.[37]

### 화신(조왕)과 부엌

동중국해 문화권에서 불은 취사 · 난방 · 조명의 기능적 역할 외에 신적인 존재로 숭배되었다. 이곳의 화신은 3개의 돌을 신체로 삼으며, 바다를 건너온 수평신이자 여신으로 인식되었고, 의례의 집례도 대부분 주부가 담당하였다.[38] 특히 제주도, 규슈, 류큐, 타이완 등에는 별동형 부엌을 세워 화신을 신성시하였다. 이러한 화신의 성격은 쿠로시오 해류를 통해 남태평양에서 전파되었고, 이후 천상을 오르내리는 조왕신의 성격이 중국 남부 경로를 통해 더해진 것으로 보인다. 그리고 화덕의 형식은 올망졸망한 3개의 돌을 받쳐서 화덕을 만들고 솥을 걸어 취사하는 방식이 원형으로 제주도, 류큐, 타이완 아미족에 분포한다. 이후 반듯하게 흙으로 만들고 큼직한 아궁이를 열고 그 위에 솥을 거는 부뚜막형이 등장하는데 이는 규슈, 류큐에 분포한다.

타이완의 동부해안에 거주하는 아미족은 별동형 부엌을 구성하였다. 독립주방의 결구는 주옥과 동일하며, 실내에 화덕 및 선반, 농기

---

37) 멀치아 엘리아데, 앞의 책, p.17 : 농경의 발견은 어머니인 대지(Mother Earth), 인간적 농업적 풍요, 여성의 신성성 등등에 관한 상징 및 그에 대한 숭배가 발전하면서 복합적인 종교적 체계를 구성하였다.

38) 시모노 도시미, 앞의 책, p.228 : 류큐의 화신은 3개의 돌이나 가마형을 볼 수 있을 정도로 구상적이지만, 야마토(일본 본토)의 화신은 추상적이다. 그리고 화신의 사제는 일본 전국적으로 주부이다. 류큐에서는 주택의 화신은 주부가, 마을의 화신은 노로가 사제이다. 야마토에서는 주택은 화신은 주부가, 마을의 화신은 남성의 신직(神職)이 관리한다.

구를 설치하였다. 화덕에는 대소차가 없는 4∼5척의 큰 돌 3개를 세우는데, 이는 화신의 신체로 삼는 남방계의 특성이다.

류큐의 별동형 부엌(토구라)에는 원시적인 아궁이를 상징하는 3개의 돌을 바다에서 주어다 부뚜막 벽 쪽에 세모꼴로 놓고 소금 한 주먹을 놓는다. 부뚜막 신을 이르는 '우카마'는 부뚜막을, '미치멈'은 돌 세 개라는 뜻이다. 즉 류큐의 제1신인 화신(火の神, 히누간)은 바다 건너 이상향(니라이카나이)에서 온 여신이자 수평신으로, 삼체(三体)의 속에는 기꼬에오기미(聞得大君) 유래기, 태양신(여신), 조상신이라는 의미가 있다. 명절의례나 가택제(家宅祭)를 지낼 때 제일 먼저 화신에게 제례를 올리고, 매월 1일과 15일에 주부가 제사를 지낸다.

규슈 남부의 가고시마 현과 미아자키 현에 별동형 부엌(나카에)이 분포한다. 대개는 부뚜막 근처에 시렁을 마련하고 그 위에 부적이나 폐속(幣束)을 안치하여 '부엌신(竈神, 가마도가미)'을 모셨다. 지역에 따라 오카미사마, 코진사마(荒神) 등으로 부른다.[39] 규슈를 포함한 서일본에서는 화신과 농신(農神)의 성격을 동시에 가진 코진사마를 섬겼다. 화신은 불이나 진화(鎭火)를 관장할 뿐만 아니라 농작, 가족, 가축의 수호신, 부와 생명을 관장하는 다양한 신격을 갖는다. 한편 나라(奈良)의 쿠도신사(久度神社)는 나라시대 이전에 창설된 아주 오래된 신사로, 주신인 쿠도대신(久度大神)은 '부뚜막의 신'이며 '불의 신'이라고 한다.

제주도 동남부지역에서 경제적으로 여유 있는 집에서는 안거리와

---

39) 동일본에서는 오카미사마와 코진사마 양신을 한 집에서 동시에 모시는 경우가 많다. 이 경우 코진사마는 불의 신이고, 오카미사마는 농신으로서 화소(火所)에서 떨어진 창고방(난도)이나 천장 밑 고무락 같은 곳으로 그 제장이 옮겨진다. 한편 서일본에서는 코진사마만을 모시고 이 신령이 불의 신과 농신으로서의 성격을 함께 가지고 있는 경우가 많다.

떨어진 곳에 '정지거리'를 따로 지었다. 정지거리는 현무암 벽에 띠 지붕을 얹고 흙바닥에 돌 3~4개를 솥발처럼 모아 놓은 화덕을 4~5개 나란히 두고 그 위에 솥을 얹었다. 이 화덕에 좌정하는 삼덕할망(火神, 조왕신)은 할머니신으로 마을공동체의 평화와 집안의 부를 관장하는 것으로 여겼다. 대개 음력 정월이나 2월에 마을제 끝난 다음에는 날을 받아서, 문전제를 지내고 나서 부엌의 신에게 드리는 조왕고사를 집집마다 지냈다. 가정신앙 의례의 집례는 주부가 담당하였다. 그리고 고상의 상방에 난방, 조명 및 간단한 조리를 위해 봉덕(혹은 부섭)으로 불리는 붙박이 화로를 종종 설치하였다. 봉덕은 냇돌로 원형 또는 구형으로 지면에 꽂아 놓았고, 그 기능은 간단하 취사·난방, 화신 신앙물, 좌석배치의 기준, 불씨보존 등을 들 수 있다. 그런데 제사에 쓸 젓갈이나 생선, 묵 등은 반드시 봉덕에서만 조리

그림67. 동중국해 문화권의 화덕
(제주도 솥덕, 규슈의 부뚜막, 류큐 화덕, 타이완 아미족 화로)

했다. 이를 통해 봉덕이 있는 상방은 성역(聖域)으로, 일상 음식물을 익혀 먹는 정주간은 오역(汚域)으로 인식한 것으로 보인다.

### 곡령신과 곡창

곡물재배를 생업으로 하는 많은 민족에게 곡령(穀靈)신앙은 폭넓게 분포하는데, 전형적인 것은 벼농사 지대에서 볼 수 있고 곡신은 어디서나 여신으로 취급된다. 보통 벼의 산실을 지어 벼의 혼이 재생하기를 기원하는 제사와 신앙을 가지고 있다.[40] 동중국해 문화권의 곡창 형태는 일반적으로 곡물건조를 위해 고상식으로 지었고, 일부 비바람막이와 동물들의 접근을 막는 쥐방지판(동남아 전통)을 첨가하였다. 이러한 고상식은 중국 남부 · 동남아 경로와, 곡신으로 뱀신이 등장하는 것은 인도와 동남아의 뱀신앙과 관련 있어 보인다. 그리고 곡령신의 제사와 제장을 통해서, 옛날에는 마을 공용의 곡창을 촌락과 분리된 경작지 가까이에 세웠으나 이후 생산성과 경제성이 향상되면서 곡창이 개인주택 내로 들어오고, 건축기술의 발달로 주택의 후열에 저장공간을 두었음을 알 수 있다.

타이완 원주민의 대부분은 마을 중심에 별동의 곡창을 세우거나 주택에 별동의 곡창을 두었다. 해안평지에 거주하는 아미족의 곡창은 낮은 고상식으로 상부재료는 대부분 대나무로 통풍은 좋은 반면 빗물이 들이치기 때문에 지붕에 초가를 첨가하였다. 한편 고산지대에 거주하는 부눙족 · 쩌우족 · 파이완족은 몸채의 내부에 얇은 판재

---

40) 일본민속건축학회, 앞의 책, p.341 : 인도네시아 스판섬의 거대한 지붕을 가진 민가에는 지붕에 곡물을 저장하고 정상부는 신이 머무는 곳으로 여겼다. 제의 목적은 신령 혹은 조령에게 수렵, 어로, 농경의 풍성한 수확을 기구하는 현실 경제생활과 밀접한 관계를 갖는다.

나 돌판을 세우고 그 안에 조 등의 곡식을 보관하였다.[41]

류큐 일대에는 마을 공동의 고상식 곡창을 세웠는데 4개(혹은 6개, 9개)의 둥근기둥 위에 마룻바닥을 깔고 곡물 따위를 갈무리하고, 초가지붕을 걸어두었다. 곡창 아랫부분은 그늘이 져서, 그곳에서 식사나 휴식을 취하고 어린이들이 노는 장소로도 이용되었다. 경제력을 갖춘 집에서는 곡창을 주택 내에 따로 설치하였고, 이후 건축술이 발달하면서 몸채의 후열에 수장공간(우라자)을 구성하여 곡물을 보관하였다.

일본 규슈·긴키·츄오코구 지방의 주택에서는 부부의 침실로 사용되는 후열의 창고방(난도)에 머무는 신령을 가신(納戶神, 난도가미)이라 총칭하고, 매월 1일과 15일에 주부들이 제사를 지낸다. 가신(난도가미)의 정체는 곡령(穀靈)으로, "당초엔 오직 낟가리에서만 위했는데, 이윽고 마당에 설치한 곡창(藏)에서도 봉사하게 되었고, 나아가 몸채의 난도로 옮겨 위하게끔 되었다"고 보고 있다. 이처럼 '곡령'(稻靈, 이나다마)의 제장이 옥외에서 옥내로 바뀌게 된 배경에는, 건축기술에 따르는 난도 공간의 성립에 의해, 그 난도가 부부침실이 되고 또 새로운 생명이 탄생하는 산실(産室)이 되어, 영혼의 재생에는 가장 적합한 장소가 되었기 때문이라고 지적하고 있다. 한편 쓰시마의 돌지붕 창고군(石屋)은 화재에 대비해서 지금도 촌락과 분리되어 세

---

41) 일본열도의 야요이·고훈시대는 곡창을 별동으로 주거에 근접해서 세우거나 주거지에서 분리해서 곡창군을 세우기도 했다. 최초에 곡창이 조사된 2세기 정간형 도루유적에서는 5~6채의 주거에 1채의 곡창이 부설되었다. 야요이 대규모 집락이 발굴되었던 2세기 사가현 요시나가리 유적에서는 주거지역과는 별도의 곡창군을 건설해놓았다. 일본열도에서는 쌀독을 주거 내에 두는 경우는 있어도 옥내에 곡창을 부설하는 경우는 없다. 이세신궁 본존이 야요이 곡창과 동일한 유형으로 기본적으로는 같다.

위져 있다.[42]

　제주도 민가에는 별동의 곡창은 없고 외부인에게 쉽게 인식되지 않는 큰구들 뒤쪽에 '고팡(庫房)'을 설치해 주로 보리, 조 등 곡류나 콩, 유채 등을 담은 항아리들을 두었다. 이것은 한반도 산간주택의 도장방과 같은 쓰임새이다. 제주도 전역에서는 고팡에 '안칠성(고팡할망)'을 모셨고, 쿠로시오 해류가 흐르는 정의 · 표선 지역에서는 안뒤(뒷뜰)에 '밧칠성(뒷할망)'도 함께 모셨다. 이 칠성신들은 여성들의

그림68. 동중국해 문화권의 곡창
(제주도 덕, 아마미 섬 곡창, 류큐 곡창, 타이완 곡창)

---

42) 남근우, 앞의 책, 2005 : 옥외에서 행하는 볏가리 제사의 원의를 곡령 신앙으로 파악할 경우, 그 제장의 변천 문제는 씨나락의 선별 · 보존 · 관리 등의 문제로 치환하여 생각해볼 수 있을 것이다. 왜냐하면 양호한 씨나락의 선별과 그 안전한 보관은 예전의 농민들에게 있어 매우 중요한 사안이었고, 신앙적 차원에서도 곡령이 가지고 있는 풍양(豊穰)의 힘을 강화하는 것이기 때문이다.

제물을 받아먹고 집안에 부를 안겨주는 뱀신으로, 농사의 풍요를 기원하여 대부분의 농사짓는 여성들은 명절을 기해 제사를 지냈다.[43] 그런데 삼국시대 가야에서 발견된 가형토기(家形土器) 중에 고상식 창고가 있고, 예전에 제주도 해안에 그물 따위의 어구를 저장하던 '덕'은 이와 유사한 형태이다.

### 측신과 돼지뒷간

변소귀신인 측신(厠神)은 칙신·측간신 등으로도 불리며, 대개 젊은 여신(女神)으로 간주되었다. 이는 농경민족의 정착성이나 농사와의 관련성에 의해 일찍부터 한·중·일 민간신앙의 한 형태로 굳어져 내려온 것이다. 특히 중국 화남지역, 필리핀, 타이완, 류큐, 제주도 및 한반도 남부에는 돼지우리와 뒷간이 미분리된 독특한 돼지뒷간이 널리 분포한다. 돼지뒷간은 중국 춘추전국시대에 황하유역에서 처음 나타났는데, 먹이 비용을 줄이려고 시작하였으나 뒤에는 거름 생산이 더 큰 목적이 되었다. 이것은 중국 한(漢)나라의 가형토기에서 보듯이 고상식이고 석재를 사용하였다는 공통점을 가진다. 더불어 측신에 대한 민간신앙과 그에 다른 행동양식도 유사하다.

제주도의 통시는 6~10여 평 안팎의 땅을 1m 깊이로 파서 검은 현무암으로 쌓고, 고상부에 변소를 두었다. 통시는 다락형과 평지형의 두 종류가 있다. 다락형은 똥 누는 데를 돼지우리 위에 붙인 뒷간으로 고상식의 흔적이 남아 있으며, 평지형은 똥 누는 데가 지면과 거의 평행을 이루는 뒷간이다. 이러한 돼지뒷간은 제주도를 비롯하여 거의 전국에 퍼졌으며, 현재는 제주도와 경남인 통영, 거창, 합천,

---

43) 제주도, 『제주여성 전승문화』, 2004, p.32

함양을 비롯하여 전남 광양, 함북 회령 등지에 남아 있다.

『삼국지』「위지동이전」에 '주호 사람들은 소와 돼지 키우기를 좋아한다'[44]라는 기록이 있듯이, 제주에서는 집집마다 돼지를 길렀고 통시 한쪽 귀퉁이에 돼지가 잠을 자거나 비를 가릴 수 있도록 돼지의 집을 마련하기도 하였다. '문전본풀이'에서는 첩이 자살을 하여 뒷간신이 되는데, 조왕과 측신을 처첩관계로 설정하여 부엌과 변소가 멀리 떨어져야 한다는 점을 상징적으로 나타내었다. 또 통시에는 측귀(厠鬼, 치귀)가 있어서 용변을 보는 중에 이 병에 걸리면 백약이 무효로 병이 낫지 않는다는 속신이 있어서 밤에 용변 보러 통시에 가는 것을 몹시 꺼렸다. 이 신에 대한 의례는 변소에 기르는 돼지가 흉을 보았다던지, '변소동티'가 났다는 점괘가 내릴 때 외에는 별로 하지 않는다.

동일본에서는 변소가 몸채 내에 위치하지만 서일본에서는 바깥 변소를 세웠다. 변소에는 '가와야가미(厠神)', '셋친가미(雪隱神)'를 모셨는데, 대부분은 구체적인 신체를 모시지 않으나, 간혹 변소 한구석에 신사에서 받아온 부적이나 종이로 만든 작은 인형을 신체로 모신 곳도 있다. 대개는 특정한 제일(祭日)이 없고 섣달 그믐날이나 정월 대보름에 시메나와(종이를 잘라 만들 줄)나 간단한 공물을 바쳤다. 변소신은 깨끗한 걸 좋아하는 여신이거나 혹은 한쪽 손이나 눈이 없다는 불구(不具) 전승도 폭넓게 존재한다. 또한 변소신은 빗자루의 신 호키가미(帚神)처럼 산실(産室)에 내림하여 산부와 아이를 지켜준다는 전승도 전국적으로 분포한다. 밤중에 귀신을 만난 사람이, 자던 돼지를 깨워서 잡귀를 쫓는 것은 일본적인 특징이다.

---

44) 『三國志』,「魏志東夷傳」 州胡好養牛及猪

류큐에서 돼지우리와 뒷간을 겸한 '후루'는 14세기 말에 중국 푸젠성으로부터 전해진 것이라고 한다. 대지의 북서쪽에 위치하며, 돌로 쌓아 구획을 하였다. 돼지집의 지붕은 띠로 덮은 초가형과 석조 아치형 그리고 기와를 올린 기와 지붕형 등 민가에 따라 다양하였다. 오키나와 본도에 있는 슈리와 나하에서는 일찍부터 측신인 '후루신'을 집안에서 가장 무서운 귀신으로 믿어왔다. 외출했다가 밤중에 귀가했을 때는 먼저 돼지뒷간(후루)에 들러 자고 있는 돼지를 깨워 '긱!' 하는 소리를 확인하고서 방 안으로 들어와야 후루신이 뒤쫓아오지 않는다고 믿었다.

타이완의 파이완족·루카이족 민가에서는 단실의 내부에 돼지우리를 설치하고 그 위에 나뭇가지를 걸쳐 측간으로 사용한다.

동중국해 문화권에서 돼지뒷간의 고상식 흔적은 중국 남부와 동

그림69. 동중국해 문화권의 돼지뒷간
(한나라 가형토기, 제주도 통시, 류큐 후루, 타이완 측간)

남아 대륙부에서 전파된 것이다. 한편 돼지를 혼례와 상례 시에 제물로 사용하는 것은 뉴기니와 남태평양 멜라네시아 군도를 중심으로 한 돼지숭배와도 연결된다.[45] 제주인들은 결혼식과 장례식에 돼지고기를 중요한 음식으로 장만하고, 결혼식을 위해서는 일찍부터 돼지를 길러서 마련하였다.[46]

## 2) 동중국해 문화권 민가와 성역의 변용

### 분동형 주거의 일체화

동중국해 문화권에는 몸채와 별동형 부엌을 기본으로 한 분동형 주거가 널리 분포하였다. 이것은 아열대성 기후로 겨울에도 각 건물 간의 환기를 좋게 하고, 태풍시 대규모 민가보다 소규모 민가 쪽이 유지관리에 편리하기 때문이다. 이후 분동형 주거는 생활양식의 변화, 건축기술의 발달, 가사제한 등으로 점차 일체형 주거로 변모해가고 있다. 그런데 동중국해 지역에서 화신과 곡령신의 제사와 제장을 통해서도 분동형 주거가 일체화되는 과정을 엿볼 수 있다.

화신은 별동형 부엌에서 모셔지다가, 몸채 내 부엌으로 옮겨가고,

---

45) 마빈 해리스,『문화의 수수께끼』, 박종열 역, 한길사, 1994, pp.44~54 : 세계의 돼지숭배 중심지는 뉴기니와 남태평양 멜라네시아 군도에 있다. 이 지역의 원예촌락 부족(Village-dwelling horticultural tribes)들은 돼지를 신성한 동물로 여겨 조상들에게 바치고 결혼이나 축제와 같은 모든 중요한 행사에 잡아먹는다. 많은 부족들은 선전포고나 화전(和戰)을 할 때 돼지를 제물로 바친다. 이 부족들은 이 세상을 떠난 조상들이 돼지고기를 갈망하고 있다고 믿고 있다.

46) 현용준, 앞의 책, p.167 : 제물(祭物)은 생산경제와 밀접한 관계가 있다. 농경사회에서는 쌀을 중요한 식품으로 쳐서 쌀 음식을 제물로 쓰고, 수렵 · 목축사회에서는 짐승의 피나 고기를 중요 식품으로 쳐서 제물로 쓴다. 제주도에서 쌀 음식을 먹는 신과 돼지고기를 먹는 신이 병존하는 것은 농경문화와 수렵 · 목축문화의 습합 · 병존으로 보인다.

이후 취사를 위한 흙바닥의 화덕에서 난방과 조명을 위한 고상의 화로가 분리된다. 이때 화신도 분리되어 지역에 따라서는 고상의 화신을 더 상위로 섬기기도 한다. 곡령신도 마을 중심부의 곡창에 위치하다, 개인주택 마당의 곡창(혹은 낟가리)으로 옮겨가고, 이후 몸채의 내부에 좌정하였다. 이때 제주도의 '고팡', 규슈의 '난도', 류큐의 '우라자'는 겹집의 후열이라는 주택 내 위치와 곡식을 보관하는 기능까지 유사하다. 이에 반해 측신이 좌정하는 돼지뒷간은 관리 및 기능상의 이유로 별동을 유지하려는 성향이 짙고, 특히 제주도와 류큐의 돼지뒷간은 고상식의 석조로 유사한 외관을 하고 있다.

### 이중적 성역

한국 · 중국 · 일본 · 타이완을 포괄하는 동북아시아는 유교문화권으로 묶을 수 있다. 그렇지만 동중국해 지역은 토속신앙이 비교적 순수하게 전승되는 곳으로 오히려 남태평양, 동남아 및 중국 남부 소수민족의 신화와 공통점이 많다. 이러한 특성은 근세 이후 한 · 중 · 일 본토로부터 불교 · 유교가 전래되면서 예로부터 있어온 조상숭배의 풍습은 불교화 · 유교화하여 동중국해권 민가의 성역(聖域)은 이중적 구조를 취한다.

제주도의 신앙체계는 고려 이전에는 무속신앙이 강하게 자리 잡았고, 고려 때에는 불교가 수용되어 1058년 법화사가 준공되었지만 기존의 무속신앙과 습합되었다. 이후 조선시대에는 한반도로부터 유교가 전래되지만 민중 속에 깊이 뿌리내리지 못하고 갈등을 빚었다. 그럼에도 불구하고 향교, 서원이 설립되었고, 유교식 제례법이 남성들에게 보급되었다. 이후 제주의 마을에서는 남성중심의 유교식 '포제(酺祭)'와 여성중심의 무속적 '당굿'이 나란히 행해지고, 주택내 가제(家祭)에서도 차례나 기제사와 같이 가장 중심의 유교식 의례와 고사 · 안택 등과 같이 주부 중심의 집신(家神)제사로 유지되는 이중적 구조를 보인다.

규슈 민가에는 몸채(오모테)뿐만 아니라 부속채인 곡물을 저장하는 곡창(藏, 구라)이나 바깥변소 등에도 가신을 모셨다. 그런데 17세기 중엽부터 민가의 정면측(表側)에 접객공간인 접객실(자시키)과 응접실(데이)가 등장하면서 그곳에 신사의 신을 모시는 신단과 조상의 위패를 모시는 불단이 설치되어 가장이 아침과 저녁으로 공물을 바치며 예배를 올렸다. 이로 인해 이면측(裏側)인 거실(다이도코로) · 도마 · 창고방(난도) 등 가족중심의 사적공간에는 기존의 정령들인 가신(난도가미), 에비스 등이 자리하고 주부들이 제사를 드리게 되었다.

류큐 민가에서는 가신인 화신, 후루신, 중주를 섬겼는데, 17세기 이후 1번좌에 신단, 2번좌에 불단이 설치되었다. 신단에는 개조자(開祖者) 이전의 신, 즉 명백하지 않은 먼 선조를 모시되 여기에는 위패가 없고, 불단에는 명백히 알려진 개조자로부터 바로 전에 사망한 조상까지 모시고 위패가 안치되어 있다. 불단은 대종가뿐만 아니라 소종가에도 있지만 신단은 대종가에만 설치되어 있다. 신단의 제사와 문중 묘의 제사 시에는 문중 출신의 신녀가 사제로 꼭 참석하지만, 추석날 불단의 제사에는 신녀가 참석하지 않는다. 그리고 묘제나 불단 · 신단 제사 시에는 여자 가족이 참석한다. 즉, 류큐 민가의 영역은 동쪽과 정면(東 · 表)은 남성 · 공적이고, 서쪽과 이면(西 · 裏)은 여성 · 사적이라는 관계가 성립되었다.

동중국해 문화권 민가의 성역을 통해서 다음과 같은 특성을 알 수 있다. 첫째, 화신(조왕), 조령신, 측신은 출생과 생산 등 타계와 연결되며, 곡식 · 씨앗의 보관과 음식을 조리하고 퇴비로 거름을 만드는 등 농경과 관련된다. 이들을 모시는 곳은 별동형 부엌, 곡창, 측간 등의 별동으로 존재했다가 점차 주택 내로 흡수된다. 둘째, 곡창과 돼지뒷간은 고상식이어서 중국 남부와 동남아 대륙부 경로와, 별동형 부엌과 화신의 성격은 동남아 도서부와 남태평양 경로와 관련이 있는 등 해양문화의 혼합성이 나타난다. 그러나 별동형 부엌, 곡창, 돼지뒷간에 석재의 사용은 동중국해 문화권만의 특징이라고 하겠다. 셋째, 동중국해 문화권 민가는 여성중심의 공간이 발달했으나, 점차 한·중·일 본토문화의 영향으로 여성공간의 중요성이 줄어들고, 여신의 신격도 상대적으로 낮아지고 있음을 알 수 있다. 넷째, 제주도 민가에서 무속의례는 여성이 유교의례는 남성이 주관하고, 규슈 민가에서 가신 성격에 따라 공적공간인 정면측과 사적공간인 이면측으로 구분되고 제사자들도 남성과 여성으로 구분된다. 류큐 민가에서는 동쪽에 불단을 두고, 서쪽에 화신을 모시는 이중적 성역을 이룬다. 한반도 남부지역과 일본의 규슈지역은 상대적으로 본토의 영향을 많이 받아 변화했지만, 그나마 섬이었던 제주도·류큐·타이완에서는 많은 공통점이 남아 있다.

제8장

---

# 맺음말

제주도 민가에 대한 궁금증에서 시작한 첫 발걸음은 동중국해 문화권이라는 새로운 지역을 만나고 둘러보는 긴 여정으로 이어졌다. 동중국해에 접한 연안·도서지역은 국가와 육지라는 관념을 걷어버리면, 쿠로시오 해류와 계절풍으로 연결된 하나의 해양문화권으로 묶을 수 있는 곳이다. 이곳은 선사시대부터 바다를 통해 남방문화가 지속적으로 전래되어 독자적인 문화를 형성하였고, 근세 이후 대륙을 통한 북방문화(한·중·일 본토)의 영향으로 복합화·다변화되었다.

　이곳의 민가는 강한 일사와 더위 그리고 바람을 피하기 위해 몸채와 부엌채로 구성된 분동형 주거, 취사와 난방이 분리된 별동형 부엌, 수혈식과 고상식의 공존, 목조와 석조의 혼용 등이 나타난다. 그리고 해양과 관련된 수평적 신화가 주류를 이루고 주인공으로 여성이 자주 등장하는 남방지역민의 세계관은 가족구성·가계계승·거주행태에 영향을 미쳐 수평적 공간구성을 이루었다. 즉, 남방문화를 근저로 한 동중국해 문화권 민가의 특성을 형성하였다. 이들 공통점을 정리하면 다음과 같다.

　첫째, 동중국해 지역은 아열대로 강한 일사와 더위 그리고 바람을 해결하기 위해 큰 동(棟) 대신 작은 동을 세우는 '분동형 주거'를 지어 겨울에도 건물 간 환기를 좋게 하였고 태풍 시에도 유지관리에 유리하였다. 그리고 주택 내 열기를 들이지 않기 위해 '별동형 부엌'을 구성하여 취사와 난방을 분리하였다. 이러한 분동형은 근세이후 생활양식의 변화, 건축기술의 발달, 가사제한 등으로 점차 일체형으로 변화한다. 제주도에서는 정지거리가 점차 없어지고 안거리에 정지가 구성되었고, 한반도의 영향으로 두거리집에서 세거리집·네거리집으로 튼ㅁ자 배치를 선호하였다. 규슈지역은 가대·가사제한과 생활의 편의를 위해 이동조, ㄷ자형, ㅁ자형 등으로 집중화되었고, 류큐지역은 분동형→열쇠형→우진각형으로 점차 거주공간과 취사공간이 일체화되었다. 반면 타이완의 원주민은 한족을 피해 산속으로 들어갔기 때문에 어느 정도 고유의 주거형태를 유지할 수 있었다.

둘째, 동중국해 문화권 민가는 계절풍과 태풍에 대비하면서도 서늘함을 유지하기 위해 이중구조를 이루었다. 그래서 수혈식과 고상식의 공존, 구조벽과 의장벽의 분리, 목조와 석조의 혼용, 종횡분할된 겹집 평면을 취한다. 대부분의 대지는 오목한 땅에 돌담과 방풍림을 두르고, 지붕은 바람에 강한 유선형 또는 우진각형으로 하고, 초가지붕은 그물모양의 띠로 연결하고 기와지붕은 석회를 굵게 발랐다. 특히 담·외벽·지붕 등에는 화산지대에서 산출된 석재를 많이 사용하여 동남아문화와는 차별화된 석조문화권을 이루었다.

셋째, 동중국해 지역에는 해양과 관련된 수평적 신화가 주류를 이루고, 척박한 자연환경으로 반농반어·반농반채 등 이중적 생계수단을 유지하고, 성별에 따른 노동의 분리가 확실하다. 가족구성은 전체적으로 모계·쌍계사회의 특성이 강한 연령계제제의 남방계 특성이 잔존하면서도, 외부적으로는 대륙북방계에 원류를 두고 있는 가

부장권적 특성이 상류계층과 도시에 나타나는 이중적 체계를 이룬다. 그래서 주택구조는 종적위계·남녀구별에 따른 수직적 공간구성 대신에 세대별·기능별에 따른 수평적 공간구성을 이룬다.

넷째, 동중국해 지역은 바다로 둘러싸인 섬으로 정령숭배·조상숭배를 기반으로 한 토속신앙이 자리 잡았고 집에 모시는 가신(家神)들은 여성·불·농경과 관련성이 깊다. 대표적으로 부엌에는 불을 상징하는 화신(조왕), 곡창에는 곡식을 상징하는 곡령신, 변소에는 측신을 모시고 섬겼는데, 이들은 대부분 여신이고 사제의 역할도 주부들이 담당하였다. 이후 한·중·일 본토에서 불교·유교가 전래되면서 기존 여성중심의 무속의례와 남성중심의 불교·유교의례가 공존하는 이중적 성역(二重的 聖域)을 이룬다.

다섯째, 동중국해 지역에서 가신인 화신(조왕), 곡령신, 측신을 모시는 곳을 통해 별동형 부엌, 곡창, 돼지뒷간 등이 별동으로 존재했다가 점차 주택 내로 흡수되는 것을 알 수 있다. 그리고 별동형 부엌과 화신의 성격은 동남아 도서부 및 남태평양 경로와, 곡창과 돼지뒷간의 고상식은 중국 남부와 동남아 대륙부 경로와 관련이 깊어 해양문화의 혼합성이 나타난다. 그러나 별동형 부엌, 곡창, 돼지뒷간에 석재의 사용은 동중국해 문화권만의 특징이라고 하겠다.

여섯째, 동중국해 문화권 민가는 잔존률이 낮은 반면 고형(古形)이 잘 남아 있다. 이것은 높은 습도, 강렬한 태양광, 충해, 도서지역에 미치는 조풍(潮風)의 영향, 거기에다 태풍이 통과하는 길목이라는 점들 때문에 민가의 잔존율은 낮은 반면 바다로 둘러싸이고 산지가 많아 폐쇄적인 사회가 유지되고 또 태풍이 잦아 그 구조적 제약 때문에 평면이 덜 발전하여 고형이 보존되어 있는 것이다. 즉, 동중국해 지역에는 남방문화의 특성들이 오랫동안 지속되었는데, 근세 이후 제주도는 한국화, 규슈는 일본화, 류큐는 일본화·중국화, 타이완은 중국화가 되면서 다양해졌다. 그중에서 상대적으로 독립된 문화가 강해서 중앙화가 늦었던 제주도와 류큐의 민가는 그 원형을 많이 유지한 것으로 보인다.

일곱째, 동중국해 문화권 민가는 동아시아 문화의 복합체이다. 제주도 민가에서 분동형·별동형 부엌·통시는 남방적 요소이고, 온돌은 한국적 요소이다. 규슈와 류큐 민가에서 분동형·별동형 부엌·곡창은 남방적 요소, 붉은기와·시사·차면담(힌푼)·돼지뒷간(후루)은 중국적 요소, 그리고 자리순위(番付座)·명확한 안팎(表裏)의 개념·히로마의 불단·다다미는 일본적 요소가 복합화되어 있다. 타이완의 원주민 민가는 부족별로 다양하지만 분동형·별동형 부엌·곡창·청소년집회소는 남양색채가 농후하다.

상기의 내용을 정리하면 제주도 민가의 형성과정은 크게 3개의 층으로 구성된다. 기층(基層)은 별동형 부엌의 흙바닥에 취사를 위한 화덕을 설치하고 화덕에 모시는 화신은 3개의 돌을 신체로 삼고 바다를 건너온 여신으로 인식하여, 동남아 도서부와 남태평양 경로에서 전달된 어로 및 근재농경문화와 관련성을 드러낸다. 중층(中層)은 고상의 마루에 난방·조명용의 화로를 설치하고 고상의 화신에는 조왕의 신격이 더해져, 중국 남부와 동남아 대륙부의 경로에서 전달된 벼농사 문화와의 관련성을 반영한다. 표층(表層)은 근세 이후 한반도로부터 온돌이 전래되고 그곳에 유·불(儒·佛) 관련 시설이 놓이고 의례가 행해져, 북방문화의 영향이 커졌다. 이를 통해 제주도 민가는 남방적 요소를 바탕으로 배치와 평면을 구성하였는데, 근세 이후 북방적 요소가 가미되어 변화하였음을 알 수 있다.

그리고 이 책에서는 동중국해 문화권의 범위를 제주도, 규슈 연해부, 류큐, 타이완 동부로 한정하였다. 하지만 이후에 대상범위를 확대하여 한국의 남해안, 일본의 태평양 연안, 중국의 동부해안까지 넓게 살펴본다면 남방문화에 의한 한국 전통건축의 형성요인들을 좀 더 다양하게 도출할 수 있을 것으로 기대된다.

# 참고문헌

## 고서

이원진, 『탐라지』, 1653

이형상, 『탐라순력도』, 1702

이형상, 『남환박물』, 1704


## 국내 단행본

국립제주박물관, 『제주의 역사와 문화』, 통천문화사, 2001

국립제주박물관, 『항해와 표류의 역사』, 솔, 2003

국립제주박물관, 『탐라와 유구왕국』, 국립제주박물관, 2007

강신표 외, 『민족과 문화Ⅱ』, 정음사, 1988

김광언, 『한국의 주거민속지』, 민음사, 1988

김광언, 『동북아시아의 뒷간』, 민속원, 1998

김광언, 『우리생활 100년』, 현암사, 2000

김광언, 『동북아시아의 놀이』, 민속원, 2004

김동욱, 『한국건축의 역사』, 기문당, 2007

김미영, 『일본의 집과 마을의 민속학』, 민속원, 2002

김명자 외, 『한국의 가정신앙』, 민속원, 2005

김병모, 『허황옥 루트 인도에서 가야까지』, 역사의 아침, 2008

김일진, 『옛집에 대한 생각』, 향토, 1995

김홍식, 『한국의 민가』, 한길사, 1992

노무라 신이치, 『동중국해 문화권-동방지중해의 민속세계』, 김용의 외 역, 민속원,
    2014

다카라 구라요시, 『류큐왕국』, 원정식 역, 소화, 2008

로저 키징, 『현대문화인류학』, 전경수 역, 현음사, 1989

마빈 해리스, 『문화의 수수께끼』, 박종열 역, 한길사, 1994

멀치아 엘리아데, 『성과 속』, 이동하 역, 학민사, 1993

문화재청, 『문화재대관-중요민속자료편-』, 문화재청, 1985

보판양이랑, 『경계의 형태』, 진경돈 역, 집문사, 1991

신영훈, 『우리문화 이웃문화』, 문학수첩, 1997

아모스 라포포트, 『주거형태와 문화(House Form and Culture)』, 이규목 역, 열화
    당, 1985

오모토 케이이치 외, 『바다의 아시아 1』, 김정환 역, 다리미디어, 2003

오타 히로타로, 『일본건축사』, 박언곤 역, 발언, 1994

윤일이, 『한국의 사랑채』, 산지니, 2010

윤장섭, 『중국의 건축』, 서울대학교 출판부, 1999

윤장섭, 『일본의 건축』, 서울대학교 출판부, 2000

이어령, 『축소지향의 일본인』, 문화사상사, 2003

이영권, 『새로 쓰는 제주사』, 휴머니스트, 2005

와타나베 요시오, 『오키나와 깊이 읽기』, 최인택 역, 민속원, 2014

장보웅, 『한국의 민가연구』, 보진재, 1981

장보웅, 『한국민가의 지역적 전개』, 보진재, 1996

정수일, 『고대문명교류사』, 사계절, 2001

정수일, 『문명교류사 연구』, 사계절, 2002

정수일, 『한국 속의 세계』, 창비, 2006

제주사정립사업추진협의회, 『탐라, 역사와 문화』, 제주사정립사업추진협의회,
    1998

조성기, 『한국의 민가』, 한울아카데미, 2006

조영록 외, 『한중문화교류와 남방해로』, 국학자료원, 1997

진성기, 『제주민속의 아름다움』, 제주민속연구소, 2003

하우봉 외, 『조선과 유구』, 대우학술총서 450, 아르케, 1999

현용준, 『제주도무속연구』, 집문당, 1986

현용준, 『제주도신화의 수수께끼』, 집문당, 2005

호카마 슈젠, 『오키나와의 역사와 문화』, 심우성 역, 동문선, 1986

西 和夫·穗積和夫, 『일본건축사』, 이무희·진경돈 역, 세진사, 1995

**국외 단행본**

高井 潔,『民家(上·下)』, 淡交社, 2002

高井 潔,『日本の民家』, 平凡社, 2006

吉田桂二,『日本人のすまいはどこから來たか』, 鳳山社, 1986

北野 隆,『熊本縣の民家資料集』, 熊本大學工學部建築學敎室, 2006

白木小三郎,『すまいの歷史』, 創元社, 1978

小島宙次,『民家のなりたち』, 小峰書店, 2004

小野重郎,『九州の民家』, 慶友社, 1982

石野博信,『アジア民族建築見てある』, 小學館, 2004

野村孝文,『南西諸島の民家』, 相模書房, 1961

日本建築學會,『總攬 日本の建築 9』, 新建築社, 1999

日本民俗建築學會,『民俗建築大事典』, 柏書房, 2001

日本民俗建築學會,『民家大事典』, 柏書房, 2005

扇田 信 외,『新建築學大系7-住居論』, 彰國社, 1991

川島宙次,『稻作と高床の國, アジアの民家』, 相模書房, 1989

平井聖,『圖說 日本住宅の歷史』, 學藝出版社, 1980

布野修司,『世界住居誌』, 昭和堂, 2005

下野敏見,『民俗學から原日本見る』, 吉川弘文館, 1999

藤島亥治郎,『台湾の建築』, 彰国社, 1948

藤島亥治郎,『臺灣原味建築』, 李易蓉 譯, 原民文化, 2000

辛克靖,『中國小數民族建築艺术圖集』, 中國建築工業出版社, 2001

劉其偉,『臺灣原住民文化藝術』, 雄獅圖書, 1979

劉錚雲,『披荊斬棘』, 國立古宮博物院, 2003

李乾朗,『臺灣古建築 圖解事典』, 遠流, 2003

林建成,『臺灣原住民藝術 田野筆記』, 藝術家出版社, 2002

陳雨嵐,『臺灣的原住民』, 遠足文化, 2004

馮明珠,『梨民之初』, 國立古宮博物院, 2006

## 학술 논문

김병모, 「한국거석문화원류에 관한 연구」, 한국고고학보 10, 11호, 1981

남근우, 「일본의 '家神'신앙과 농경의례」, 『한국의 가정신앙』, 민속원, 2005

윤일이, 『한국전통주거에 있어서 부엌의 배연구조에 관한 연구』, 부산대학교 석사학위논문, 1995

윤일이, 「탐라순력도를 통해 본 제주 9진의 건축특성」, 대한건축학회논문집, 제23권 제10호, 2007.10

윤일이, 「남방문화 전래에 따른 동중국해권 민가의 비교연구」, 대한건축학회논문집, 제26권 제3호, 2010.03

윤일이·尾道建二, 「동중국해권 민가의 성역에 관한 연구」, 문화재, 제43권 제2호, 2010.06

정영철, 「제주도 전통민가의 형성과 특성에 관한 연구」, 대한건축학회논문집, 제7권 제3호, 1991.06

정혜영, 『제주도와 오키나와 지역 민가의 건축적 특성 비교연구』, 부산대학교 석사학위논문, 2006

조원석, 『火の使い方から見た民家構法の形成に關する硏究』, 동경대학교 박사학위논문, 1991

조성기, 「한국민가에 있어서 '북부형'과 '제주도형'의 비교」, 대한건축학회논문집, 1983

현용준, 「堂굿의 儒式化와 三姓神話」, 제주도 14, 제주도, 1964

현용준, 「三姓神話硏究」, 탐라문화2, 제주대학교탐라문화연구소, 1983

岸本孝根, 『한·일 뱀 설화 비교 연구』, 한남대학교 석사학위논문, 2005

## 건축용어

### 고대의 건물

수혈식 : 바닥이 지면보다 낮은 움집의 형식이다.

지상식 : 지면을 바닥으로 사용하는 집의 형식이다.

고상식 : 일층 바닥이 지면보다 높이 떠 있는 집의 형식이다.

귀틀집 : 통나무를 가로로 포개 쌓아올려서 벽체를 꾸민 집이다.

### 지붕형식

맞배지붕(박공지붕) : 가장 간단한 지붕형식으로 지붕면이 양면으로 경사를 이루는 지붕이다.

우진각지붕 : 건물 사면에 지붕면이 있고 추녀마루가 용마루에서 만나게 되는 지붕이다.

팔작지붕(합각지붕) : 우진각지붕 위에 맞배지붕을 올려놓은 것과 같은 형태의 지붕이다.

### 평면형식

홑집(외통집) : 용마루 아래에 방들이 한 줄로 배치된 건물이다.

겹집(양통집) : 용마루 아래에 앞뒤로 방을 꾸민 건물이다.

정입식(正入式) : 장방형 평면에서 장변으로 출입하는 형식이다.

측입식(側入式) : 장방형 평면에서 단변으로 출입하는 형식이다.

### 구조형식

내력벽 : 상부에서 오는 하중과 자체하중을 지탱하여 구조물 기초로 전달하는 벽을 말한다.

비내력벽 : 경미한 칸막이벽과 같이 상부에서 오는 하중을 받지 않고, 그 벽 자체의 하중만을 지지하는 벽이다.

석조 : 건물의 주요 뼈대를 돌로 만든 구조이다.

목조 : 건물의 주요 뼈대를 나무로 짜 맞추는 구조이다.

합장구조 : 경사부재사 八자형으로 교차하여 마룻대를 지지하는 형식이다.


**부재용어**

용마루 : 지붕 가운데 부분에 있는 가장 높은 수평 마루

마룻대 : 용마루 밑에 서까래가 걸리게 된 도리

서까래 : 마룻대에서 도리 또는 보에 걸쳐 지른 나무

동자기둥 : 들보 위에 세우는 짧은 기둥

도리 : 서까래를 받치기 위하여 기둥 위에 건너지르는 나무

보 : 칸과 칸 사이의 두 기둥을 건너질러 도리와는 'ㄴ'자 모양, 마룻대와는 '十'자
    모양을 이루는 나무

장여 : 도리 밑에서 도리를 받치고 있는 길고 모진 나무

회첨골 : 처마가 'ㄱ'자 모양으로 꺾이어 굽은 곳의 지붕골

반자 : 지붕 밑이나 위층 바닥 밑을 편평하게 하여 치장한 각 방의 윗면

굴립주 : 기둥뿌리를 땅속에 깊이 묻은 기둥

오량집 : 다섯 개의 도리로 짠 지붕틀로 지은 집

난층쌓음 : 크고 작은 돌로 층을 아무렇게나 흐트러지게 쌓은 일

# 찾아보기

## 규슈 민가